职业教育创新融合系列教材

汽车维护与保养

▶▶ 第二版

涂　杰　王蕴弢　主编
谢　达　刘　伟　副主编

QICHE
WEIHU
YU
BAOYANG

化学工业出版社
·北京·

内 容 简 介

本书以汽车维护与保养为主线，结合汽车维护与保养工作任务需求标准，以实际工作任务为教学单元，分为七个项目，即汽车维护认知、常用工量具及设备选择与使用、新车售前检查及维修企业接待流程认知、汽车发动机的维护与保养、汽车底盘的维护与保养、汽车电气系统的维护与保养、汽车车身的清洗与美容。本书图文并茂，内容通俗易懂，力求与生产实际紧密结合，同时融入了思政元素，在培养专业技能和职业素养的同时，也注重家国情怀、国际视野、民族自信、制度自信、道德水准的提升和科学求真、开拓创新、精益求精等工匠精神的养成。

为方便教学，本书配套视频、微课、课件、练习参考答案等数字资源，视频、微课等通过扫描书中二维码观看学习，教学课件等可登录化学工业出版社教学资源网 www.cipedu.com.cn 免费下载。

本书可作为高职高专院校汽车检测与维修技术、汽车电子技术、汽车技术服务与营销等相关专业教材，也可作为相关技术人员、创业人员、汽车爱好者、汽车驾驶员及相关培训机构的参考用书。

图书在版编目（CIP）数据

汽车维护与保养/涂杰，王蕴弢主编. —2 版. —北京：化学工业出版社，2024.1
ISBN 978-7-122-44329-8

Ⅰ.①汽… Ⅱ.①涂… ②王… Ⅲ.①汽车-车辆修理-高等职业教育-教材②汽车-车辆保养-高等职业教育-教材 Ⅳ.①U472

中国国家版本馆 CIP 数据核字（2023）第 197881 号

责任编辑：韩庆利   文字编辑：吴开亮
责任校对：宋　玮   装帧设计：史利平

出版发行：化学工业出版社（北京市东城区青年湖南街 13 号　邮政编码 100011）
印　　装：三河市双峰印刷装订有限公司
787mm×1092mm　1/16　印张 11　字数 277 千字　2024 年 6 月北京第 2 版第 1 次印刷

购书咨询：010-64518888   售后服务：010-64518899
网　　址：http://www.cip.com.cn
凡购买本书，如有缺损质量问题，本社销售中心负责调换。

定　价：38.00 元

我国汽车保有量的快速增长促使汽车售后市场规模迅速扩大，同时我国的汽车维修行业也迅速和世界接轨，市场对汽车专业人才提出了更高的要求，这就造成汽车维修行业的技能型人才出现了严重的短缺。进一步深化汽车相关专业人才培养模式、课程体系和教学内容改革，不断提高办学质量和教学水平，培养更多适应新时代社会主义发展需要的具有国际视野、大局意识、政治意识、创新意识的高技能、高素质、高品德汽车技术服务人才是当前职业教育的当务之急。

本书以工作任务为导向，共分为七个项目，主要包括汽车维护认知、常用工量量具及设备选择与使用、新车售前检查及维修企业接待流程认知、汽车发动机的维护与保养、汽车底盘的维护与保养、汽车电气系统的维护与保养、汽车车身的清洗与美容。

为使大家更好、更全面地了解汽车维护与保养知识，学习掌握汽车维护与保养的基本方法和要领，编者深入企业调研，全面、具体分析汽车维护的实际典型工作任务，提炼出完成各项任务所应具备的知识和能力，同时结合了高等职业教育思想和理念的发展，对传统的汽车保养与维护课程进行了改革，形成了以下特色。

1. 融入了思政内容，利用典型案例将家国情怀、文化自信、民族自信、制度自信、国际视野、工匠精神、团队合作、科学精神、创新思维、终身学习等元素融入其中，落实立德树人、三全育人的根本任务。

2. 精心设计教材的体系和结构，采用项目、任务的形式，做到理实一体化。按照"够用""适度"的原则组织学习内容，不追求知识系统完整性，而是强调知识的应用性，以完成任务为目的，将知识与技能完美结合，实现工学融合。

3. 注重理论与实践相结合，传统技术与现代新技术相结合，注重知识体系的实用性，体现先进性，保证科学性，突出实践性、可操作性。

4. 文字简洁、通俗易懂、图文并茂，同时配有部分工作现场实操视频资料，形象直观，有利于培养学生的学习兴趣，提高学习效果。

5. 编写过程中参考了行业使用的各类维修手册，严格按照行业标准和规范实施任务。

本书由南京科技职业学院涂杰、王蕴弢主编，南京科技职业学院谢达、南京东华车享家汽车科技服务有限公司刘伟副主编，黄河水利职业技术学院陈艳艳参编。感谢广汽丰田长益大厂店刘斌硕和奔驰南京江北之星汽车服务有限公司杜秋萍为本书编写提供帮助。

为方便教学，本书配套视频、微课、课件、练习参考答案等数字资源，视频、微课等可通过扫描书中二维码观看学习，教学课件等可登录化学工业出版社教学资源网 www.cipedu.com.cn 免费下载。同时建立了 QQ 群（号码 107141977），汽车专业教师加入可免费咨询交流本专业课程相关问题，索取课件等。

本书在编写过程中参考了大量的技术文献资料，在此向相关作者表示衷心的感谢。由于编者的经历和水平有限，教材内容难免会出现不足之处，敬请广大读者提出修改意见和建议，以便再版修订时改正。

编　者

目 录

项目一
汽车维护认知

📖 知识脉络图

```
                                          汽车维修制度的定义
                        ❶ 汽车维修制度的内容    汽车维护与汽车修理的区别
                                          汽车维护与修理的关系

                        ❷ 汽车维护的意义及目的

   📖 汽车维护认知      ❸ 现代汽车维护的原则

                                          定期维护
                        ❹ 现代汽车维护的分类    非定期维护

                                          汽车维护作业规范
                        ❺ 现代汽车维护作业的规范和范围    维护作业范围
```

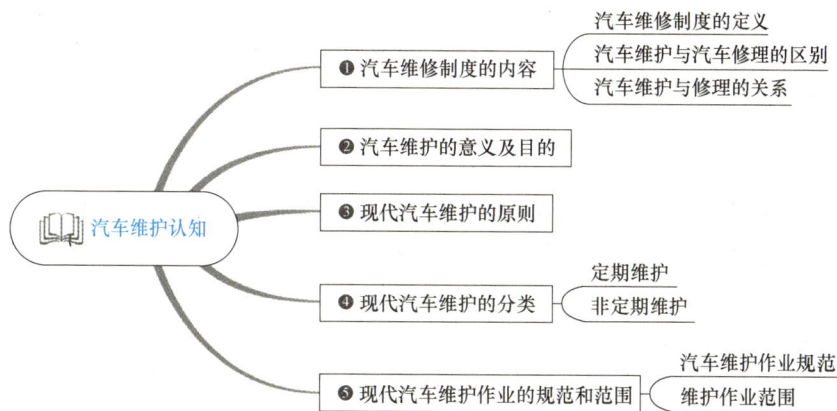

任务　汽车维护目的、意义、原则、分类及作业范围的认知

任务目标

1. 培养诚实、守信的职业素养和严谨、规范的职业精神；
2. 了解现代汽车维护的目的和意义；
3. 了解我国现行汽车维护原则和相关规定；
4. 了解现代汽车维护的分类，熟悉汽车维护作业的规范和范围。

导航案例

　　2023 年 9 月，刘女士通过某网上养车平台选择线下维修门店做常规保养，共花费 6000 元，但汽修厂为其更换的前后 4 个制动盘、前轮制动片等配件并非承诺的原厂配件，且将仍可继续使用 2 万公里的前轮制动盘进行了更换，涉嫌过度维修。经南京市消费者协会调解，汽修厂向刘女士赔礼道歉并作退一赔三赔偿。

　　汽车维修经营者要切实提高法治意识，保质保量，信守承诺，买卖公平，真诚服务，杜绝以假充真、过度维修等欺诈消费者的行为。

📖 相关知识

　　汽车行驶一定里程和时间后，根据汽车维护技术评定标准，按照规定的工艺流程、作业范围、作业项目和技术要求对汽车相关部分进行的检查、清洁、补给、润滑、调整或更换某些零件等预防性工作称为汽车维护。汽车维护与保养的目的是减慢零部件磨损速度，保持车辆技术状况良好，确保车辆行车安全，充分发挥汽车的使用效能，降低运行消耗和延长汽车使用年限。

我国的汽车维修制度推行"预防为主、定期检测、强制维护、视情修理"的方针。坚持以预防为主和技术与经济相结合的原则。

一、汽车维修制度的内容

（一）汽车维修制度的定义

汽车维修制度包括汽车维护与汽车修理两部分。

1. 汽车维护

汽车维护目的在于保持车容整洁、车况良好和消除故障隐患，防止车辆早期损坏。汽车维护作业一般占维修企业70％的工作量。

2. 汽车修理

汽车修理是指为恢复汽车各部分规定的技术状况和工作能力所进行的活动总称。修理是对汽车有形损耗的补偿，它包括故障诊断、拆卸、鉴定、更换、修复、装配、磨合、试验等作业。汽车修理作业一般占维修企业30％的工作量。

（二）汽车维护与汽车修理的区别

1. 作业技术措施不同

汽车维护以计划预防为主，通常采取强制实施的作业；汽车修理是按计划视需要进行的作业。

2. 作业时间不同

汽车维护通常是在车辆发生故障之前进行的作业；汽车修理通常是在车辆发生故障之后进行的作业。

3. 作业目的不同

汽车维护通常是降低零件磨损速度，预防故障发生，延长汽车使用寿命；汽车修理通常维修出现故障或失去工作能力的机件、总成，恢复汽车良好的技术状况、工作能力，延长使用寿命。

（三）汽车维护与修理的关系

汽车维护和汽车修理是密切相关的。修理中有维护，维护中有修理。在车辆维护过程中可能发现某一部位或机件有发生故障或损坏的前兆，因而可利用维护时机，对其进行修理。而在修理的过程中，对一些没有损坏的机件也要进行维护。因此，汽车维护和汽车修理的关系是相互的。在日常工作中，要坚持以维护为重点，克服"重修轻保""以修代保"的不良倾向，三分修、七分养。

二、汽车维护的意义及目的

随着现代汽车制造业的不断进步，新技术、新工艺、新材料得到广泛应用，汽车的性能和使用寿命都有了很大提高。但无论汽车的性能有多么卓越，随着其行驶里程的增加，汽车零部件都会逐渐产生磨损，技术状况也会不断变差。

由图1-1-1可以看出，零件磨损可分为三个阶段。

第一阶段：磨合期（Oa 段）。由于新零件及修复件表面较为粗糙，工作时零件表面的凸起点会划破油膜，在零件表面上产生强烈的刻、划、粘接等作用，同时从零件表面上脱落下来的金属及氧化物颗粒会引起严重的磨料磨损，所以该阶段的磨损速度较快，随着磨合时间的增加，零件表面质量不断提高，磨损速度相应降低。

第二阶段：正常工作期（ab 段）。经过磨合期的磨合，零件的表面粗糙度降低，适油性及强度增强，所以在正常工作期零件的磨损变得非常缓慢。

第三阶段：极限磨合期（曲线 b 点以后）。磨损的不断积累，造成的极限磨损期零件的配合间隙过大，油压降低，正常的润滑条件被破坏，零件之间的相互冲击也随之增加，零件的磨损急剧上升，此时如不及时进行调整或修理，会造成事故性损坏。

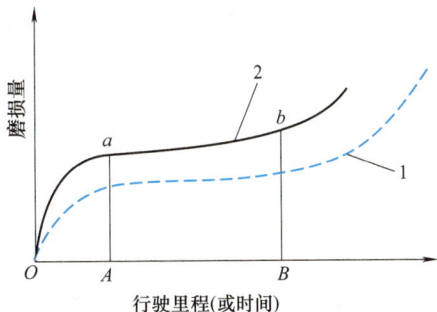

图 1-1-1　汽车零部件的磨损曲线
1—使用方法得当、保养及时的磨损曲线；
2—使用方法不当、保养不及时的磨损曲线

由图 1-1-1 还可以看出，在相同的里程内，情况 1（虚线）的磨损量比情况 2（实线）的小，其使用寿命比情况 2 的长。由此可见，只有根据磨损规律制定切实可行的维护保养措施，才能使汽车零部件保持完好的技术状态。这便是汽车维护的意义所在。

汽车维护的目的在于保持车容整洁、车况良好，及时发现和消除故障隐患，有效地延长汽车的使用寿命，防止车辆早期损坏，从而达到下列要求。

（1）车辆处于良好的技术状况，随时可以出车。

（2）在合理使用的条件下，不会因机件损坏而影响行车安全。

（3）在行驶过程中，降低燃料、润滑油以及配件和轮胎的消耗。

（4）减少车辆噪声和排放污染物对环境的破坏。

（5）各部总成的技术状况尽量保持均衡，延长汽车大修间隔里程。

三、现代汽车维护的原则

汽车维护必须遵照交通运输管理部门或生产厂家规定的行驶里程或时间间隔，按期强制执行，不得拖延，并在维护作业中遵循汽车维护分级和作业范围的有关规定，保证维护质量。防止汽车早期损坏是汽车维护的基本要求。汽车维护的各项作业是有计划定期执行的，它的内容是依照汽车技术状况变化的规律来安排的，并要在汽车技术状况变坏之前进行，以符合预防为主的原则。

定期检测是指汽车在二级维护前必须用检测仪器或设备对汽车的主要性能和技术状况进行检测与诊断，了解和掌握汽车的技术状况和磨损程度，并做出技术评定。根据检测结果确定该车的附加作业或小修项目，从而结合二级维护一并进行附加作业或小修。强制维护是在计划预防维护的前提下所执行的维护制度，是指汽车维护工作必须遵照交通运输管理部门或汽车使用说明书规定的行驶里程或时间间隔按期进行，不得任意拖延

四、现代汽车维护的分类

汽车维护分为定期维护和非定期维护。定期维护分为日常维护、一级维护和二级维护；非定期维护分为换季维护和走合维护。换季维护可结合定期维护进行。

（一）定期维护

现行的维护制度着重于加强强制性的日常维护，增加检测性定期维护内容。即对日常维护和一级维护实行定期强制执行，以提高汽车安全性、节能性、环保性与寿命等；对二级维

护，则先进行检测诊断和技术评定，然后根据结果确定附加作业或小修项目。

日常维护的周期一般为出车前、行车中、收车后。一级维护的周期在汽车行驶 3000～5000km 选定，或根据车型要求确定。根据各地区条件不同，二级维护的周期在 10000～15000km 选定。

（二）非定期维护

1. 换季维护

换季维护主要是针对在我国北方地区行驶的汽车，一般在春、夏季节交替和秋、冬季节交替时进行维护与保养。例如，要注意夏季的轮胎气压比冬季低；为防止机油因温度低而凝固等，在冬季选用凝固点低的机油。

2. 走合维护

因为汽车走合维护里程为 0～3000km，所以从车主购买汽车之日算起，到汽车行驶 3000km 这段时间为走合期。由于汽车是用轿运车运送到全国汽车 4S 店的，因此车主购买的新车里程一般会在 30km 以内，同时汽车销售人员会告诉车主如何在走合期进行汽车的磨合及注意事项。新车走合期的使用情况对于汽车使用寿命、工作可靠性和经济性有很大的影响。为此，新车在走合期必须注意以下事项：

（1）发动机刚启动时，不要猛踩加速踏板急剧增加其转速。避免发动机在高速或低速连续运转，以中等转速运转发动机为宜，车速不要超过 80km/h，发动机转速不要超过 4000r/min。

（2）汽车在行驶中，不允许长时间高速行驶或在低速挡时加速行驶，不要以单一速度长时间快速或慢速行驶，也不要在高速挡情况下缓慢驾驶。

（3）尽量选择路况良好的路面行驶。根据道路的不同条件及时换挡，充分估计发动机动力，提前换低速挡，不要勉强用高速挡行驶，以免发动机负荷过大。同时，汽车在走合期早期阶段（500～800km），不要满载。

（4）控制车速并注意路面状态，避免紧急制动，以免损坏机件。缓和地使用制动，能较好地磨合并延长其使用寿命。

（5）保持发动机工作温度在一定范围内（80～90℃）。

（6）选用品质好的燃油和润滑油。新车使用的机油必须按照厂家规定的标号选用。

（7）加强各润滑部位润滑，及时紧固松动的螺栓、螺母。

五、现代汽车维护作业的规范和范围

（一）汽车维护作业规范

维护作业包括清洁、检查、紧固、调整、润滑和补给等内容。车辆进行维护时，不能对其主要总成大卸大拆，只有在发生故障需要解体时，方允许进行解体，这就明确了维护和修理的界限。与过去的维护制度相比，现行的维护制度进行了以下调整。

（1）取消了整车解体式的三级维护。生产实践证明，对主要总成大拆大卸的工艺方法是不科学的，也是不符合技术经济原则的。同时，三级维护内容既有维护作业又有修理作业，不便于维护和修理的区分。

（2）没有对各级维护周期做出统一规定。

（3）对季节性维护做出规范。当车辆进入冬、夏两季时，一般结合二级维护对车辆进行换季维护。

汽车维护作业是汽车在维护过程中必须完成的技术措施，按其维护操作特点和执行条件，可分为以下几点。

1. 清洁作业

清洁作业是提高汽车维护质量、防止机件腐蚀、减轻零部件磨损和降低燃油消耗的基础，并为检查、紧固、调整、润滑和补给作业做好准备。清洁作业的工作内容不仅包括对燃油、机油、空气滤清器滤芯的清洁，而且包括对汽车外表的养护以及对有关总成、零部件内外部的清洁作业。

2. 检查作业

检查作业是汽车维护的重要工作内容之一。通过对汽车各部位的检查，可确定零部件的变异和损坏情况。检查作业的工作内容主要是检查汽车各总成和机件是否齐全，连接是否紧固，是否存在漏水、漏油、漏气和漏电等现象；利用汽车上的指示仪表、报警装置等车载诊断装置，检查各总成、机构和仪表的技术状况；对影响汽车安全行驶的转向、制动、灯光等工作情况应加强检查；汽车拆检、装配或调整时，应检查各主要部件的配合间隙是否合适。

汽车跑长途前的常规检查

3. 紧固作业

紧固作业是为了使各机件连接可靠，防止机件松动所进行的作业。汽车在运行中，由于振动、颠簸、热胀冷缩等原因，会改变零部件的紧固程度，使零部件失去连接的可靠性。紧固工作的重点应放在负荷重且经常变化的各机件的连接部位上，应及时对各连接螺栓进行必要的紧固和配换。

4. 调整作业

调整作业是保证各总成和机件长期正常工作的重要环节，调整工作的好坏，对减少机件磨损、保持汽车使用的经济性和可靠性有直接的影响。调整作业的工作内容主要是按技术要求，恢复总成、机件的正常配合间隙及工作性能等。

5. 润滑作业

润滑作业是为了减少各摩擦副的摩擦力，减轻机件的磨损所进行的作业。润滑作业的工作要求包括按照汽车的润滑图表和规定的周期，用规定牌号的润滑油或润滑脂进行润滑；各油嘴、油杯和通气塞必须配齐，并保持畅通；发动机、变速器、转向器、驱动桥等应按规定补充、更换润滑油。

6. 补给作业

补给作业是指在汽车维护中，对汽车的燃料及特殊工作液进行加注补充，对蓄电池进行充电，对轮胎进行补气等。注意：必须选用合适的运行材料，并及时正确地添加燃料或更换冷却液等。

上述划分有利于工人迅速掌握并熟练操作技术；有利于设备、工具的配备和使用；有利于减轻工人的劳动强度，提高工作质量和工作效率。

（二）维护作业范围

现代汽车各类维护作业范围见表 1-1-1。

表 1-1-1　现代汽车各类维护作业范围

维护种类	作业范围	执行人
日常维护	日常维护是各级维护的基础，目的是维持车辆的车容和车况，使车辆处于完整和完好状况，保证正常运行。日常维护作业以清洁、补给和安全检视为中心内容： ①坚持"三检"，在出车前、行车中、收车后检视车辆的安全机构及各机件连接的紧固情况 ②保持"四清"：保持润滑油、空气、燃油和蓄电池的清洁 ③防止"四漏"：防止漏水、漏油、漏气和漏电 ④螺栓、螺母不松动、不缺少；保持轮胎气压正常，制动可靠，转向灵活，润滑良好，灯光、喇叭正常等	驾驶员

维护种类	作业范围	执行人
一级维护	一级维护作业的中心内容除日常维护外,以清洁、润滑、紧固为主,并检查有关制动和操纵等安全部件,坚持"三检",保持"四清"和防止"四漏"	维修企业
二级维护	二级维护作业的中心内容除一级维护作业外,以检查、调整转向节、转向摇臂、制动蹄片和悬架等经过一定时间的使用容易磨损或变形的安全部件为主,并拆检轮胎,进行轮胎换位	维修企业
换季维护	由于冬、夏季的温差大,为使车辆在冬、夏季合理使用,在换季前应结合定期维护,附加一些相应的项目,使汽车适应气候变化后的运行条件,此种附加性的维护称为换季维护。换季维护时,针对不同季节要用不同型号的机油、齿轮油、冷却液,一般原厂的冷却液可以全年使用,厂家在冷却系统中加入的是防冻液,到了冬季需要检查防冻液的冰点是否符合本地区的气候条件	维修企业
走合维护	新车、大修车以及刚装用大修过发动机的汽车在一段初始里程内所进行的维护称为走合维护。汽车经过初期使用阶段的磨合,使各运动部件摩擦表面之间进行相互研磨,不断提高配合精度,从而顺利过渡到正常使用状态,汽车走合维护的内容有更换机油和机油滤清器、检查调整离合器和制动踏板自由行程等	驾驶员

思考与练习

1. 简述在开展汽车保养与维修过程中,相关人员应具备哪些职业精神。
2. 简述汽车维护与汽车修理的区别。
3. 简述汽车维护与保养的意义。
4. 我国现行的维护制度原则是什么?
5. 简述汽车各级维护的作业范围。

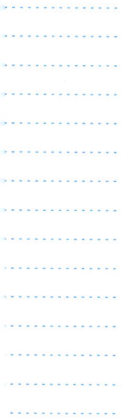

项目二
常用工量具及设备选择与使用

知识脉络图

常用工量具及设备选择与使用

① 常用工具的选择与使用
- 普通工具
- 专用工具

② 常用量具的选择与使用
- 塞尺
- 游标卡尺
- 千分尺
- 百分表
- 量缸表
- 气缸压力表
- 轮胎气压表
- 汽车万用表

③ 车辆举升设备的使用
- 车用千斤顶
- 汽车举升机

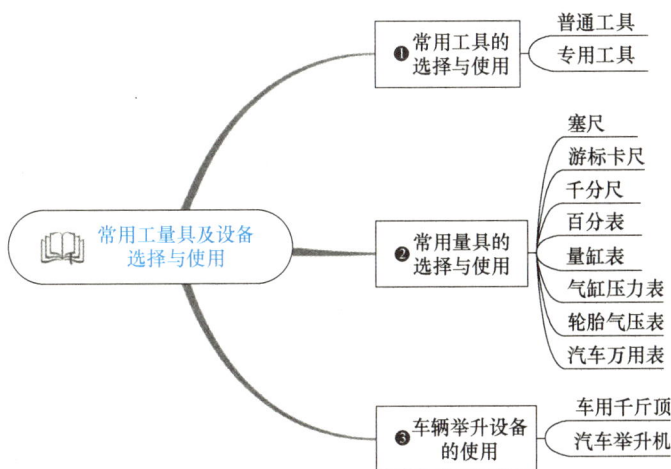

任务 1　常用工具的选择与使用

任务目标

1. 培养精益求精、一丝不苟的工匠精神；
2. 了解常用工具的用途；
3. 能够根据工作要求，合理选择并规范使用工具；
4. 能够严格遵守安全规程和操作规范。

导航案例

"工欲善其事，必先利其器"。做好一件事情，仅有热情和能力是不够的，有热情只是具备了想干事的态度，有能力只是具备了干成事的条件，正确的方法和合适的工具、设备才是干好事的保证。

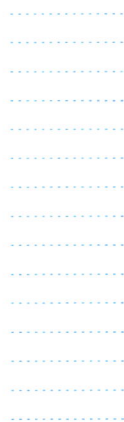

📖 相关知识

一、普通工具

（一）扳手

1. 开口扳手

开口扳手是最常见的一种扳手，俗称呆扳手，按形状有双头扳手和单头扳手之分，其作用是紧固、拆卸一般标准规格的螺母和螺栓。它的开口的中心平面和本体中心平面成 15°、45°、90°等，这样既能适应人手的操作方向，又可降低对操作空间的要求，方便在受限制的部位扳动，如图 2-1-1 所示。开口扳手的规格是以两端开口的宽度 S（mm）来表示

图 2-1-1　开口扳手

的，如 8~10mm、12~14mm 等；通常是成套装备，如 6 件一套、8 件一套；一般用 45 钢、50 钢锻造，并经过热处理。

开口扳手的使用方法如下。

（1）所选用扳手的开口尺寸，必须与螺栓或螺母的尺寸相符合，如扳手开口过大，易滑脱并损伤螺母的六角。在进口汽车维修中，应注意扳手公制、英制的选择。各类扳手的选用原则是：一般优先选用套筒扳手，其次为梅花扳手，再次为开口扳手，最后选择活动扳手。

（2）不能采用两个扳手对接或用管子等套接的方式来加长扳手，以免损坏扳手或发生事故。

（3）当使用推力拆装螺母时，应用手掌来推动，而不能采用握推的方式，以免碰伤手指，如图 2-1-2 所示。

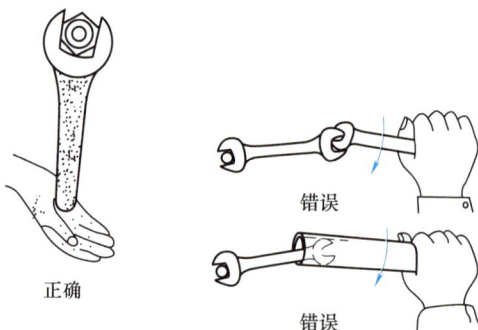

正确　错误　错误

图 2-1-2　开口扳手的正确使用

2. 梅花扳手

梅花扳手同开口扳手的用途相似，但其两端是环状的。环的内孔由两个正六边形互相同心错转 30°而成，可将螺栓和螺母头部套住，使用时，扳动 30°后，即可换位再套，因而适于在狭窄场合中操作，如图 2-1-3 所示。与开口扳手相比，梅花扳手强度高，使用时不易滑脱，但套上、取下不方便。梅花扳手的规格是以闭口尺寸 S（mm）来表示，如 8~10mm、12~14mm 等；通常是成套装备，如 6 件一套、8 件一套等；梅花扳手通常用 45 钢或 40 铬钢锻造，并经过热处理。

图 2-1-3　梅花扳手

梅花扳手的钳口是双六角形的，可以容易地装配螺栓/螺母，可以在一个有限空间内重新安装。同时，由于螺栓/螺母的六角形表面被包住，因此没有损坏螺栓角的风险，并可施加大的转矩。由于手柄具有一定角度，因此可在凹进空间内或在平面上旋转螺栓/螺母。使

用时首先应选择尺寸合适的扳手，否则，极易损伤扳手和螺母。应尽量使用拉力，如果由于空间限制无法拉动工具，可用手掌推它，如图 2-1-4 所示。对于已经拧得很紧的螺栓/螺母，可以通过施加冲击力松开，但是不能使用锤子和管子（用来加长轴）来增加转矩。

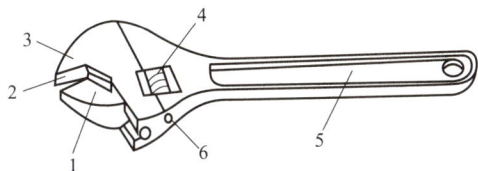

图 2-1-4 梅花扳手的使用

3. 套筒扳手

套筒扳手除具有一般扳手的用途外，特别适用于旋转空间狭小或安装在较深处的六角螺母/螺栓的拆装，其材料、环孔形状与梅花扳手相同，如图 2-1-5 所示。套筒扳手主要由套筒头、手柄、棘轮手柄、快速摇柄、接头及接杆等组成，各种手柄适用于不同的场合。由于套筒扳手是按各种规格组装成套的，故使用方便，效率更高。常用套筒扳手的规格是 8～32mm。

棘轮手柄可以改变扳手的用力方向，往左转可以拧紧螺母，往右转可以松开螺母，因此螺栓/螺母可以不取下套筒头而往复操作，提高了工作效率；同时，套筒扳手可以以小的回转角锁住，可以在有限的空间中工作。但注意内部的棘轮不能承受较大的力，因此不要施加过大转矩，以免损坏棘爪的结构。

图 2-1-5 套筒扳手

4. 活动扳手

活动扳手由固定扳唇、活动扳唇、调节螺杆和轴销组成，使用场合与开口扳手相同，其开口尺寸能在一定范围内任意调整。其优点是遇到不规则的螺母或螺栓时能发挥作用，故应用范围较广，如图 2-1-6 所示。活动扳手的规格是以最大开口宽度（mm）来表示，其通常由碳素钢（T）或铬钢（Cr）制成。

图 2-1-6 活动扳手

1—活动扳唇；2—扳口；3—固定扳唇；4—调节螺杆；5—手柄；6—轴销

　　活动扳手可通过旋转调节螺杆来改变口径。一个活动扳手可用来代替多个开口扳手，适用于尺寸不规则的螺母。使用时转动调节螺杆，使开口与螺母头部配合完好。注意，使拉力作用在开口较厚的一边来转动扳手，否则将使压力作用在调节螺杆上，易致其损坏，如图2-1-7所示。

可调扳手　开口较厚的一边　调节钳口　调节螺杆
操作指导
无间隙　在移动扳手时要拧紧调节螺杆　不正确

图 2-1-7　活动扳手的使用

5. 扭力扳手

　　扭力扳手是一种可读出所施力矩大小的扳手，由扭力杆和套筒头等组成。凡是对螺母、螺栓有明确规定力矩的（如气缸盖、曲轴与连杆的螺栓、螺母等）场合，都要使用扭力扳手。扭力扳手的规格是以最大可测力矩来划分的，常用的有 $0\sim300N\cdot m$、$0\sim500N\cdot m$ 两种，如图 2-1-8 所示。扭力扳手除用来控制螺纹件旋紧力矩外，还可以用来测量旋转件的启动转矩，以检查配合、装配情况。

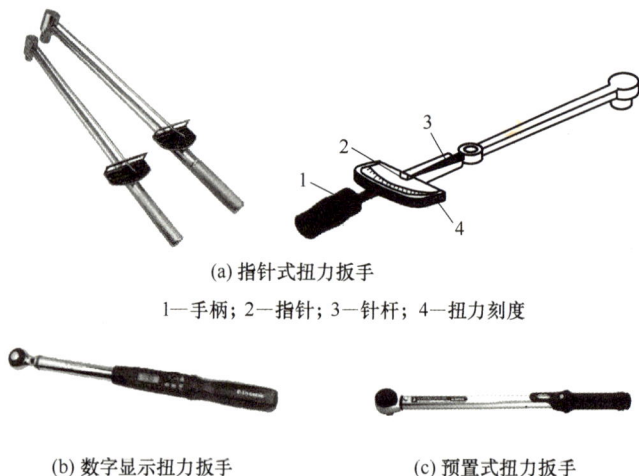

(a) 指针式扭力扳手
1—手柄；2—指针；3—针杆；4—扭力刻度

(b) 数字显示扭力扳手　　　　(c) 预置式扭力扳手

图 2-1-8　扭力扳手

　　使用扭力扳手时，一手按住套筒一端，另一手平稳地拉动扭力扳手的手柄，并观察扭力扳手指针指示的转矩数值。切忌在过载的情况下使用扭力扳手，以免造成读数失准或扳手损坏。用后应将扭力扳手平稳放置，避免重物撞压造成扭力杆或扳手指针变形，从而影响其测量精度，甚至损坏扳手。

6. 内六角扳手

内六角扳手是用来拆装内六角螺栓（螺塞）的，其规格以六角形对边尺寸 S 表示，如图 2-1-9 所示，规格为 3～27mm 共 13 种，汽车维护作业中使用成套的内六角扳手来拆装 M4～M30 的内六角螺栓。

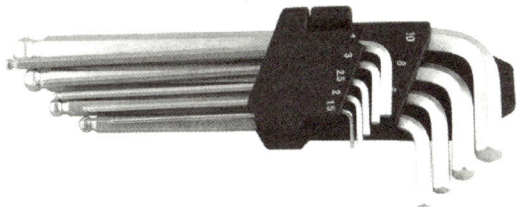

7. 气动扳手

气动扳手是用压缩空气作为动力的。如图 2-1-10 所示，气动扳手一般由气动马达和套筒组合而成。有的装有调节和限制转矩的装置，称为全自动可调节扭力式扳手，简称全自动气动扳手。有的无调节装置，只是用开关旋钮调节进气量的大小来控制转速或扭力的大小，称为半自动不可调节扭力式扳手，简称半自动气动扳手。

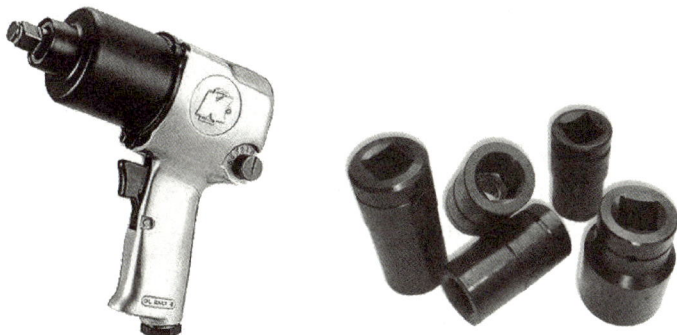

图 2-1-9　内六角扳手

图 2-1-10　气动扳手与套筒

气动扳手使用时要注意以下事项：

（1）在正确的气压下使用（准确值为 686kPa）。

（2）定期检查并进行维护。

（3）在操作过程中，一般先用手将螺母对准螺栓旋紧一些。如果一开始就打开气动扳手，则螺纹很容易被损坏。注意：不要将螺母拧得过紧，且应用较小的力拧紧。

（4）在操作时必须用两只手握住气动扳手，因为按下按钮时将释放出较大的力矩，这可能会引起振动。

（5）使用扭力扳手检查紧固力矩。

（二）旋具

螺钉旋具（俗称螺丝刀）是用来拧动螺钉的工具，通常分为一字槽螺钉旋具和十字槽螺钉旋具两类。螺钉旋具由手柄、刀体和刃口组成，如图 2-1-11 所示。

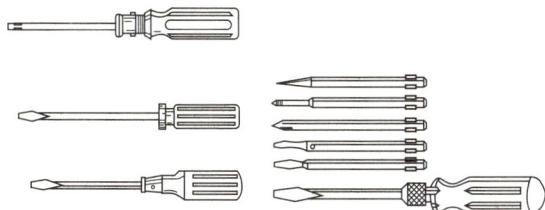

1. 一字槽螺钉旋具

一字槽螺钉旋具用于旋紧或松开头部开一字槽的螺钉。一般工作部位用碳素工具钢制成，并经过淬火处理；其规格以不含握柄刀体部分的长度表示。使用时应根

图 2-1-11　螺钉旋具

据螺钉沟槽的宽度选用相应的刃口。

2. 十字槽螺钉旋具

十字槽螺钉旋具用于旋紧或松开头部带十字沟槽的螺钉。材料和规格与一字槽螺钉旋具相同。

使用时右手握住旋具，手心抵住柄端，螺钉旋具与螺钉同轴心，压紧后用手腕扭转。松动后用手心轻压螺钉旋具，用拇指、中指、食指快速扭转。使用长杆螺钉旋具时，可用左手协助压紧和拧动手柄，刃口应与螺钉槽大小、宽窄、长短相适应，刃口不得残缺，以免损坏槽和刃口。

螺钉旋具的使用注意事项如下：

（1）使用前先擦净油污，以免工作中滑脱发生意外；

（2）选用的工具应与螺钉上的槽相吻合，刃口太薄易折断，太厚易使旋具和螺钉槽损坏，如图 2-1-12 所示；

（3）不允许将工件拿在手上使用旋具拆装螺钉，以免旋具从手中滑出伤手；

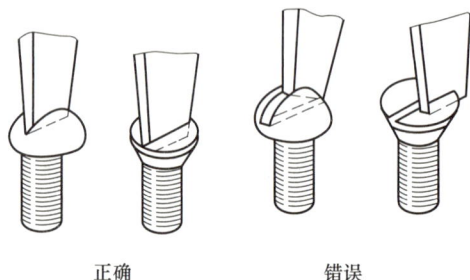

图 2-1-12　旋具使用

（4）不允许将螺钉旋具当撬杠使用，不允许用锤子敲击手柄；

（5）不允许用扳手转动螺钉旋具的尾端来增加力矩；

（6）使用完毕后擦拭干净。

（三）锤子和手钳

1. 锤子

常用的锤子类型如图 2-1-13 所示，包括钢制圆头锤、橡胶或塑料锤及黄铜软面锤。

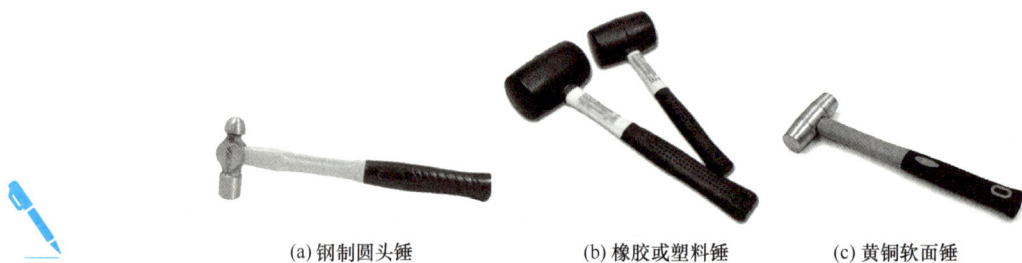

(a) 钢制圆头锤　　(b) 橡胶或塑料锤　　(c) 黄铜软面锤

图 2-1-13　常用的锤子类型

锤子的使用方法：

（1）使用前，必须检查锤柄是否安装牢固。如果松动，则应重新安装，以防使用时由于锤头脱出而发生伤人或损物事故。

（2）敲击，右手握住锤柄后端向锤头方向约 10mm 处，握力适度，眼睛注视工件。

（3）挥锤方法有手挥、肘挥和臂挥三种。手挥只有手腕动，锤击力小，但准、快、省力；臂挥是大臂和小臂一起运动，锤击力最大。

（4）锤头应平整地击打在工件上，如图 2-1-14 所示。不得歪斜，防止破坏工件表面形状。

（5）拆卸零部件时，禁止直接锤击重要表面或易损部位，以防出现表面破坏或损伤。

(a) 正确使用　　　　　　　　　　　(b) 错误使用

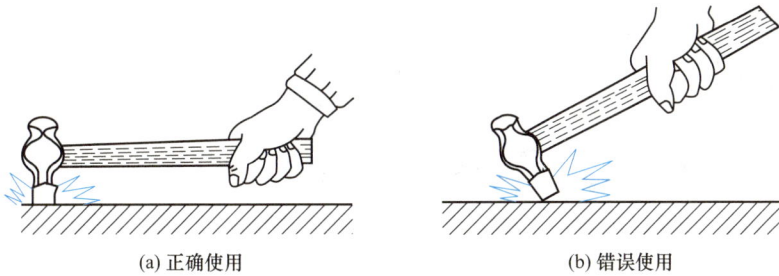

图 2-1-14　锤子的使用

2. 手钳

常见的手钳有钢丝钳、鲤鱼钳、尖嘴钳和卡簧钳等。

（1）钢丝钳。钢丝钳结构如图 2-1-15 所示，按长度分为 150mm、175mm 和 200mm 三种。钢丝钳主要用于夹持圆柱形零件，也可以代替扳手旋动小螺栓、小螺母。钳口后部的刃口可剪切金属丝。

（2）鲤鱼钳。鲤鱼钳结构如图 2-1-16 所示。钳头的前部是平口细齿，适用于夹捏一般小零件，中部凹口粗长，用于夹持圆柱形零件，也可以代替扳手旋动小螺栓、小螺母，钳口后部的刃口可剪切金属丝。由于一片钳体上有两个互相贯通的孔，又有一个特殊的销子，因此操作时钳口的张开度可很方便地变化，以适应夹持不同大小的零件，是汽车维修作业中使用最多的钳子。鲤鱼钳的规格以钳的长度来表示，一般有 165mm 和 200mm 两种，用 50 钢制造。

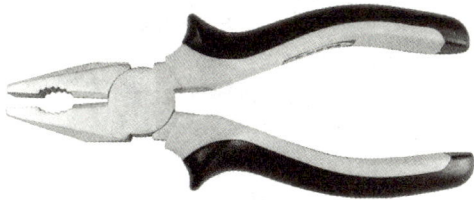

图 2-1-15　钢丝钳

图 2-1-16　鲤鱼钳

（3）尖嘴钳。尖嘴钳的外形如图 2-1-17 所示，因其头部细长而得名，能在较小的空间使用。刃口也能剪切细小金属丝，但使用时不能用力太大，否则钳口头部会变形或断裂。尖嘴钳的规格以钳的长度来表示，汽车拆装作业常用的是 160mm 尖嘴钳。

（4）卡簧钳。卡簧钳也称挡圈钳，它有多种结构形式，适用于拆装发动机中的各种卡簧（挡圈）。使用时应根据卡簧（挡圈）的结构形式，选择相应的卡簧钳。图 2-1-18（a）所示为一种两用卡簧钳。图 2-1-18（b）、（c）所示分别为常用的孔用和轴用卡簧钳。

图 2-1-17　尖嘴钳

手钳的使用方法：

（1）用手握住钳柄后端，使钳口开闭、夹紧；

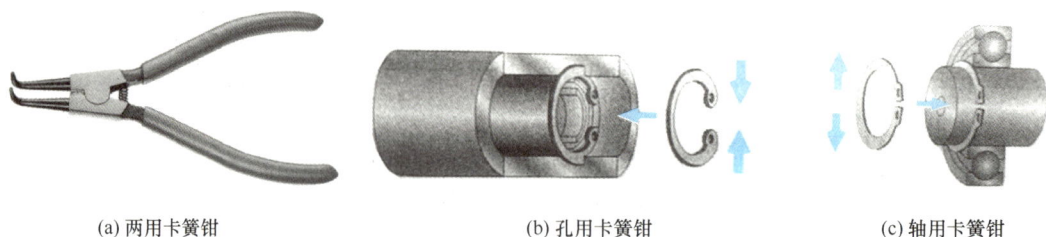

(a) 两用卡簧钳　　　　　　　(b) 孔用卡簧钳　　　　　　　(c) 轴用卡簧钳

图 2-1-18　卡簧钳

（2）不能用钳子代替扳手来拧紧或拧松螺栓、螺母，以免损坏螺栓、螺母头部棱角；

（3）不能将钳子柄当撬棒使用，以免使之弯曲、折断或损坏；

（4）不能用力太大，否则钳口头部会变形、销轴会松动；

（5）使用完应保持清洁，及时擦净。

二、专用工具

除通用工具外，有些维修项目必须使用专用工具才能顺利进行。

（一）活塞环拆装钳

活塞环拆装钳是一种专门用于拆装活塞环的工具。维修发动机时，必须使用活塞环拆装钳拆装活塞环，以防止不正当的操作而导致活塞环折断，如图 2-1-19 所示。

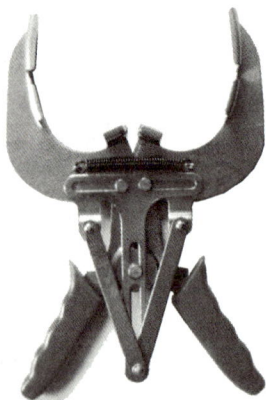

图 2-1-19　活塞环拆装钳

图 2-1-20　安装活塞环

活塞环拆装钳的使用方法：

（1）将活塞环拆装钳上的环卡卡住活塞环开口，握住手把稍稍均匀地用力，使活塞环拆装钳手把慢慢地收缩，环卡将活塞环徐徐地张开，使活塞环能从活塞环槽中取出或装入其中，如图 2-1-20 所示；

（2）使用活塞环拆装钳拆装活塞环时，用力必须均匀，避免用力过猛而导致活塞环折断，同时能避免伤手事故。

（二）气门弹簧拆装架

气门弹簧拆装架是一种专门用于拆装顶置气门弹簧的工具，如图 2-1-21 所示。

使用气门弹簧拆装架时，根据需要将拆装钳放于合适位置，如图 2-1-22 所示。用气门弹簧将拆装架托架抵住气门，压紧对正气门弹簧座，然后用力压下手柄，使气门弹簧被压缩。可取下气门弹簧锁销或锁片，慢慢地松抬手柄，即可取出气门弹簧座、气门弹簧和气门等。使用时应根据气门的位置和形式选取合适的拆装钳（顶置式、侧置式、液力挺柱式）。

图 2-1-21   气门弹簧拆装架

图 2-1-22   气门弹簧拆装架的使用

（三）火花塞套筒扳手

火花塞套筒扳手是一种薄壁长套筒扳手，它是拆除火花塞的专用工具，如图 2-1-23 所示。使用时应根据火花塞六角头对边的尺寸选用火花塞套筒。拆卸时，套筒应对正火花塞六角头，套接要妥当，不可歪斜，应逐渐加大力矩，以防滑脱。

（四）油封取出装置

油封取出装置用于将油封取出，如图 2-1-24 所示。使用时将油封取出装置置于油封中，旋转使之张开，将油封拉出即可。使用中注意用力和张开的程度不宜太大，以免损伤油封。

图 2-1-23   火花塞套筒扳手

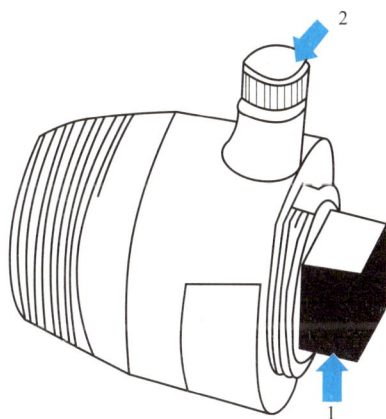

图 2-1-24   油封取出装置
1—内件；2—滚花螺钉

（五）顶拔器

顶拔器主要用于拆卸发动机曲轴和凸轮轴上的正时齿轮、正时带轮及其他位置尺寸合适的齿轮、轴承凸缘等圆盘形零件，如图 2-1-25 所示。

图 2-1-25　顶拔器

任务 2　常用量具的选择与使用

任务目标

1. 培养科学严谨、一丝不苟、精益求精的工匠精神；
2. 了解常用量具的用途、种类及结构；
3. 能够合理选择并规范使用测量工具；
4. 能够熟练读取常用量具显示的数值。

导航案例

　　曾经科幻大片中才有的自动驾驶汽车，已逐渐走进寻常百姓家，敏锐的环境感知系统和精确的测量系统是自动驾驶汽车安全行驶的前提。随着车辆 V2X 应用及自动驾驶的发展，汽车对定位精度的要求进一步提高——必须达到 1.5m 甚至 1m 以内；发展到 L3 级的自动驾驶技术时，定位精度需要控制在厘米级，这对卫星、传感器等设备的感知、测量精度提出了更高的要求。当前，我国正在积极研发与测试 L4 级的自动驾驶技术，市场规模量产的车型（新能源与传统燃油车型）搭载的自动驾驶系统仍处于 L2＋级，发展节奏基本与全球先进水平同步。

相关知识

　　在维修保养工作中，会用到各种量具，如游标卡尺、塞尺等，作为维修技师必须熟悉它们的结构与原理，能合理选择并规范使用，一定要做到以下几点：

　　（1）切勿敲击测量工具或使工具坠落，否则会造成量具损坏。

　　（2）避免在高温或高湿度条件下使用或存放，因为测量误差可能在高温、高湿度条件下发生，受到高温影响，量具本身会发生变形。

　　（3）测量工具使用后需要清洁，并按原状放置。测量工具只有在清除油污和废物后方可存放。所有使用过的测量工具必须按原状归位，带有专用箱的仪器必须放回箱内。测量工具必须放在规定的地方。如果需要长时间存放工具，则应在必要的地方涂刷防锈油，并且取下电池，如图 2-2-1 所示。

　　（4）根据使用情况，选择适当的量程。

(a) 避免潮湿　　　　　　　(b) 避免潮湿和日晒

(c) 放回原处

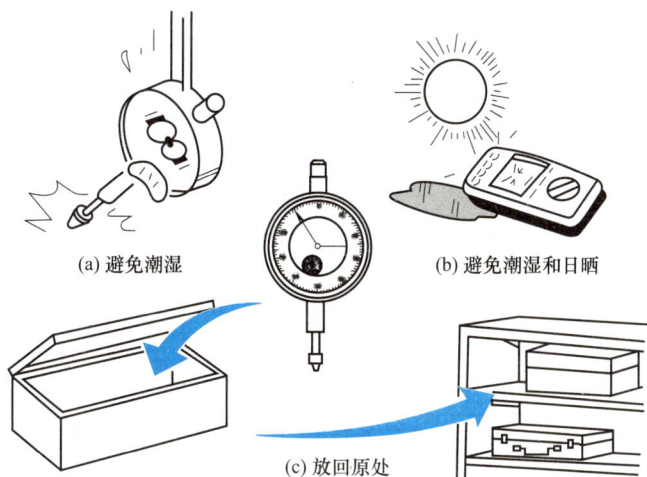

图 2-2-1　仪器的存放

（5）读取测量值时，确保测量者的视线与表盘和指针成直角。

一、塞尺

塞尺是一种由多片不同厚度的标准钢片组成的测量工具，用来检验两机件之间的间隙大小，如图 2-2-2 所示。测量活塞环侧隙的方法如图 2-2-3 所示。

图 2-2-2　塞尺

图 2-2-3　测量活塞环侧隙的方法

塞尺使用时应注意以下几点：

（1）如果用一个塞尺不能测量间隙，则用 2 个或 3 个塞尺组合测量。将叶片折叠起来，以使尽可能使用最少的叶片。

（2）为了避免塞尺顶部弯曲或损坏，切勿强行将其推入待测部位，如图 2-2-4 所示。

（3）在把叶片放起来前，要清洁其表面并涂油，防止它们生锈，如图 2-2-5 所示。

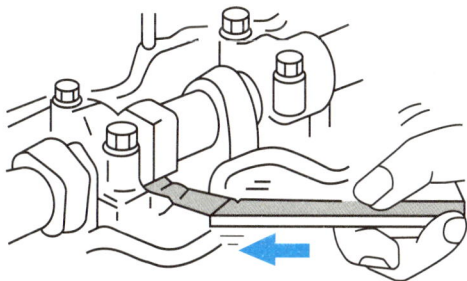

图 2-2-4　不要对塞尺施加强力

涂一薄层油

图 2-2-5　涂油

二、游标卡尺

游标卡尺是用来测量工件内外直径、宽度、长度或深度的工具，游标卡尺由尺身、游标、外测量爪、刀口内测量爪、深度尺和紧固螺钉等组成，如图 2-2-6 所示。按照测量功能的不同，可以将游标卡尺分为普通游标卡尺、深度游标卡尺和带表卡尺等；按照测量精度不同，可以将游标卡尺分为 0.1mm、0.02mm、0.05mm 三种精度。

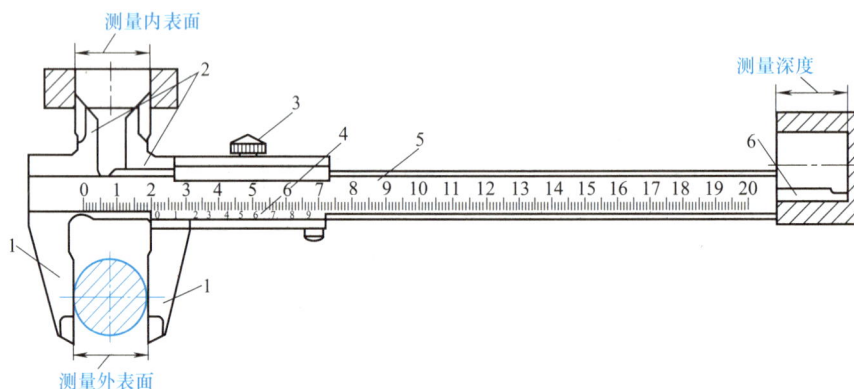

图 2-2-6　游标卡尺

1—外测量爪（固定）；2—刀口内测量爪（活动）；3—紧固螺钉；4—游标；5—尺身；6—深度尺

（一）读数方法

读出游标零刻度线所在位置左边尺身的刻线的毫米整数，查看游标上第几条刻线与尺身上某一刻线对齐，将游标上的格数乘以卡尺精度，即为毫米小数值。将尺身上的整数与游标上的小数值相加，即得被测工件的尺寸，如图 2-2-7 所示，测量结果为 $0+14\times0.02=0.28$（mm）。

图 2-2-7　游标卡尺读数

（二）游标卡尺使用注意事项

（1）使用前，先将工件被测表面和卡脚接触表面擦干净。

（2）测量工件外径时，将活动测量爪向外移动，使两测量爪间距大于工件外径，然后再慢慢移动游标，使两测量爪与工件接触，切忌硬卡硬拉，以免影响游标卡尺的精度和读数的准确性。

（3）测量工件内径时，将活动测量爪向内移动，使两测量爪间距小于工件内径，然后再慢慢地向外移动游标，使两测量爪与工件接触。

（4）测量时，应使游标卡尺与工件垂直，固定紧固螺钉。测量外径时，记下最小尺寸；测量内径时，记下最大尺寸。

（5）用深度游标卡尺测量工件深度时，将固定测量爪与工件被测表面平整接触，然后缓慢地移动游标，使活动测量爪与工件接触。移动力不宜过大，以免硬压游标而影响测量精度和读数的准确性。

（6）使用完毕后，应将游标卡尺擦拭干净，并涂一薄层工业凡士林，然后放入盒内存放，切忌折、压。

三、千分尺

千分尺又叫螺旋测微器，是一种用于测量加工精度较高的零件的尺寸的精密工具，其测量精度可达 0.01mm。按用途不同，千分尺可分为外径千分尺、内径千分尺、内侧千分尺、深度千分尺和螺纹千分尺。在汽车保养中，常用的千分尺按照测量范围可分为 0～25mm、25～50mm、50～75mm、75～100mm 和 100～125mm 等多种不同规格。常用的外径千分尺如图 2-2-8 所示。

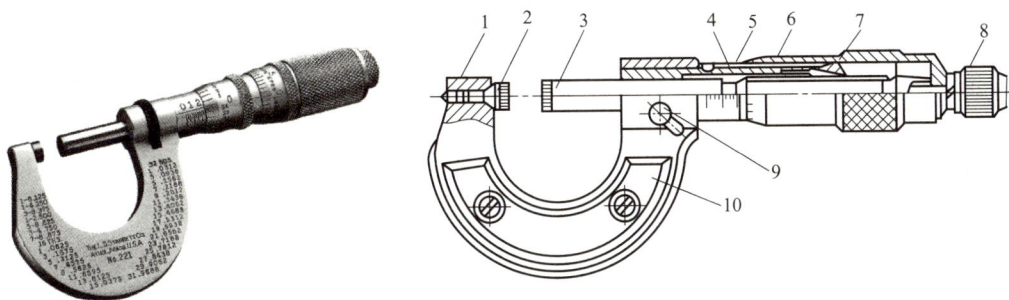

图 2-2-8 外径千分尺构造

1—尺架；2—测砧；3—测微螺杆；4—螺纹轴套；5—固定套筒；6—微分筒（活动）；7—调节螺母；
8—棘轮；9—锁紧装置；10—隔热装置

（一）读数方法

以固定套筒上露出的刻线读出毫米数值和半毫米数值，查看活动套筒上第几条刻线与固定套筒的刻线对正，即是多少个 0.01mm，不是一格时，可估算确定，把两数相加即为工件的测量尺寸，读数实例如图 2-2-9 所示。

图 2-2-9 （a）读数为 5.5＋46×0.01＝5.96（mm）；图 2-2-9 （b）读数为 30.5＋0.01＝30.51（mm）。

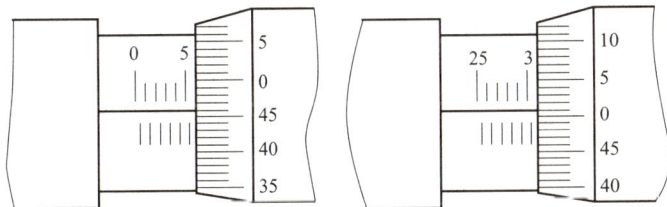

(a) 测量范围为 0～25mm 的千分尺 (b) 测量范围为 25～50mm 的千分尺

图 2-2-9 千分尺的读数

（二）千分尺的正确使用

（1）测量前，先将测量面擦净，并检查零位。具体检查方法是：用测力装置使测量面与标准棒两端面接触，观察微分筒前端面与固定套筒零线、微分筒零线与固定套筒基线是否重合。如不重合，应通过附带的专用小扳手转动固定套筒进行调整。

（2）测量时，左手拿尺架隔热装置，右手旋转微分筒，使千分尺测微螺杆的轴线与工件的中心线垂直或平行，不得歪斜。先用手转动活动套筒，当测量面接近工件时，改为转动测力装置的棘轮，直到听到"咔咔"响声，表示测微螺杆与工件接触力适当，应停止转动，并严禁拧动微分筒，以免用力过度，造成测量不准确。这时千分尺上的读数就是工件的尺寸。为防止一次测量不准，可旋松棘轮，再进行多次复查，以求得准确的测量读数。

（3）读数要细心，必要时用紧定手柄将测微螺杆固定，取下千分尺读出测量的数值。

（4）不准测量毛坯或表面粗糙的工件，不准测量正在旋转发热的工件，以免损伤测量面或得不到正确的读数。

（5）千分尺应保持清洁，用后要擦净涂油，并妥善保管。

四、百分表

（一）用途

百分表主要用来测量机器零件的各种几何形状偏差和表面相互位置偏差（如平面度、垂直度、圆度和跳动量），它由表体部分、传动部分和读数装置等组成，如图 2-2-10 所示。按照测量范围不同，百分表可分为 0～3mm、0～5mm、0～10mm 等多种规格。

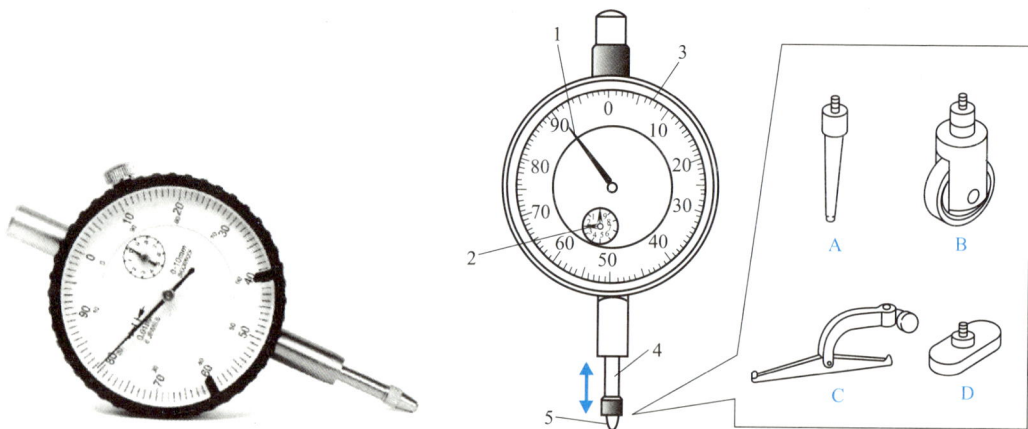

图 2-2-10　百分表

1—长指针（0.01mm/刻度递增）；2—短指针（1mm/刻度递增）；3—表盘（旋转，使指示到零）；
4—测量杆；5—测量头；A—长型；B—滚子型；C—杠杆型；D—平板型

（二）使用方法

（1）将百分表固定在磁性支架上使用。调整百分表的位置和被测工件表面，并设置指针，使测量头产生一定位移，即指针存在一个预偏转值。

（2）移动被测工件，并观察指针偏离值。百分表的表盘刻度一般分为 100 格，当测量头移动 0.01mm 时，大指针就偏转 1 格（表示 0.01mm）。当大指针转 1 圈时，小指针偏转 1 格（表示 1mm）。指针的偏转量就是被测零件的实际偏差或间隙值。

（3）百分表使用完毕，用干净的抹布将其表面擦拭干净，并在容易生锈的金属表面涂抹一薄层工业凡士林，然后水平放置在盒内，严禁重压。

五、量缸表

量缸表又称内径量表或内径百分表，是一种用于测量孔径的比较性量具，在汽车维护中主要用于测量发动机气缸和轴承座孔的圆度、圆柱度误差或零件磨损情况，其测量精度为 0.01mm。量缸表的规格是按测量直径的范围来划分的，如 18～35mm、35～50mm、50～160mm 等，汽车维护中常用内径百分表的规格为 50～160mm。

内径百分表使用方法如下：

（1）一只手拿住绝热套，另一只手尽量托住表杆下部，轻轻摆动表杆，使内径百分表活动测杆与气缸轴垂直（可通过观察百分表表头的指针摆动情况来判断，当指针指示到最小数值时，即表示活动测杆已垂直于气缸轴线），如图 2-2-11 所示。

（2）确定工件尺寸。如果内径百分表表头的大指针正好指在"0"处，说明被测工件的孔径（缸径）与其校表尺寸相等；若以标准尺寸校表，则表示工件尺寸与标准尺寸相同。如果内径百分表表头的大指针顺时针方向转离"0"位，则表示工件尺寸小于标准尺寸；反之，则表示大于标准尺寸。通过不同测量点的测量结果可计算出圆度误差、圆柱度误差或工件的磨损情况。

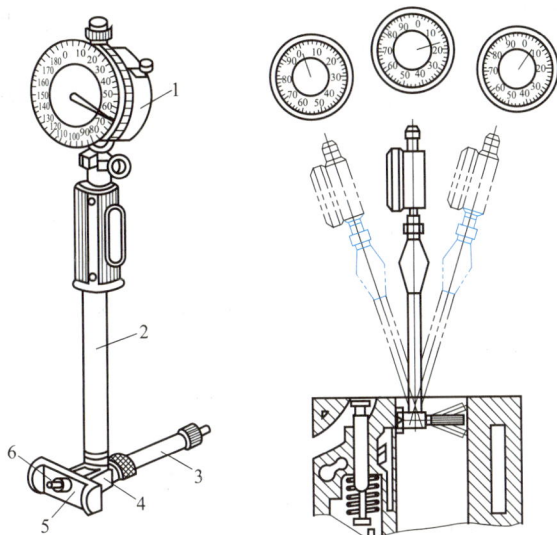

图 2-2-11 缸径测量
1—内径百分表表头；2—表杆；3—接杆；
4—表杆座；5—支撑座；6—活动测杆

（3）内径百分表的读数方法与百分表相同，读出内径百分表表头的指示数值即可。

六、气缸压力表

气缸压力表是一种专门用于检查气缸压缩压力大小的量具，如图 2-2-12 所示。按连接形式的不同，气缸压力表可分为推入式和螺纹连接式两种。

使用方法：

（1）启动发动机并运转到正常工作温度后熄火，拧下全部火花塞或喷油器。

（2）汽油发动机必须把节气门完全打开，并把气缸压力表的锥形橡胶圈压紧在火花塞座孔上，如图 2-2-13 所示。

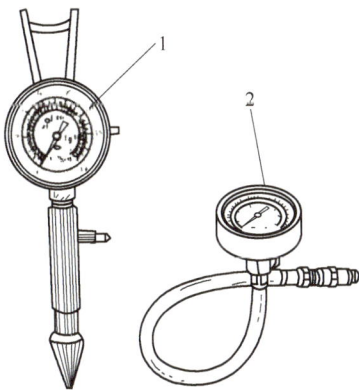

图 2-2-12 气缸压力表
1—推入式；2—螺纹连接式

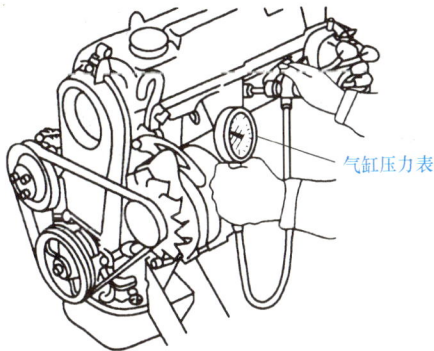

气缸压力表

图 2-2-13 测量汽油发动机的气缸压力

① 柴油发动机采用螺纹连接式气缸压力表，将气缸压力表螺纹接口旋入喷油器座孔内。

② 用启动机带动发动机旋转，使汽油发动机转速保持在 150～180r/min，柴油发动机

转速保持在 500r/min，这时气缸压力表所指数值即为该气缸的压力。

③ 接上气缸压力表上的放气阀，则气缸压力表指针回零。

④ 在实际测量气缸压力时，每个气缸应重复测量 2～3 次，取平均值。

七、轮胎气压表

轮胎气压表由表头、活塞、表体、标尺、主弹簧等组成，表头上只有一个气压计量口。将轮胎气压表测量端槽口与轮胎气门嘴对正压紧，这时轮胎气压表指针发生偏转，其指示值即为该轮胎的充气压力；或轮胎气压表的标尺在气压作用下被推出，这时指针上所显示的数值即为该轮胎的充气压力。如图 2-2-14 所示。

胎压的测量

图 2-2-14　轮胎气压表及测量

八、汽车万用表

1. 汽车万用表的基本结构

汽车万用表如图 2-2-15 所示，主要由数字及模拟量显示屏、功能按钮、测试项目选择开关、温度测量座孔、公用座孔（用于测量电压、电阻、频率、闭合角、频宽比和转速等）、搭铁座孔、电流测量座孔等构成。

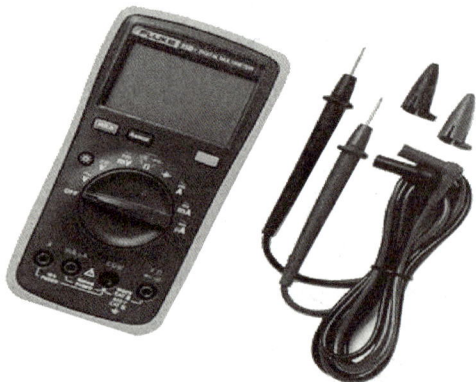

图 2-2-15　汽车万用表

2. 汽车万用表的主要功能

（1）测量交、直流电压。考虑到电压的允许变动范围及可能产生的过载，汽车万用表应能测量大于 40V 的电压值，但测量范围也不能过大，否则，读数的精度下降。

（2）测量电阻。汽车万用表应能测量 1MΩ 的电阻，测量范围大一些使用起来较方便。

（3）测量电流。汽车万用表应能测量大于 10A 的电流，测量范围再小则使用不方便。

（4）记忆最大值和最小值。该功能用于检查某电路的瞬间故障。

（5）模拟条显示。该功能用于观测连续变化的数据。

（6）测量脉冲波形的频宽比和点火线圈一次侧电流的闭合角。该功能用于检测喷油器、怠速稳定控制阀、EGR 电磁阀及点火系统等的工作状况。

（7）测量转速。

（8）输出脉冲信号。该功能用于检测无分电器点火系统的故障。

（9）测量传感器输出的电信号频率。

（10）测量二极管的性能。

（11）测量大电流。配置电流传感器（如霍尔电流传感器）后，可以测量大电流。

（12）测量温度。配置温度传感器后，可以检测冷却水温度、尾气温度和进气温度等。

任务 3　车辆举升设备的使用

任务目标

1. 培养安全意识、责任意识和严谨规范的工匠精神；
2. 了解举升设备的种类；
3. 熟悉举升设备的结构及工作原理；
4. 能够规范使用举升设备；
5. 熟悉举升设备的维护和管理规程。

导航案例

2023 年 8 月，江苏一修理厂突发一起安全事故，因维修师傅操作不当，车辆从举升设备上掉落，现场惊心动魄，幸运的是没有造成人员伤亡。

相关知识

举升设备是汽车修理厂常用设备之一，在汽车维护与修理中发挥着至关重要的作用，能否正确操作举升装置直接影响维修人员的人身安全。

一、车用千斤顶

（一）千斤顶的种类

千斤顶是一种最常用、最简单的起重工具，按其工作原理主要分为液压式、机械式和气动式三种类型。前两种千斤顶都有体积小、质量轻的优点。液压式千斤顶省力，但工作环境要求高。在高温、低温环境中，机械式千斤顶有更大的优越性，维护较简单，目前被广泛使用。按照能顶起的质量，千斤顶可分为 3t、5t、8t、10t、15t、20t 等多种不同规格。

1. 机械式千斤顶

机械式千斤顶由于起重小，操作费力，只用于一般机械维修工作。常用的如桥式千斤顶，采用螺杆转动带动杆系变形的原理来举升车辆，其举升质量较小，但轻巧方便，较适合轿车的检修，如图 2-3-1 所示。

2. 立式液压千斤顶

立式液压千斤顶结构紧凑，工作平稳，有自锁作用，故使用广泛。其缺点是起重高度有限，起升速度慢。按照所能顶起的质量，可分为 3t、5t、10t 等多种不同规格，如图 2-3-2 所示。

3. 卧式液压千斤顶

卧式液压千斤顶行程较长，使用方便，是汽车维修企业常用的设备，但其尺寸较大，不宜随车携带，如图 2-3-3 所示。

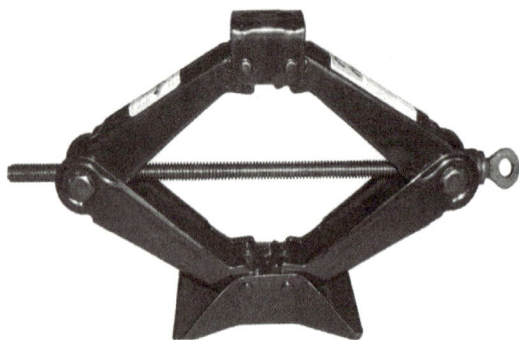

图 2-3-1　机械式千斤顶及使用

图 2-3-2　立式液压千斤顶

图 2-3-3　卧式液压千斤顶

图 2-3-4　充气式千斤顶

4. 充气式千斤顶

这种千斤顶结构独特，可以在任何表面使用（如倾斜的、崎岖不平的表面），如图 2-3-4 所示。要注意的是接触面不要有尖锐的物品，否则会划伤千斤顶。充气式千斤顶除了举升车辆，还能在关键时刻起到架桥铺路的作用。充气式千斤顶的设计方案非常理想，但是实际应用起来却难以达到理想的效果，由于充气管和排气管连接的密闭性，很难将气包充气到最大压力。

（二）千斤顶的使用及注意事项

（1）使用千斤顶时要弄清其额定的承载能力，千斤顶的顶举能力一定要大于或等于重物的质量，否则易发生危险。

（2）将车完全固定再支起车。如果在支车之前没有将车辆完全固定，那么在支撑的过程中很可能因为车辆滑动造成滑落的现象。正确的操作方法如下。

① 手动挡车型先拉起行车制动器，同时将变速器挂到 1 挡或倒挡（再次起步时不要忘

记）位置。

② 自动挡车型也是先拉起行车制动器，同时将变速器挂到 P 挡位置。

③ 将千斤顶放入车下进行举升操作。家用车的千斤顶往往是单独支起一个车轮，如果车停在有坡度的地面上，千斤顶升高后与车身的相对位置可能会有角度的变化，在角度较大的斜坡上这个角度变化会更大，容易造成滑脱或车辆损坏。如果故障地点恰好在斜坡上，建议用砖头或木头之类的物体卡住车轮，避免它们滑动。

（3）松软路面要配合垫板使用。千斤顶一定要在坚硬平整的路面上使用，如果是比较松软的地面，例如泥路或是沙土路面，在使用千斤顶之前，建议用木板或石板垫在千斤顶下面再进行操作，减小压强，以防千斤顶陷入松软的地里。

（4）一定要支在底盘的支撑点上。在使用千斤顶的时候注意一定要将其支撑在车身底盘的专用支撑点上，家用车的支撑点通常在侧面裙边的内侧，好似底盘两侧的两道鳍，在前轮的后面 20cm 左右、后轮的前面 20cm 左右。这两道鳍是突出于底盘钢板的，可以承受比较大的压强。如果不按照正确方式操作，把千斤顶支在底盘的钢板上，很可能对底盘造成不必要的损害。另外，支撑在悬挂的下摆臂上也是不正确的操作。如果千斤顶打滑致使车辆掉落下来，底盘和千斤顶都会受到损害。

（5）举升要稳。很多家用车的千斤顶摇臂是分体结构的，需要与配套的扳手和套管连接后进行旋转，所以在举升千斤顶的过程中，用力要均匀，切忌过快或用力过猛，否则会在举升过程中碰歪或损坏千斤顶。

（6）用轮胎做保险。只能使用随车千斤顶支撑车辆进行常规的轮胎更换或悬挂检查，不能代替举升机进行大幅度的维修工作，严禁将身体或手臂探到车身下面，发生危险得不偿失。另外，在千斤顶完全举升后，可以将备胎或拆下来的轮胎放到车身下面，做一个临时的保险，即使千斤顶出现问题，也不会造成更大的损失。

（7）机械式千斤顶应经常在螺纹加工面上涂防锈油脂，液压式千斤顶应根据制造厂的要求灌注合适的、足量的工作介质，根据使用情况每隔半年至一年清洗一次，滤清杂质。

（8）千斤顶存放时，应将活塞杆或螺柱、齿条降到最低位置，工作面涂上防锈油，并放在干燥处，以防生锈。发现千斤顶零件有裂纹时应停止使用。

二、汽车举升机

目前，汽车举升机主要有双柱式、四柱式、无柱式三大类，一般采用电动液压操纵系统驱动，设有双保险自锁保护装置，具有升降平稳、安全可靠、使用方便等特点。

（一）汽车举升机的种类

1. 双柱式举升机

双柱式举升机是举升机的主要类型，如图 2-3-5 所示，其将汽车举升在空中的同时可以节省大量的地面空间，方便地面作业，广泛应用于 3t 以下轿车等小型车的维护和修理。

2. 四柱式举升机

四柱式举升机基本上都是液压传动式，开关操纵，升降方便，如图 2-3-6 所示，提升质量可达 8t，稳定性好，能满足载货汽车等较大车辆的维护之用，

图 2-3-5　双柱式举升机

但占用场地面积大，适合综合性汽车修理厂使用。

3. 无柱式举升机

无柱式举升机以剪式举升机为主，如图 2-3-7 所示，分为单剪式、单剪子母式、双剪式。无柱式举升机由于无立柱，下降后整个维修区域无任何障碍物，因而视野开阔，节省空间，是比较受欢迎的机型。目前，单剪子母式是其主流机型，已成为除四柱式举升机以外的四轮定位专用举升机。双剪式由于体积较小，在一些快修店、汽车美容店较受欢迎。由于剪式举升机制造技术难度较大，因而其制造成本大于其他机型，市场价格也比其他机型高，这限制了它的发展空间。

图 2-3-6　四柱式举升机　　　　图 2-3-7　剪式举升机

（二）举升机使用注意事项及操作要求

举升机操作

（1）使用前应清除举升机附近妨碍作业的器具及杂物，并检查操作手柄是否正常。

（2）操作机构灵敏有效，液压系统不允许有爬行现象。

（3）支车时，四个支角应在同一平面上，调整支角胶垫高度使其接触车辆底盘支撑部位。

（4）支车时，车辆不可支得过高，支起后托架要锁紧。

（5）待举升车辆驶入后，应将举升机支撑块调整移动对正该车型规定的举升点。

（6）举升时人员应离开车辆，举升到需要高度时，必须插入保险锁销并确保安全可靠方可开始到车底作业。

（7）除底盘保养及小修项目外，其他烦琐笨重作业不得在举升机上进行。

（8）举升机不得频繁起落。

（9）支车时举升要稳，降落要慢。

（10）有人作业时，严禁升降举升机。

（11）发现操作机构不灵、电动机不同步、托架不平或液压部分漏油，应及时报修，不得带病操作。

（12）作业完毕应清除杂物，打扫举升机周围，保持场地整洁。

（13）定期（如半年）排除举升机油缸积水并检查油量，油量不足应及时加注相同牌号的压力油。同时应检查润滑、举升机传动齿轮及齿条。

📘 知识拓展

一、手动工具的安全使用

手动工具看起来是安全的，但使用不当也会导致事故。例如，用一字槽螺钉旋具代替撬棍，会导致旋具崩裂、损坏，飞溅物会打伤自己或他人；扳手从油腻的手中滑落，掉到旋转的元件上，再飞出来伤人等。另外，使用带锐边的工具时，锐边不要对着自己和他人。传递工具时，要将手柄朝向对方。

二、动力工具的安全使用

所有电气设备都要使用三相插座，地线要安全接地，电缆或装配松动应及时维护；所有旋转的设备都应有安全罩，以免部件飞出伤人。

在进行电子系统维修时，应断开电路的电源，方法是断开蓄电池的负极搭铁线，这不仅可以保护人身安全，还能防止对电气设备的损坏。

许多维修工序需要将车辆升离地面，在升起车辆前应确保其已被正确支撑，并应使用安全锁，以免车辆落下。用千斤顶支起车辆时，应当确保千斤顶支撑在车辆底盘大梁部分或较结实的部分。

工具和设备都要定期检查和保养。

三、压缩空气的安全使用

使用压缩空气时，应非常小心，不要将压缩空气对着自己或他人，不要对着地面或设备、车辆乱吹。压缩空气会撕裂耳鼓膜，造成失聪；会损伤肺部或伤及皮肤；被压缩空气吹起的尘土或金属颗粒会造成皮肤、眼睛损伤。

四、眼睛的防护

在汽车维护和修理过程中，眼睛是最脆弱的部位，很多东西都会对它造成伤害。在一些维修过程中，例如研磨，会产生微小的金属屑和粉尘，而且这些金属屑和粉尘可能会以很高的速度四处飞溅，这样就很容易进入眼睛，刮伤眼皮甚至刮伤眼球。如果高压管路发生破裂或有小孔，里面的高压气体或液体就会喷出，如果这些气体或液体溅入眼睛，就可能弄伤甚至弄瞎眼睛。当在车下工作时，一些很脏很尖的锈蚀金属屑也有可能掉入眼睛。图 2-3-8 所

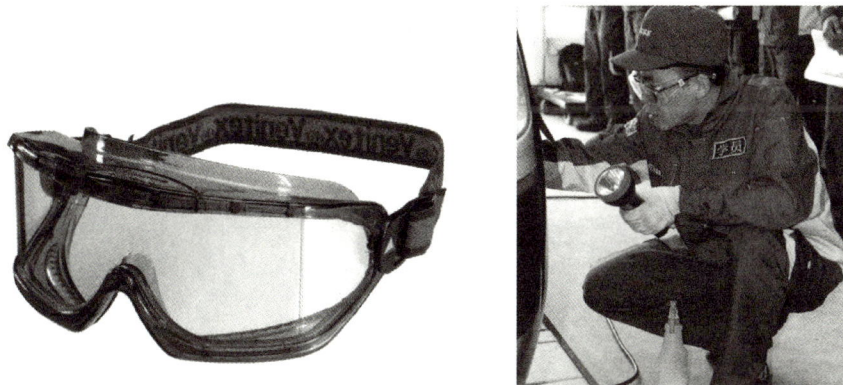

图 2-3-8　护目镜及佩戴方法

示为常用的保护眼睛用的护目镜。工作时，护目镜不能离开眼睛。为了养成时刻佩戴护目镜的习惯，应该佩戴大小合适、感觉舒服的护目镜。

思考与练习

1. 在选择、使用、存放工/量具及设备保养的过程中应具备哪些品质。
2. 量具的使用和存放需要注意什么？
3. 如何正确使用车用千斤顶？
4. 使用举升机举升车辆时需要注意什么？
5. 简述佩戴护目镜有哪些作用。

项目三
新车售前检查及维修企业接待流程认知

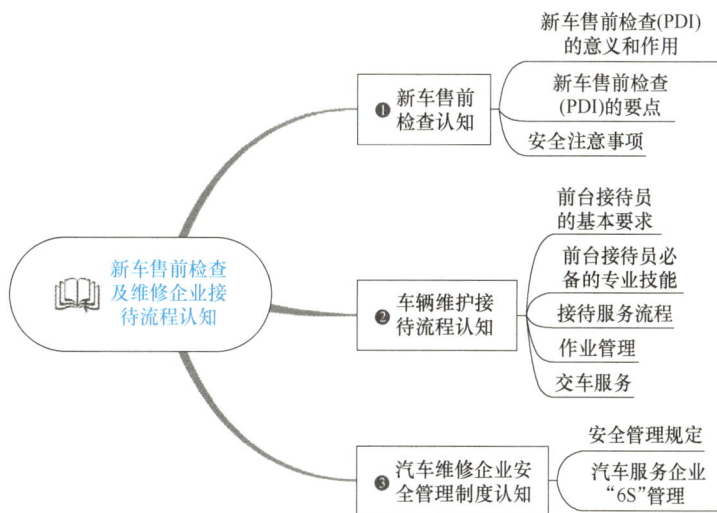

知识脉络图

任务1 新车售前检查认知

任务目标

1. 培养敬业、诚信、友善的服务意识；
2. 熟悉新车售前检查的主要内容；
3. 掌握新车售前检查的操作规程。

导航案例

2019年2月，西安某女士购买全新进口奔驰汽车，提车后因发动机漏油问题多次与4S店沟通，却被告知无法退款，也不能换车，只能更换发动机，该女子被逼无奈，到店里维权。"奔驰女车主哭诉维权"的视频在网络上流传后，迅速引发舆论关注，最后监管部门通过调查，通报了处理结果：涉事公司存在销售不符合保障人身、财产安全要求的商品，夸大、隐瞒与消费者有重大利害关系的信息，误导消费者等违法行为，并依法要求涉事公司对车主进行一定金额的赔偿并处以罚款。此事件入选2019"质量之光"年度质量记忆十大"年度质量事件"。

📖 相关知识

一、新车售前检查（PDI）的意义和作用

新车售前检查是指新车到店以后，经销商实施交车前的检查。因为新车从生产商到达经销商经历了距离不等的运输和长时间的停放，为了向顾客保证新车的安全性和原车性能，PDI 检查必不可少。越是高档车辆，其电子自动化程度越高，PDI 项目也就越多。例如，未做 PDI 的新车，会始终在运输模式运行。这种模式只能简单行驶，很多系统没有被激活，强行使用会导致功能不全，甚至会严重损害车辆，给车辆及驾驶员的安全造成极大的危害。PDI 项目范围很广，如电池充放电是否正常、钥匙记忆功能是否匹配、舒适系统是否激活、仪表灯光功能是否设置到原车要求等。PDI 的目的是向顾客确保车辆的安全性和驾驶的舒适性。

二、新车售前检查（PDI）的要点

（1）目视和手动检查，包括检查漆面、刮痕、锈蚀、污垢、褪色、变形、配合。

（2）功能性检查，包括检查操作是否适当，检查操作是否平顺，检查是否有噪声或振动。

三、安全注意事项

（1）一定要穿着清洁、合身的工作服，并应确保工作鞋无污垢和泥土。

（2）工作服上应无皮带扣、纽扣，手上无手表、戒指等物品，切勿将工具放入口袋内。

（3）不宜蓄留长指甲，一定要保持双手的清洁。如果手上沾染污垢，应立即擦除。

（4）不得戴脏污的手套进入驾驶室。

（5）检查区域应有足够的空间，防止开门时对车辆造成损坏。

（6）实施发动机舱检查之前，一定要在车辆上放置翼子板和散热器护栅防护罩，注意保护车身一级 PDI 过程中必须安装的装饰件。

（7）为避免造成漆面划痕，不得将零部件放置在发动机罩、车盖或车顶上。

📖 任务实施

PDI 流程包括检查前准备、环绕车辆检查、发动机舱检查、车辆底部检查、路试、最终检查等方面。

一、检查前准备

（1）准备所需测量仪器和防护罩。

（2）安装所需保险丝或短路插头，如图 3-1-1 所示。

（3）安装出厂时已组装好的零部件（如外后视镜、车顶行李架、备胎托架等），如图 3-1-2、图 3-1-3 所示。

二、环绕车辆检查

从驾驶座侧车门开始，以逆时针方向环绕车辆检查下列项目（如果是右驾驶车辆，应以顺时针方向环绕车辆进行检查）：

（1）检查报警灯和蜂鸣器。

（2）检查发动机工作状况（冷却时和升温过程中）。

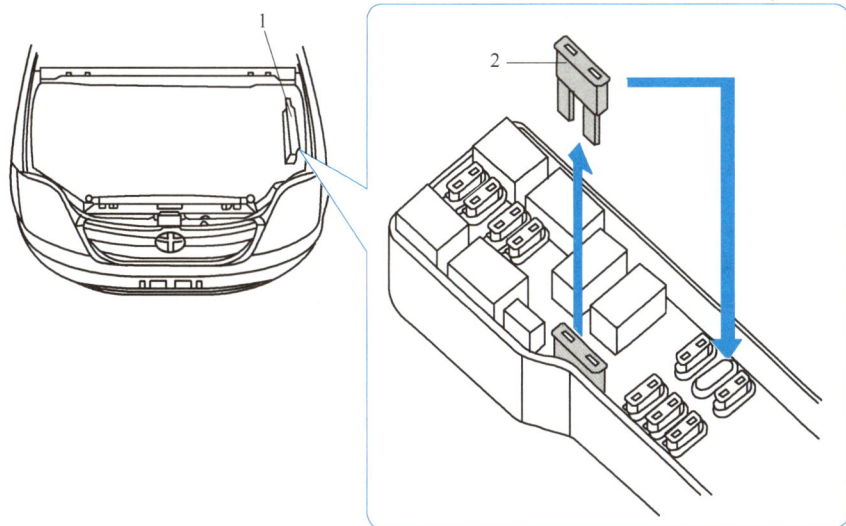

图 3-1-1　安装保险丝

1—继电器盒；2—保险丝或短路销

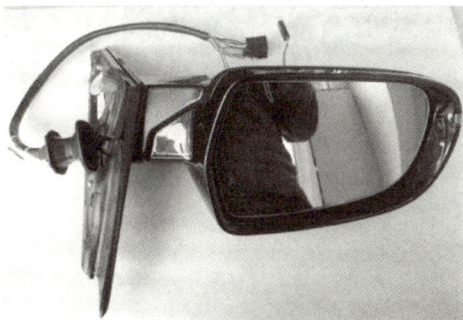

图 3-1-2　外后视镜总成

图 3-1-3　车顶行李架

（3）检查发动机停车机构。

（4）检查节气门手控按钮。

（5）检查照明灯、电气部件和组件，如图 3-1-4 所示。

（6）检查内外后视镜工作状况。

（7）检查斜度可调整的拉缩式转向盘操作情况。

（8）检查手套箱、落地式控制台储物箱和烟灰盒操作情况。

（9）检查座椅和座椅安全带操作情况，如图 3-1-5 所示。

图 3-1-4　照明灯检查

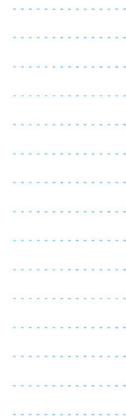

图 3-1-5　安全带检查

（10）检查燃油加注口、行李舱盖（背舱门）开启器和发动机罩锁闭装置释放杆。

（11）检查车门和车门锁操作情况。

（12）检查儿童保护装置的操作情况。

（13）检查行李舱照明灯。

（14）检查行李舱（地板）装饰件和地板垫。

（15）检查备胎压力和安装固定情况，如图 3-1-6 所示。

（16）检查车窗操作情况，如图 3-1-7 所示。

（17）检查千斤顶和工具放置情况。

（18）拆下紧急牵引环首螺栓。

图 3-1-6　检查备胎压力和安全固定情况

图 3-1-7　检查车窗操作情况

三、发动机舱检查

（1）检查以下位置的润滑油和油液液位，如图 3-1-8 所示。

① 发动机。

② 动力转向机构。

③ 自动变速器。

④ 制动器和离合器。

（2）检查燃油、润滑油、清洗液、冷却液或其他液体是否泄漏。

（3）检查蓄电池接线柱的紧固程度，如图 3-1-9 所示。

（4）检查蓄电池电解液和加注液位。

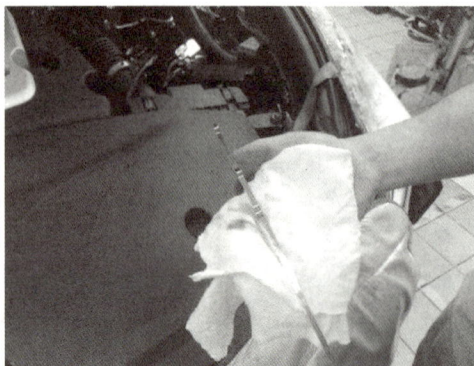

图 3-1-8　检查油液液位

图 3-1-9　检查蓄电池接线情况

四、车辆底部检查

（1）检查车辆四方锁紧螺母转矩。

（2）调节轮胎压力。

（3）检查轮胎是否有缺陷和损坏。

（4）检查安装出厂时已组装好的零部件（前扰流板、车身橡胶塞）。

（5）拆卸盘式制动器防锈护盖。

（6）拆卸前钢板弹簧隔片。

（7）检查自由轮毂手柄操作情况。

（8）检查燃油、润滑油、冷却液或其他液体是否泄漏。

（9）检查汽车底盘和动力传动系统上的螺栓与螺母的紧固程度。

（10）检查车辆底部是否有损坏、锈蚀等缺陷。

五、路试

（1）检查制动器和离合器踏板的高度、自由行程和行程余量。

（2）检查正常工作温度下的发动机工况。

（3）检查车辆的驾驶性能和操纵灵活性。

（4）检查组合仪表和指示灯的工作情况，如图 3-1-10 所示：

① 仪表，如车速表、转速表、水温表等；

② 指示灯，如蜗轮增压器的指示灯、发动机冷却液温度的指示灯、电子调整悬架系统的指示灯等。

（5）检查离合器、变速器和分动器的操作情况。

（6）检查行车制动器和驻车制动器的操作情况。

（7）检查转向机构的操作情况（如是否有中心偏移、拖滞等现象）。

（8）检查是否有异常噪声或振动。

（9）检查加热器和空调的工作状况。

（10）检查巡航控制系统的工作状况。

图 3-1-10 汽车仪表盘检查

图 3-1-11 新车漆面检查

六、最终检查

（1）拆下非必要的标签、标记、黏附物等。

（2）目视检查所有车内零部件的安装和配合是否适当，是否有损坏和污垢。

（3）检查用户信息资料。

（4）检查安装出厂时已组装好的零部件。

（5）清洗和清洁车辆。

（6）检查漆面是否有划痕、裂纹或损坏等，如图 3-1-11 所示。

（7）检查外部车身零部件的安装是否适当，是否有损坏和锈蚀等缺陷。

任务 2　车辆维护接待流程认知

任务目标

1. 培养诚信、敬业、规范严谨的服务意识；
2. 了解汽车维护与保养前台接待要求；
3. 掌握汽车维护与保养前台接待操作规范；
4. 能够礼貌接待汽车维护与保养的客户；
5. 能够根据客户需求制作派修工单。

汽车维护服务
电话咨询流程

导航案例

2019 年，彭女士在浏阳某 4S 店更换了汽车左前照灯。不久后车辆左前照灯出现裂缝，她认为，4S 店没有换灯，只是维修，因此短时间内左前照灯灯罩出现裂痕，于是联系 4S 店投诉，经过多番调解，4S 店找到两次更换左前照灯的编码，车主表示认可。4S 店表示，在保修期内，左前照灯出现质量问题可以在店内修理。案例分析：车主更换汽车零配件时，建议查看零配件清单，完成车辆交接时，需再次检查是否维修完好并签字确认，如果没有及时检查便完成接收，之后发现问题可能会带来纠纷。其次，汽车维修经营者在汽车维修前应当对汽车进行全面检修，然后做好标记和记录，与车主核实需要维修的项目以及需要更换的零配件等，以减少风险，避免纠纷。

相关知识

车辆维护接待员是企业与客户之间的桥梁，业务接待的水平是衡量汽车维修企业好坏的直接标准，影响客户对企业的信任度。车辆维护接待员代表企业的形象、影响企业的收益、反映企业技术管理的整体素质，是汽车维修企业经营管理中一个重要的岗位。

汽车服务企业通过实施服务流程，能够体现企业以"顾客为中心"的服务理念，展现品牌服务特色与战略，让客户充分体验有形化服务的特色，以提升客户的忠诚度，同时透过核心流程的优化作业，提升客户满意度，并提升服务效益。汽车维护服务流程一般如图 3-2-1 所示。

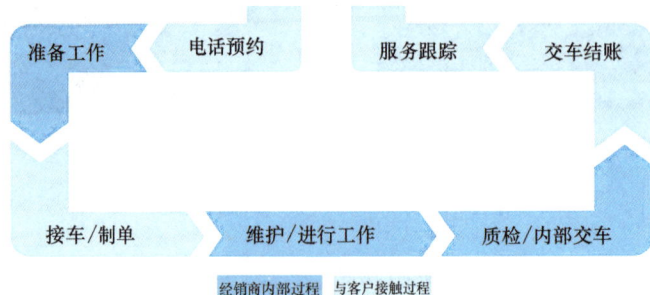

准备工作　电话预约　服务跟踪　交车结账

接车/制单　维护/进行工作　质检/内部交车

经销商内部过程　与客户接触过程

图 3-2-1　汽车维护服务流程

客户开车到汽车4S店或汽修厂进行维护与修理，与他接触的第一个人就是前台接待员，前台接待员若想把维修派工单填写完美，就必须学习汽车维护和修理接待员的基本要求、必备的专业技能和服务流程。

一、前台接待员的基本要求

前台接待是汽车维护与保养工作的开始，前台接待员负责整个汽车维护与保养的全过程，是维护与保养最重要的一个环节。前台接待员的服务态度和技能水平直接关系着客户对汽车维修企业的第一印象，进而影响汽车维修站（汽修厂）的维修业务量和客户对汽车维修站（汽修厂）的信任程度和依赖程度。这就要求前台接待员必须做到态度诚恳，做事认真负责，准确把握客户的真实意图或想法，同时兼备对汽车的各种异常现象准备判断的能力，对汽车维修有一定的实践经验。

1. 接待客户要主动、热情

前台接待员主动、热情，留给客户的第一印象是舒适、美好的，这是十分重要的，它直接关系到客户是否愿意在此维护和修理汽车，以及开展其他业务。为此，要做到以下几点。

（1）前台接待员要热情、友好地接待客户，面对新客户时应主动自我介绍，递上名片，善于记忆客户姓名，熟悉老客户的声音，对一个人来说，最好听的话是他自己的姓名，因而作为前台接待员，应多熟记一些老客户的姓名，做到人与名和车牌号对号。

（2）前台接待员对客户要一视同仁，不管是本地的还是外地的客户，是老朋友还是新客户。绝不要和老客户聊个没完，而把新客户晾在一边。

（3）前台接待员应做到有问必答，熟悉各种车辆，全面掌握本厂的情况。遇到不清楚的地方，应尽可能通过计算机或电话查询，不要到处乱跑而把客户放在一边，这样会使客户觉得前台接待员业务不熟悉，企业管理混乱。

（4）遇到业务太忙不得已让客户等待时，前台接待员应礼貌地请客户稍候，并安排人送上饮料，甚至餐食，提供代存物品或备用车等服务。

（5）如新老客户同时进来，前台接待员应在征得老客户同意的情况下，先接待新客户，因为新客户是要开发的资源。

2. 与客户交谈要诚心诚意

（1）仔细倾听客户介绍的情况，不要随便打断客户说话，如果是涉及投诉或质保等内容，要认真做好记录，不要轻易下结论。

（2）向客户介绍情况时，应尽可能用通俗易懂的语言，避免使用难懂的专业术语，如遇到客户说"你看着办吧，哪儿坏了修哪儿"，前台接待员不要自以为是，过于随便，而应把每项工作都向客户讲清，如为什么要这样做、有什么好处、要多长时间、多少费用等。客户的原话记录是维修技术人员诊断故障的依据，也可避免客户在接车时对维修项目产生争议。当然，预估维修费用是让客户明明白白消费，提高客户满意度的一个关键点，特别是在车辆维修过程中新增的维修项目，要通知客户并及时修订维修派工单，修订中要体现增加维修的相关费用。这样既可以避免结算费用时发生不必要的麻烦，也能体现对客户负责的服务态度，使客户放心。

3. 交接检查要认真仔细

车辆交接时，在检查发动机后应将其开到举升机平台上，前台接待员和客户应一起检查底盘上一些容易出问题的部件（如油底壳等），这样会加深客户对修理站（汽修厂）的信任。向客户咨询故障现象时要全面，例如，出现故障时是冷车还是热车、是高速还是低速、是空载还是满载、行驶在公路上还是土路上、车上装了什么附加设备、什么时候进行过维护、以前修过什么部位、故障是何时出现的、是经常性还是偶尔出现等。如有必要，前台接待员应同客户一起试车，试车时切忌猛踩加速或制动踏板、高速倒车与转弯等，这会令客户十分心疼车辆，更不要使用车上的高级音响、车载电话等设备，如果不是维修，不要轻易动它们。

4. 维修派工单要如实详尽

车辆检查诊断后，前台接待员应如实详尽地填写维修派工单，主要包括以下内容。

（1）客户的姓名、地址、电话，进厂日期、车型、牌照号、底盘号、发动机号、附件数量、行驶里程和油量等信息，以及车辆的购车日期、上次保养日期等，这些有利于维修企业掌握客户车辆的维护和修理信息，从中判断出车辆的运行状态以及使用状况，同时也是汽车经销商承诺保修的依据，汽车行驶里程的记录还可以辨别出车辆入厂维护和修理中的使用过程，也可以使维修企业防范客户在接车过程中对车辆维修时使用的异议。

（2）进厂维修的具体项目内容、完成日期和质保期。

（3）一些主要说明及前台接待员与客户签名。维修派工单至少是一式两份，一份交客户保管，一份由维修站（汽修厂）留底。但也有许多管理完善的修理厂，派工单就有4～5份，并用计算机存储。维修派工单上的措辞应严谨，可操作性强，同时要给自己留出回旋的余地。

5. 维护和修理费用及工期要准确

估算维护和修理费用及工期是一个十分敏感的问题，稍有不慎，就有可能影响客户源，在维护和修理费用结算时，对于简单或明显的故障，维护和修理费用是容易计算的。但对于需要做进一步检查的部位，则应把有可能出现问题的部件考虑在内，如实告诉客户费用不超过多少，并把各项预算写在维修派工单上，作为日后核算的依据。注意在维护和修理过程中如发现了其他损坏部件，对是否可以更换应随时征求客户意见。

在估算维修工期，即预定交车时间时，应考虑周到，并留有余地，如待料、维修技术或因其他紧迫任务需暂停某些车的修理等因素都要考虑进去。因为时间一经确定，就要尽一切努力来完成，否则，对客户和修理厂都会带来一些不必要的损失。

6. 检验要仔细彻底

车辆修竣后，对修竣项目的检验是前台接待员的重要工作，必须仔细、彻底地检查，必要时应进行路试。检查项目主要包括以下内容：

（1）对照维修派工单，核对所有修竣项目是否达到技术标准，运行是否良好。

（2）检查车辆各连接部件是否牢固完好，尤其是有关安全（转向、制动）等部件是否存在隐患。

（3）检查车辆其他附件是否在维修过程中损坏或丢失，如有则应及时补齐。总之，只有一切都确认没有问题以后，方能通知客户来接车。

7. 车辆交接要有耐心

客户验收修竣车辆一般都比较仔细。对此，前台接待员要有充分的耐心，并应主动配合客户上路验车，随时做一些解释和交代注意事项，切忌让客户单独验收或试车，以免因小失大。特别是对一些难以打交道的客户（如吝啬、蛮不讲理、多疑等），一定要克服烦躁心理，耐心地配合客户进行验收，使他们高兴而来、满意而去，这样客户才会再来光顾。

8. 遇到维修质量（品质）问题时要虚心

修竣车辆交付后，遇到客户返厂咨询或要求返修索赔损失时，前台接待员态度要诚恳，尤其是对一些爱计较或蛮不讲理的客户，应虚心倾听并认真做好记录，而后根据情况分析判断，找出问题的原因。若属维修方面的原因，应深表歉意，并及时做出相应的善后处理；若属配件或客户操作上的原因，应解释清楚，给客户一个满意的答复。切不可一口否定自己的过错，或者要么找主管，要么找维修站站长（服务总监），这样势必会让维修企业收到客户向汽车生产厂家的投诉。前台接待员在维护和修理中起到的是穿针引线的作用，就是以客户为中心，去组织和协调各部门的工作，这样才能真正使客户满意。

前台接待员的工作性质决定了他们比店里的销售顾问、维修工的服务态度要更耐心一些。前台接待员不但要在专业知识层面上过硬，更要具有优秀的服务意识。

总之，前台接待员是维修企业的重要角色，是维修服务品质体现的窗口，不仅要有扎实的专业知识和业务能力，而且需要敏捷的思维和宽阔的胸怀，同时还应掌握一定的心理学知识。只有这样，才能使客户放心维修车辆，使维修企业的业务与日俱增。

二、前台接待员必备的专业技能

前台接待员必备的专业技能包括熟悉车辆识别代码（VIN）、汽车维护与保养费用、汽车维护与保养的内容和做这些服务大体需要的时间。

1. 车辆识别代码

客户驾驶汽车到维修企业后，前台接待员必须知道车辆识别代码所在的位置。图 3-2-2 所示为车辆铭牌具体位置。

车辆识别代码就是汽车的身份证号，它根据国家车辆管理标准确定，包含了车辆的生产厂家、年代、车型、车身形式及代码、发动机代码及组装地点等信息。车辆识别代码（VIN）是英文 Vehicle Identification Number 的缩写。VIN 由三部分组成，即世界制造厂识别代号（WMI）、车辆说明部分（VDS）和车辆指示部分（VIS），如图 3-2-3 所示。VIN 由 17 位字符组成，所以又称十七位码。

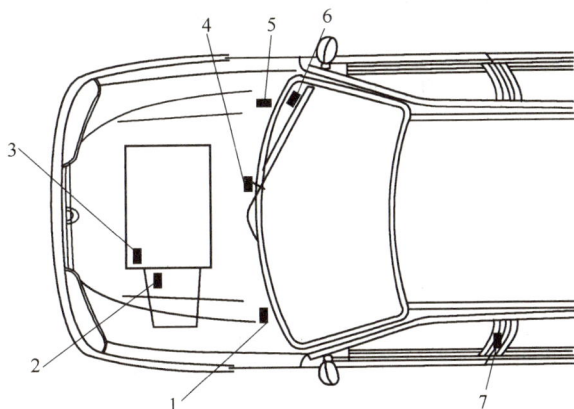

2. 汽车维护与保养费用

要掌握汽车维护与保养中各种汽车配件和材料的价格和工时费，如更换机油和机油滤清器的价格和工时费各是多少，最多给客户打几折等。

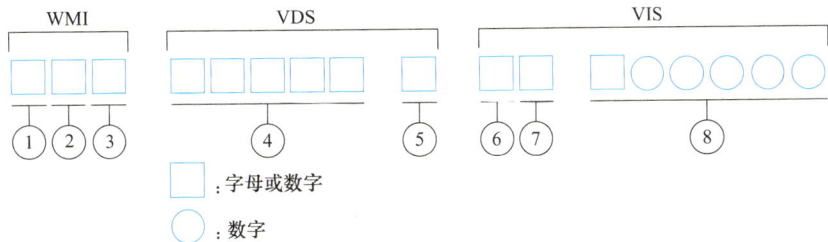

图 3-2-2　车辆铭牌具体位置
1—油漆编号；2—变速器标识号；3—发动机号；4—VIN 打印号；5—产品标牌；6—VIN 标牌；7—轮胎充气说明标签

图 3-2-3　车辆识别代码组成
1—地理区域；2—国别；3—制造厂；4—型号代码；5—检验位；6—年份；7—装配厂；8—生产顺序号

车辆识别代码在二手车鉴定中重要作用

3. 汽车维护与保养的内容及所需要的时间

汽车各级维护与保养需要给汽车更换哪些配件，汽车哪些部分需要检查、调整、紧固都

需熟练掌握，能很熟练地为客户讲解本次维护与保养的内容、大体需要的时间及做此次维护与保养后客户需要注意的事项等。

三、接待服务流程

1. 接待准备

（1）前台接待员按规范要求检查自己的仪容、仪表。

（2）准备好必要的表单、工具、材料。

（3）环境维护及清洁。

现场保养
接待流程

2. 迎接客户

（1）主动迎接，并引导客户停车。

（2）使用标准问候语言。

（3）恰当称呼客户。

（4）注意接待顺序。

3. 环车检查

（1）安装三件套。

（2）基本信息登录。

（3）进行环车检查。

（4）详细、准确填写接车登记表。

4. 现场问诊

了解客户关心的问题，询问客户的来意，仔细倾听客户的要求及对车辆故障的描述。

5. 故障确认

（1）可以立即确定故障的，根据质量担保规定，向客户说明车辆的维修项目和客户的需求是否在质量担保范围内，如果当时很难确定是否在质量担保范围内，应向客户说明原因，待进一步进行诊断后做出结论。如仍无法断定，将情况上报待批准后做出结论。

（2）不能立即确定故障的，向客户解释须经全面仔细检查车辆后才能确定。

6. 获得、核实客户、车辆信息

（1）向客户取得行驶证及车辆保养手册。

（2）引导客户到接待前台，请他坐下。

7. 确认备品供应情况

查询备品库存，确定是否有所需备品。

8. 估算备品/工时费用

（1）查看 DMS 内顾客服务档案，以判断车辆是否还有其他可推荐的维修项目。

（2）尽量准确地对维修费用进行估算，并将维修费用按工时费和备品费进行细化。

（3）将所有项目及所需备品录入 DMS。

（4）如不能确定故障，告知客户待检查结果出来后，再给出详细费用。

9. 预估完工时间

根据对维修项目所需工时的估计及店内实际情况预估出完工时间。

10. 制作任务委托书

（1）询问客户付费方式并向客户说明公司接受的付费方式。

（2）说明交车程序，询问客户旧件处理方式。

（3）询问客户是否接受免费洗车服务。

（4）将以上信息录入 DMS。

（5）告诉客户在维修过程中如果发现新的维修项目会及时与其联系，在客户同意并授权后才会进行维修。

（6）印制任务委托书，就任务委托书向客户解释，并请客户签字确认。

（7）将接车登记表、任务委托书客户联交给客户。

11. 安排客户休息

请客户在销售服务中心休息等待。

四、作业管理

1. 前台接待员与车间主管交接

（1）前台接待员将车辆开至待修区，将车辆钥匙、任务委托书、接车登记表交给车间主管。

（2）依任务委托书、接车登记表与车间主管交接车辆。

（3）向车间主管交代作业内容。

（4）向车间主管说明交车时间要求及其他注意事项。

2. 车间主管向班组长派工

（1）车间主管确定派工优先度。

（2）车间主管根据各班组的技术能力及工作状况，向班组派工。

3. 实施维修作业

（1）班组接到任务后，根据接车登记表对车辆进行验收。

（2）确认故障现象，必要时试车。

（3）根据任务委托书上的工作内容，进行维修或诊断。

（4）维修技师凭任务委托书领料，并在出库单上签字。

（5）非工作需要不得进入车内，不能开动客户车上的电气设备。

（6）对于客户留在车内的物品，维修技师应小心地加以保护，非工作需要严禁触动。因工作需要触动时，要通知前台接待员，以征得客户的同意。

4. 作业过程中存在的问题

（1）作业进度发生变化时，维修技师必须及时报告车间主管及前台接待员，以便前台接待员及时与客户联系，取得客户谅解或认可。

（2）作业项目发生变化时，做增项处理。

5. 自检及班组长检查

（1）维修技师作业完成后，先进行自检。

（2）自检完成后，交给班组长检查。

（3）检查合格后，班组长在任务委托书上写下车辆维修建议、注意事项等，并签名。

（4）交给质检员或技术总监进行质量检查。

6. 总检

质检员或技术总监负责 100% 总检，并签字。

7. 车辆清洗

（1）总检合格后，若客户接受免费洗车服务，将车辆开至洗车工位，同时通知车间主管及前台接待员车辆已开始清洗。

（2）清洗车辆外观，必须确保不出现漆面划伤、外力压陷等情况。

（3）彻底清洗驾驶室、行李舱、发动机舱等部位；烟灰缸、地毯、仪表等部位的灰尘都要清理干净；注意保护车内物品。

（4）清洗后将车辆停放到竣工停车区，车辆摆放整齐，车头朝向出口方向。

五、交车服务

1. 通知前台接待员准备交车

（1）将车钥匙、任务委托书、接车登记表等物品移交车间主管，并通知前台接待员车辆已维修完。

（2）通知前台接待员停车位置。

2. 前台接待员内部交车

（1）检查任务委托书，以确保客户委托的所有维修项目的书面记录都已完成，并有质检员签字。

（2）实车核对任务委托书，以确保客户委托的所有维修项目在车辆上都已完成。

（3）确认故障已消除，必要时试车。

（4）确认从车辆上更换下来的旧件。

（5）确认车辆内外清洁度（包括无灰尘、油污、油脂）。

（6）其他检查：检查车辆外观，不遗留抹布、工具、螺母、螺栓等。

3. 通知客户，约定交车

（1）检查完成后，立即与客户取得联系，告知车已修好。

（2）与客户约定交车时间。

（3）大修车、事故车等不要在工作高峰时间交车。

4. 陪同客户验车

（1）服务顾问陪同客户查看车辆的维修情况，依据任务委托书及接车登记表，实车向客户说明。

（2）向客户展示更换下来的旧件。

（3）说明车辆维修建议及车辆使用注意事项。

（4）提醒客户下次保养的时间和里程。

（5）说明备胎、随车工具已检查及说明检查结果。

（6）向客户说明、展示车辆内外已清洁干净。

（7）告知客户3日内销售服务中心将对客户进行服务质量跟踪电话回访，询问客户方便接听电话的时间。

（8）当着客户的面取下三件套，放于回收装置中。

5. 制作结算单

（1）引导客户到服务接待前台，请客户坐下。

（2）打印出车辆维修结算单及出门证。

6. 向客户说明有关注意事项

（1）根据任务委托书上的"建议维修项目"向客户说明这些工作是被推荐的，并记录在车辆维修结算单上。特别是有关安全的建议维修项目，要向客户说明必须维修的原因及不修复可能带来的严重后果，若客户不同意修复，要请客户注明并签字。

（2）对保养手册上的记录进行说明（如果有）。

（3）对于首保客户，说明首次保养是免费的保养项目，并简要介绍质量担保规定和定期维护保养的重要性。

（4）将下次保养的时间和里程记录在车辆维修结算单上，并提醒客户留意。

（5）告知客户会在下次保养到期前提醒、预约客户来店保养。

（6）与客户确认方便接听服务质量跟踪电话的时间并记录在车辆维修结算单上。

7. 解释费用

（1）依车辆维修结算单，向客户解释收费情况。

（2）请客户在结算单上签字确认。

8. 前台接待员陪同客户结账

（1）前台接待员陪同自费客户到收银台结账。

（2）收银员将结算单、发票等叠好，注意收费金额朝外。

（3）将找回的零钱及出门证放在叠好的发票上面，双手递给客户。

（4）收银员感谢客户的光临，与顾客道别。

9. 前台接待员将资料交还客户

（1）前台接待员将车钥匙、行驶证、保养手册等相关物品交还给客户。

（2）将能够随时与前台接待员取得联系的方式（电话号码等）告诉客户。

（3）询问客户是否还需要其他服务。

10. 送客户离开

送别客户并对客户的惠顾表示感谢。

任务 3　汽车维修企业安全管理制度认知

任务目标

1. 培养安全意识、团队合作意识和严谨认真的工匠精神；
2. 熟悉汽车维修企业售后服务安全生产规程；
3. 了解汽车维修企业售后服务"6S"管理制度。

导航案例

2020 年 12 月，某汽车有限公司员工黄某和余某在公司内进行汽车维护时，黄某在倒车的过程中，不慎将蹲在车尾部位的余某撞倒在地。事故发生后，同事们赶紧将余某送往市人民医院抢救，因伤势过重，余某不幸于当天死亡。事故发生后，公安机关立即立案，并对事故现场、事故发生经过等情况进行调查取证。黄某因涉嫌过失致人死亡被市公安局刑事拘留，死者家属获赔 140.8 万元。

相关知识

一、安全管理规程

1. 作业须知

（1）树立安全意识，始终安全工作。

（2）防止事故伤害，进行安全预警工作。

2. 事故因素

（1）人为因素事故。由于不正确使用机器或工具，穿着不合适的衣物，或由于自身不小心造成的事故。

（2）自然因素事故。由于机器或工具出现故障，缺少完善的安全装置，或工作环境不良造成的事故。

3. 工作着装

（1）工作服。为防止事故的发生，工作服必须结实、合身，以便于工作。为防止工作时损坏汽车，不要暴露工作服的带子、纽扣，不要裸露皮肤。

（2）安全鞋。工作时要穿安全鞋。穿着凉鞋、运动鞋及普通皮鞋容易因为偶然掉落的物体而受到伤害，同时还容易摔倒而引起伤害。

（3）工作手套。提升重的物体，拆卸热的排气管或类似的物体时，建议戴上手套。对于普通的维护工作，可以根据工作类型决定是否戴手套。

工装穿戴要求如图 3-3-1 所示。

4. 维修车间现场要求

（1）保持工作场地干净，以免自己和他人受到伤害，如图 3-3-2 所示。

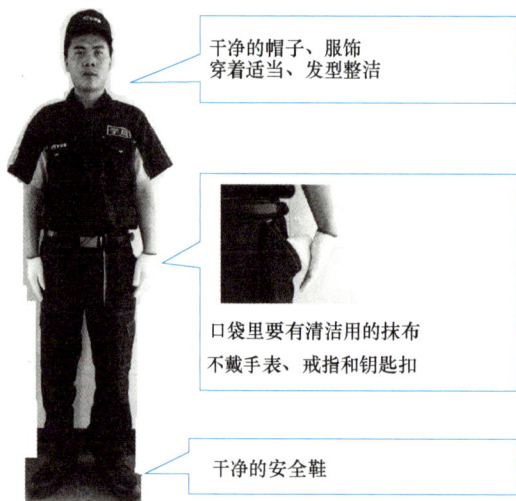

干净的帽子、服饰
穿着适当、发型整洁

口袋里要有清洁用的抹布
不戴手表、戒指和钥匙扣

干净的安全鞋

图 3-3-1　工装穿戴要求

油

工具

工具

图 3-3-2　湿滑、杂乱的地面对人员造成伤害

① 把工具或零件放置在正确的位置上，不要留在人有可能踩到的地方。

② 任何飞溅的燃油、机油或润滑脂应立即清理干净，防止自己或他人滑倒。

③ 工作时要采取舒服的姿态，否则会影响工作效率，甚至有可能会跌倒和伤害自己。

④ 清理重物时要格外小心，以防跌落砸到脚。搬动太重的物体时，注意保护背部，以防受伤。

⑤ 从一个工作地点转移到另外一个工作地点时，一定要走指定的通道。

⑥ 不要在开关、配电盘或电动机等附近使用可燃物，以免因为产生火花而造成火灾。

（2）使用工具时，遵守以下预防措施以防发生伤害，如图 3-3-3 所示。

① 正确使用电动、液压和气动设备，防止可能造成的伤害。

② 使用可能产生碎片的工具前，要戴好护目镜。

③ 使用砂轮机和钻孔机之类的工具后，要清除粉尘和碎片。

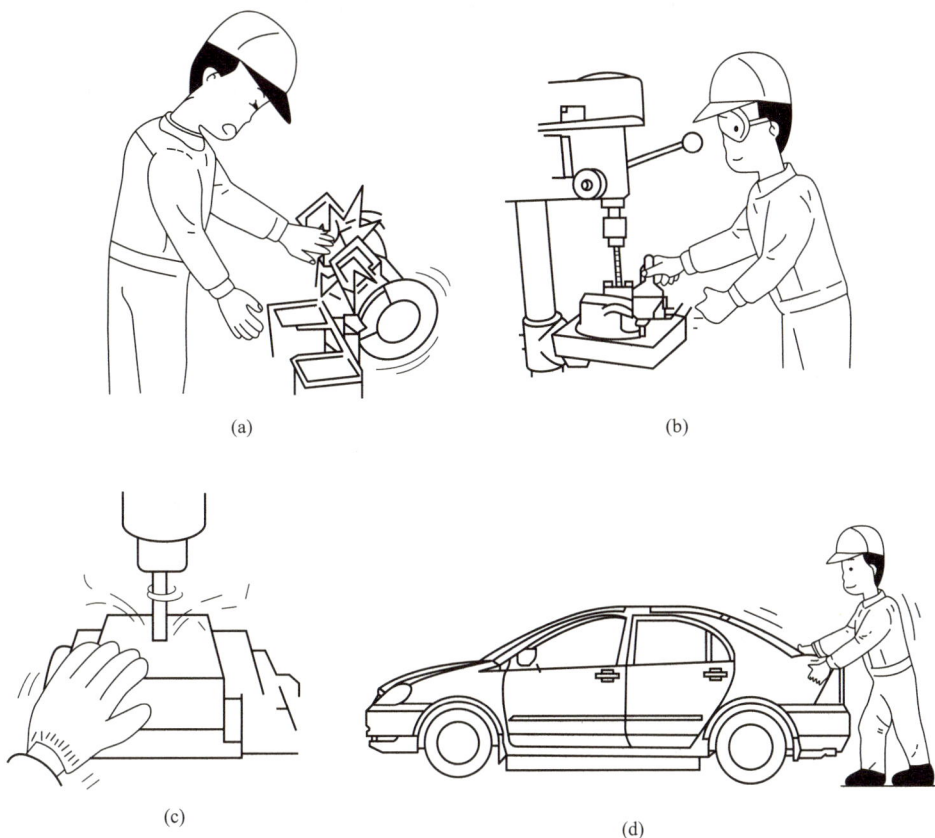

图 3-3-3　安全操作规范

④ 操作旋转的工具或工作在一个有旋转运动的地方时，不要戴手套。手套可能被旋转的物体卷入，从而伤及人体。

⑤ 用举升机升起车辆时，应该遵循以下步骤。

第一步，按照要求选择好支撑点，初步提升到轮胎稍微离开地面为止。

第二步，在完全升起之前，确认车辆牢固地支撑在举升机上。

第三步，举升到规定位置后，要待机械保险锁止以后，方可进入车辆下方工作。

注意：举升机升起后，千万不要试图摇晃车辆，因为这样可能导致车辆跌落而造成严重伤害。

5. 防火

（1）采取以下预防措施防止火灾。

① 所有人员应明确灭火器的存放位置及使用方法，以配合扑灭火焰。

② 不要在非吸烟区抽烟，并且确认将香烟熄灭在烟灰缸里，如图 3-3-4 所示。

（2）为了防止火灾和事故，在易燃品附近应遵守以下预防措施。

① 浸满汽油或机油的碎布有时可能自燃，它们应当被放置到带盖的金属容器内。

图 3-3-4　正确的做法

② 在机油存储地或可燃的零件清洗剂附近，不要使用明火。

③ 不要在处于充电状态的电池附近使用明火，因为可能导致爆炸。

④ 必要时才可将燃油或清洗剂携带到车间，携带时还要使用能够密封的特制容器。

⑤ 不要将可燃性废机油和汽油丢弃到阴沟里，可能导致污水管系统产生火灾。

⑥ 在泄漏燃油的车辆没有修好之前，不要启动该车辆的发动机。修理燃油供给系统时，例如拆卸燃油滤清器时，应当从蓄电池上断开负极电缆，以防发动机被意外启动。

错误的做法如图 3-3-5 所示。

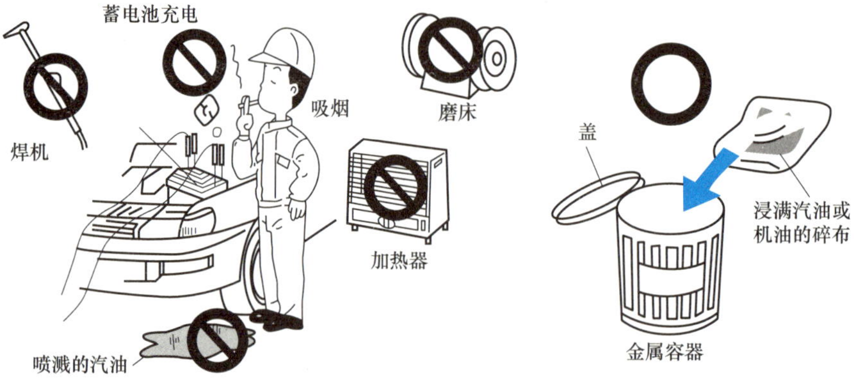

图 3-3-5　错误的做法

6. 电气设备安全措施

不正确地使用电气设备可能导致短路和火灾。因此，要学会正确使用电气设备，并认真遵守以下防护措施。

（1）如果发现电气设备有任何异常，应该立即关掉开关，并联系管理员或领班。

（2）如果电路中发生短路或意外火灾，应该首先关掉开关再灭火。

（3）如果发现布线和电气设备安装不正确，应该及时上报。

（4）无论发现有任何保险丝熔断都要及时上报，因为保险丝熔断说明有某种电气故障。

（5）严禁以下危险行为：

① 不要靠近断裂或摇晃的电线。

② 为防止电击，不要用湿手接触任何电气设备。

③ 不要触摸标有"发生故障"的开关。

④ 拔下插头时，不要用力拉电线，而应当拔插头本身。

⑤ 不要让电缆通过潮湿或浸有油的地方、炽热表面或尖角附近。

⑥ 在开关、配电盘或启动机等部件附近不要使用易燃物。

7. 险情报告

遇到脱开或将要脱开、撞上或将要撞上、夹住或将要夹住、卡住或将要卡住、跌倒或将要跌倒、提升工具断裂或将要断裂、爆炸或将要爆炸、被电击或将要被电击、起火或将要起火等情况时必须采取以下措施：

（1）将情况上报相关负责人。

（2）做好记录，记录事情的发生经过。

（3）所有人要慎重对待上述问题。

（4）针对上述可能出现的问题，应当明确所采取的措施。

注意：以上情况应制作展板并张贴在人人都能看得到的地方。

二、汽车服务企业"6S"管理

"6S"管理源于日本企业的"5S"现场管理，是指在生产现场中对人员、材料、设备、生产过程等要素进行的有效管理。"5S"管理首先在日本的企业中应用。由于整理（seiri）、整顿（seiton）、清扫（seiso）、清洁（seiketsu）、素养（shitsuke）均以"S"开头，故最早简称"5S"。我国企业在引进这一管理模式时，加上了英文"安全（safety）"，因而称"6S"管理。这一管理方法有效地推动了管理模式的精益化革新，提高了效率、保证了质量，使工作环境整洁有序，保证了安全。

1. 汽车服务企业"6S"工作制的内容

（1）整理。整理工作现场，保留有用的东西，撤除不需要的东西。

（2）整顿。整顿是指把有用的物品按规定位置摆放整齐，并做好标识进行管理。

（3）清扫。维持汽车服务企业整洁，及时清除废物，保持工作现场处于无垃圾、无污秽状态。

（4）清洁。维持以上整理、整顿、清扫后的局面，保持整洁卫生。

（5）素养。每个员工都自觉遵守各项规章制度并养成正确执行各项决定的良好习惯。

（6）安全。重视成员安全教育，使成员每时每刻都有安全第一的观念，建立安全的生产环境，强调所有的工作应建立在安全的前提下。

2. "6S"工作制要求

（1）仪表及礼仪。着装统一规范，坐姿、站姿良好，接待环境整洁、明亮、卫生、舒适。

（2）整洁的办公室。台面整洁，文具单一化管理，公用设施、设备责任人贴有标识。

（3）生产工具管理。采用单一化管理，简洁有效。

（4）站场管理。分区画线，员工工作井然有序，工作环境清洁明亮。

（5）工作速度和效率。最佳的速度和零不良率。

（6）空间效率。对现场分区画线，对各场地的利用率予以分析，增加有限空间的利用价值。

（7）严明的小组督导。上班前经理、班组长对员工进行检查督导，工作过程中，针对发现的问题及时开展小组督导，下班前对全天的工作进行总结。

（8）工作评估。自我评估与综合考核评价相结合。

3. "6S"工作制的作业技术

（1）整理。整理的目的是确定某种项目物品是否需要，并对不需要的项目物品进行处理，以便有效利用空间，如图3-3-6（a）所示。

注意事项：

① 按照必要性原则，组织和利用所有资源，包括工具、零配件或信息等。

② 在工作场地指定一处地方放置所有不必要的物品。

③ 整理、丢弃不必要的物品。

④ 物品使用后，按规定放置到该放的位置。

⑤ 注意高空作业的安全。

⑥ 重点查看窗户、通道、天棚、柱子、管路或线路、灯泡、开关、台架、更衣室、外壳、盖板的脱落或破损情况，以及安全支架和扶手的损坏等情况。

⑦ 采取措施彻底解决以上部位存在的锈蚀、脱落或杂乱等问题。

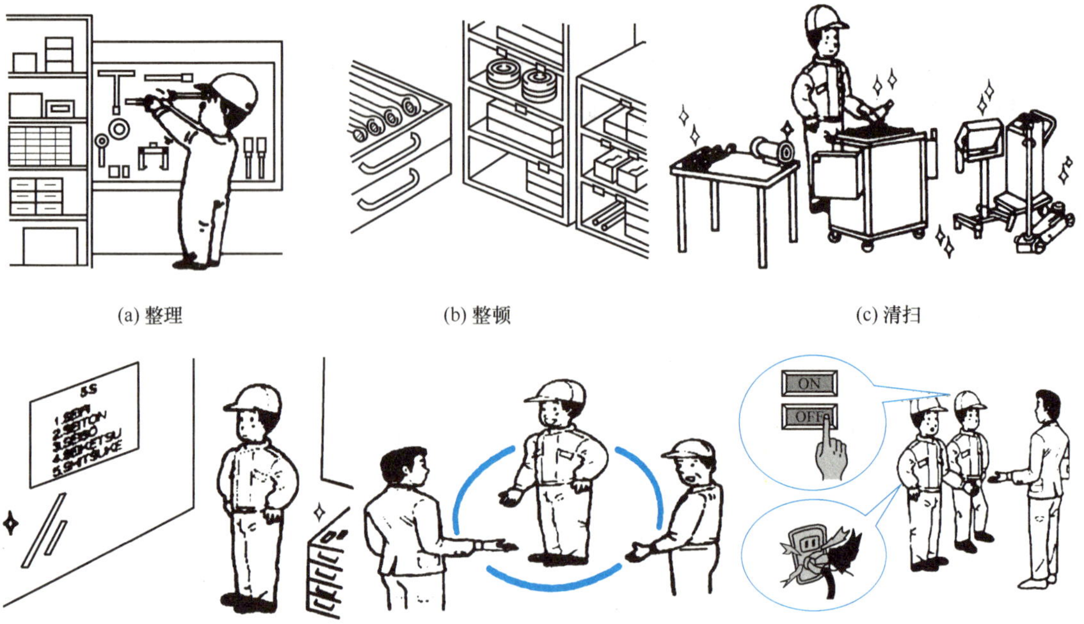

(a) 整理　　　　　　　　　　(b) 整顿　　　　　　　　　　(c) 清扫

(d)清洁　　　　　　　　　　(e) 素养　　　　　　　　　　(f) 安全

图 3-3-6　6S 管理要素

（2）整顿。整顿的目的是方便零配件和工具的使用，节约时间，如图 3-3-6（b）所示。
注意事项：

① 将很少使用的物品放在单独的地方。

② 将偶尔使用的物品放在工作场地。

③ 将常用的物品放在身边便于取放处。

④ 加强日常管理，防止常用物品库存无货。

⑤ 放置场所要明确标明：库存无货、未退货或未丢失。

⑥ 为了补充库存，对物品最低库存量（订货起点）要明确标示或用明显颜色区别。

⑦ 搬运物品要用适合的专用台车。

（3）清扫。清扫的目的是清除工作场所的脏污，保持设备处于正常的状态，以便随时可以使用，如图 3-3-6（c）所示。

注意事项：

① 清洁的工作环境是企业自信的良好反映。

② 要养成保持工作场地清洁的好习惯。

③ 注意进行清扫和检查的教育。

④ 学习相关设备的功能和结构等，掌握机械各部分的知识，注意清扫、检查的实施以及出现的问题。

（4）清洁。清洁是保持整理、整顿和清扫后状态的过程，防止任何可能发生的问题，如图 3-3-6（d）所示。

注意事项：

① 使工作环境保持清洁，如颜色等，以及物品的布局、照明、通风、陈列、个人卫生。

② 清新明亮的工作环境能够给客户带来良好的气氛。

③ 任何人都能明确指出工具的好坏。

④ 任何人都能使用和维护工具。

⑤ 管理的物品要有标志。

（5）素养。素养的目的是通过培训等使员工具有优良的意识和良好的习惯，使员工感到自豪，如图 3-3-6（e）所示。

注意事项：

① 员工要学会自律，确保与集体协调一致。

② 进行规章制度方面的培训，通过培训使员工学会尊重他人、使他人感到舒心。

③ 组织全员参加活动。

④ 要养成对自己行为负责的品质。

⑤ 养成良好习惯，形成有纪律的团队。

⑥ 全员团结协作，达成共识，发挥更大的力量。

（6）安全。安全的目的是强化员工的安全意识，如图 3-3-6（f）所示。

（7）"6S"管理实施步骤

① 进行"6S"管理体系理论知识培训。

② 进行"6S"管理体系理论知识考核。

③ 划分"6S"责任区，制定"6S"检查表、"6S"奖罚制度。

④ 定期、不定期进行"6S"检查，每月执行"6S"奖罚制度。

⑤ 按奖罚制度进行奖罚。

⑥ 不断整改并继续实施"6S"管理。

（8）"6S"工作制的优点。"6S"管理是从细节着手进行的内部管理方法。"6S"管理不仅能够改善生产环境，还能提高生产效率、维护品质、服务水准、员工士气、减少浪费等，"6S"管理也是其他管理活动有效开展的基础。

思考与练习

1. 简述汽车在售前及售后服务过程中相关人员应具备哪些职业素养和职业能力。

2. 简述新车售前检查的主要步骤。

3. 叙述汽车维护与保养前台接待员基本要求。

4. 叙述汽车维护与保养前台接待员的服务流程。

5. 如何做好汽车维修企业的"6S"管理工作？这样做有何好处？

项目四
汽车发动机的维护与保养

知识脉络图

```
                                          ┌─ 发动机进气系统的组成
                              ❶进气系统的维护与保养 ─┼─ 发动机进气系统的作用
                                          └─ 节气门

                              ❷排气系统的维护与保养 ─┬─ 发动机排气系统的作用和组成
                                          └─ 曲轴箱强制通风系统的作用和结构

                              ❸燃油供给系统的维护与保养

                                          ┌─ 火花塞的作用
                              ❹点火系统的维护与保养 ─┼─ 火花塞间隙
   汽车发动机的维护与保养                        └─ 火花塞种类

                                          ┌─ 发动机机油及机油滤清器的作用
                              ❺润滑系统的维护与保养 ─┼─ 机油的等级
                                          └─ 发动机润滑油的合理选择

                                          ┌─ 冷却系统的作用
                                          ├─ 冷却系统的分类
                              ❻发动机冷却系统的维护与保养 ┤
                                          ├─ 冷却系统的组成及原理
                                          └─ 冷却液

                              ❼正时皮带的更换
```

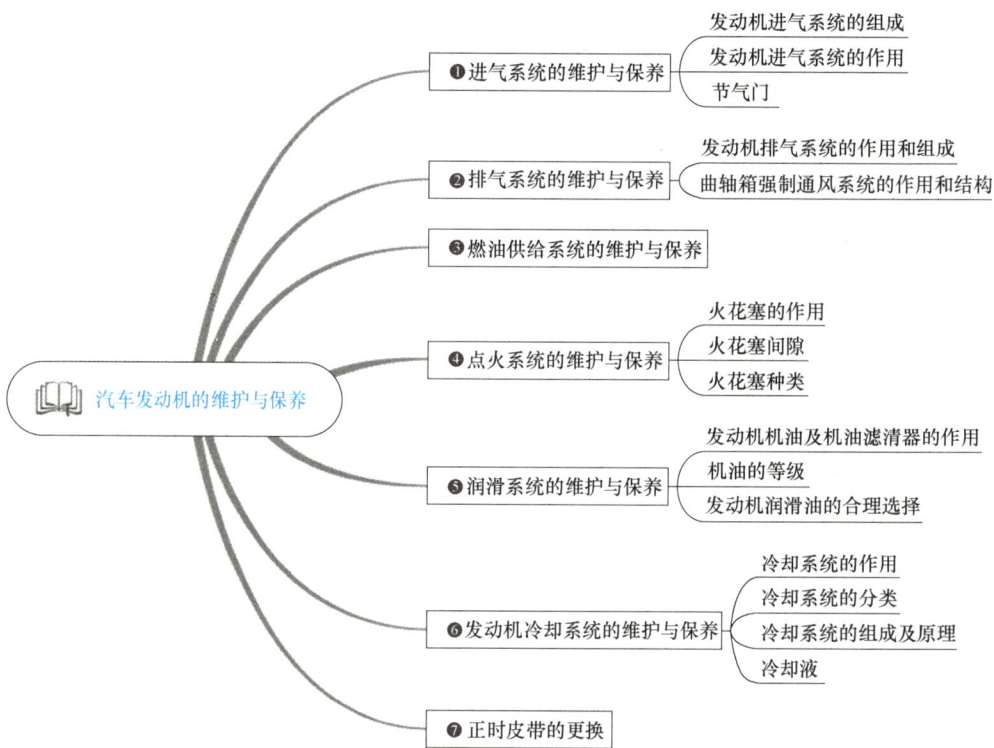

任务 1　进气系统的维护与保养

任务目标

1. 培养开放、包容、开拓创新的意识和科技报国的志向；
2. 掌握汽车空气滤清器检查与更换的步骤；
3. 了解气门组、气门传动组的组成、功用；
4. 掌握气门间隙的检查与调整方法；
5. 掌握节气门体检查与更换的方法。

导航案例

1794 年，英国斯垂特首次提出燃料与空气混合成可燃混合气的原理；1801 年，法国人勒本制成了第一台活塞发动机；1858 年，法国人里诺发明了煤气发动机；1876 年，德国人奥托制造出了第一台四冲程内燃机；1883 年，德国人戴姆勒研发出了第一台卧式汽油机。历经不同国家数代人的艰苦奋战、锲而不舍、科学创新才一点点攻克了"发动机"这座科技大山，为汽车的诞生奠定了坚实的基础。

相关知识

一、发动机进气系统的组成

发动机进气系统一般由空气滤清器、空气流量计、节气门、进气歧管等部件组成，有的发动机为了降低进气噪声，还布置了谐振室，如图 4-1-1 所示。

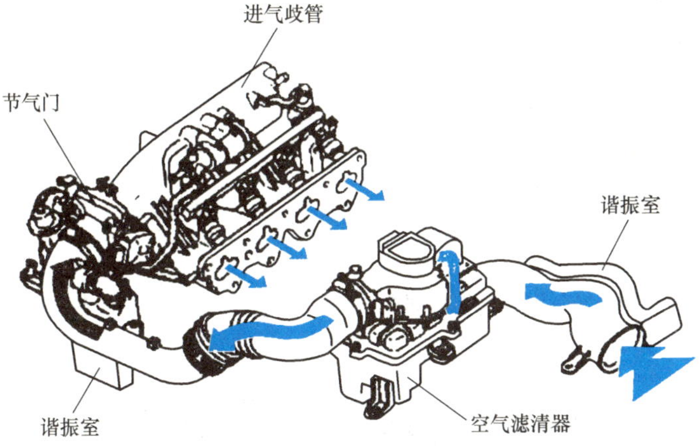

图 4-1-1　发动机进气系统组成

二、发动机进气系统的作用

发动机工作时，驾驶员通过加速踏板操纵节气门的开度，以此来改变进气量，控制发动机的运转。进入发动机的空气经空气滤清器滤去尘埃等杂质后，流经空气流量计，沿节气门通道进入进气室，再经进气歧管分配到各气缸中；发动机冷车怠速运转时，部分空气经附加空气阀或怠速控制阀绕过节气门进入气缸。

三、节气门

节气门如图 4-1-2 所示，是用来控制空气进入发动机的一道可控阀门。在四行程汽油机中，空气进入进气歧管后和汽油混合（不同款式的车，设计的混合部位不同），成为可燃混合气体，参与燃烧做功。节气门是当今电喷车发动机系统最重要的部件之一，它的前部是空气滤清器（空气格），后部是发动机缸体，是汽车发动机的咽喉。汽车的加速是否灵活，与节气门是否清洁有密切的关系。

汽车空气滤清器的作用相当于人的鼻子，是空气进入发动机要经过的第一道关卡，它能过滤掉空气中的风沙及悬浮颗粒物，从而使进入发动机的空气比较纯净，发动机才能更好地工作。现代汽车多采用纸质滤芯的空气滤清器，如图 4-1-3 所示。

　　纸质滤芯滤清效率高，灰尘的透过率为 0.1%～0.3%。使用纸质滤芯的空气滤清器能减轻气缸和活塞的磨损，延长发动机的使用寿命。

图 4-1-2　节气门

图 4-1-3　纸质滤芯

任务实施

一、空气滤清器的保养

1. 空气滤清器的拆卸

　　打开发动机罩，清理空气滤清器外部，松开空气滤清器锁扣，卸下固定滤芯的螺母，取下上盖，如图 4-1-4 所示。

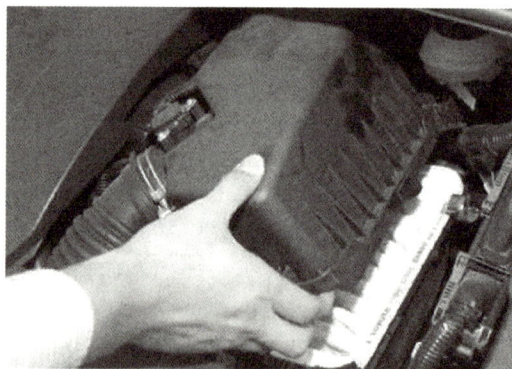

更换、清洁空气滤清器

图 4-1-4　空气滤清器拆卸

　　2. 取出空气滤清器滤芯并清洁或更换

　　将空气滤清器滤芯取出，检查滤芯污染的程度并进行清洁。当滤芯积存干燥的灰尘时，可用压力不高于 500kPa 的压缩空气，从滤芯内侧开始，上下均匀地沿斜角方向吹净滤芯内外表面的灰尘，如图 4-1-5 所示。

　　3. 检查清洁后的滤芯

　　将照明灯点亮放入滤芯里面，从外部观察有无损伤、小孔或变薄的部分，检查橡胶垫圈有无损伤。如有异常，应更换滤芯和垫圈。

4. 安装空气滤清器

在安装空气滤清器之前，要确认空气滤清器滤芯以及进气盒中没有水分残留。按与拆卸相反的顺序，将各部件安装好，如图 4-1-6 所示。

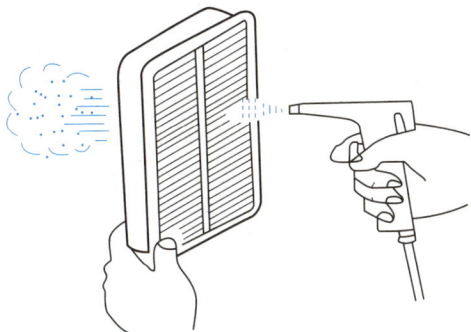

图 4-1-5　压缩空气吹洗空气滤清器的滤芯

图 4-1-6　空气滤清器安装

保养时应注意以下几点。

（1）掌握纸质滤芯的特点和清洁方法，清洁时不能用水或油，以防油水浸染滤芯。常用的清洁方法有两种：

① 轻拍法：将滤芯从壳中取出，轻轻拍打纸质滤芯端面使灰尘脱落，不得敲打滤芯外表面，防止损坏滤芯。

② 吹洗法：用压缩空气从滤芯内部向外吹，将灰尘吹净。为防止损坏滤纸，压缩空气压力不能超过 0.2～0.3MPa。

（2）定期清洁和更换滤芯。应按汽车保养规定经常清洁空气滤清器滤芯，以免因滤芯上黏附过多灰尘而增大进气阻力，降低发动机功率，增加耗油量。如滤芯破损，应及时更换。

（3）正确安装，防止空气不经过滤进入气缸。在检查保养空气滤清器时，滤芯上的密封垫必须安装好。如密封垫已老化、变形或断裂，应更换新品。

（4）更换新滤芯时，应选用原厂供应的滤芯，不要使用劣质滤芯。一般可以从包装和外观上识别优质与劣质滤芯，也可以安装后检验，如装上新滤芯后，汽车排放的 CO 超标，不装滤芯时排放的 CO 达标，表示该滤芯透气性差，是不合格的滤芯。

二、节气门的保养

节气门的保养没有具体的限制，一般怠速不稳了就清洁，跟用车的空气环境、使用机油的种类、更换空滤的间隔、开车习惯都有关系。一般到了工况开始恶化的时候（如怠速不稳，冷启动时发动机抖动明显）才清洁。

1. 节气门的清洁步骤

（1）如果发动机上面有塑料隔热罩，需要先行拆除。拆除了发动机罩，一般情况下便能看到节气门了，如图 4-1-7 所示。节气门四周连接着一些软管，如图 4-1-8 所示，需拆除这些管路，并记清楚各管路的位置。

（2）拆除节气门上的软管后，便可以拆下整个节气门了。节气门靠近燃烧室的一侧一般会比较脏，有黑色积炭痕迹的部位是主要应清洁的部位。

（3）清洁节气门主要是清除上面的积炭，可以使用专用的节气门清洗液或化清剂。这里

图 4-1-7　发动机罩的拆除

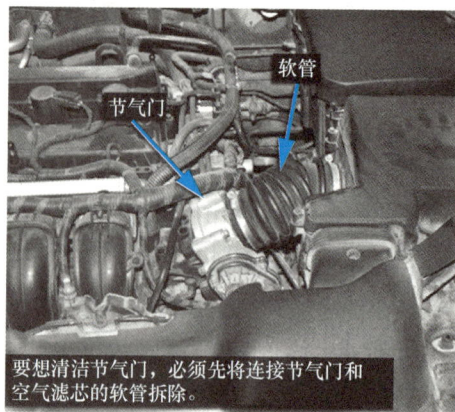

大多数发动机罩是靠一颗膨胀螺栓
固定的，垂直用力一拨就能拆下。

软管

节气门

图 4-1-8　节气门连接软管

要想清洁节气门，必须先将连接节气门和
空气滤芯的软管拆除。

要注意一下，此类清洁剂的清洁原理是溶解积炭，其成分对人体伤害较大，在清洁时应戴上手套和口罩。

（4）把清洁剂喷到节气门积炭较多的位置，等待积炭溶解，时间一般为 5～10min。使用刷子能加快清除积炭的速度。当看到节气门上的污渍已经被完全溶解后，便可以使用毛巾擦干净节气门内部的清洁剂，如图 4-1-9 所示。

将清洁剂喷在节气门上。

为了清洁更彻底，喷涂完清洁剂以后，可以用
棉布反复擦拭，尤其是一些死角处。

图 4-1-9　清洁节气门

节气门清洁

（5）把清洁好的节气门按照原本的位置装到发动机本体上，然后装好所有空气管路便完成整个节气门的清洁过程，如图 4-1-10 所示。注意：所有零部件安装好后，需要对节气门进行初始化。

2. 节气门清洁注意事项

（1）清洁节气门时可以不拆解，但是一定要把进气的密封部位清洁干净，怠速电动机必须拆下来才能够清洁干净，喷油嘴拆解清洁和免拆清洁各有利弊，一般情况下，维修企业建议免拆清洁，以防止出现其他不必要的浪费。例如，拆下来后需要更换密封圈或安装一些垫片，或在拆装过程中出现漏油、漏气等现象，耽误客户的时间。

（2）如果节气门上油泥过多，可能会引起发动机加速不力，油耗增加，这时必须对节气门进行清洁。

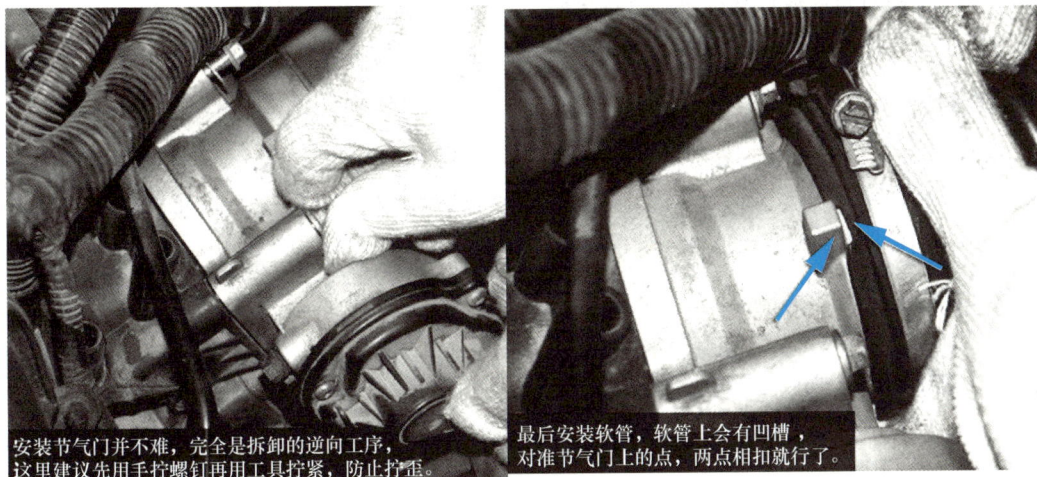

安装节气门并不难，完全是拆卸的逆向工序，这里建议先用手拧螺钉再用工具拧紧，防止拧歪。

最后安装软管，软管上会有凹槽，对准节气门上的点，两点相扣就行了。

图 4-1-10　节气门安装过程

（3）在清洁节气门时，首先要拆除进气歧管，露出节气门，拆掉蓄电池负极，关闭点火开关，把节气门翻板扳直，往节气门内喷少量清洁剂，然后用涤纶抹布或高级"无纺布"小心擦洗，在节气门深处、手够不着的地方可以用夹子夹住抹布小心擦洗。

（4）清洁完毕以后，再按照与拆卸相反的顺序安装，装好后要进行节气门的初始化。清洁节气门后，初始化是必须的步骤，因为计算机调节节气门的开度是有记忆功能的，在有油泥堵塞时，为了保证进气量，计算机会自动调节节气门的开度，让进气处于正常状态，这时的进气量要比清洁油泥后的大，不再适合清洁后的节气门的工况，因此要重新调整。

3. 节气门初始化的方法

不同的汽车节气门初始化的方法不一样，有计算机初始化和手动初始化两种方式。有的车必须通过计算机才能完成节气门初始化。手动初始化主要有以下两种方法。

（1）方法一。

① 打开点火开关到第二挡位置（就是使仪表盘上有很多报警灯亮的位置）。

② 保持第二挡位置 20s 后踩加速踏板，保持 10s 后松开加速踏板。

③ 关闭点火开关，拔出钥匙，初始化完成。

（2）方法二。

① 打开点火开关到第二挡位置（就是使仪表盘上有很多报警灯亮的位置）。

② 保持第二挡位置 30s 后关闭点火开关，拔出钥匙，初始化完成。

注意：无论使用计算机初始化还是手动初始化，初始化节气门后都要等待 15～20s 方可试着点火，点火后注意看加油是否正常、发动机故障灯是否熄灭。可多次尝试，直到初始化成功为止。

任务 2　排气系统的维护与保养

任务目标

1. 培养环保意识和可持续发展理念；

2. 掌握曲轴箱强制通风系统的维护与保养；

3. 掌握三元催化转换器的维护与保养。

导航案例

目前，国内汽车尾气的排放标准是国五和国六标准，国五标准是 2017 年 1 月 1 日正式实施的，国六标准于 2019 年实施。国五标准相当于欧盟的欧五标准，国六标准相比国五标准在测试标准以及污染物排放方面更加严格，大多数指标限值要求比国五标准严格 40％～50％。

相关知识

一、发动机排气系统的作用和组成

发动机运行时，发动机排气系统的作用就是把发动机在燃烧过程中产生的废气从多个气缸内收集，经清洁、消声，然后引到车后进行排放。如图 4-2-1 所示，排气系统一般由排气歧管、排气管、三元催化转换器、氧传感器、消声器和排气尾管等组成。

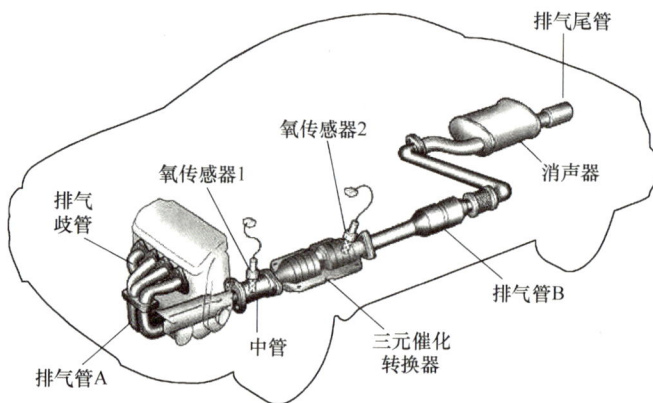

图 4-2-1　排气系统组成部件

由于限制汽车排放的法规日益严格，目前在几乎所有的汽油发动机车辆上都装有三元催化转换器，用来对车辆废气中的有害物质进行氧化还原，从而使车辆达到排放限定要求。三元催化转换器上有许多小孔，在内表面上覆盖有铂铑系列催化剂，可以通过氧化还原反应将车辆排放的一氧化碳氧化为二氧化碳，将碳氢化合物氧化为水和二氧化碳，将氮氧化物还原成氮气，从而使这三种对环境有害的物质转换为对环境无害的物质，降低了汽车尾气对环境的污染。三元催化转换器如图 4-2-2 所示。

图 4-2-2　三元催化转换器

二、曲轴箱强制通风系统的作用和结构

发动机燃烧室内的混合气和燃烧后的废气会顺着活塞和气缸体的内壁进入曲轴箱内，这些气体进入曲轴箱后会稀释和污染发动机机油，造成机油润滑能力下降，还会使曲轴箱内的压力升高，降低发动机转速。出于环境保护原因，不能将这些气体直接排入大气，因此现代汽车上一般都配备曲轴箱强制通风系统，把进入曲轴箱的气体导入发动机的进气歧管，使其重新燃烧。曲轴箱强制通风系统配备有强制通风软管和曲轴箱强制通风阀，如图 4-2-3 所示。通风阀负责控制曲轴箱内的气体流入进气歧管并防止气体或火焰反向流动。通风阀的结构如图 4-2-4 所示。发动机工况不同，通风阀的开度也不同。当发动机不工作时，通风阀处于关闭状态。当发动机怠速或减速时，通风阀略微开启。当车辆处于正常行驶状态、发动机处于中等负荷时，通风阀开启，开度增加。当发动机处于大负荷工作状态时，通风阀全开。如图 4-2-5 所示。

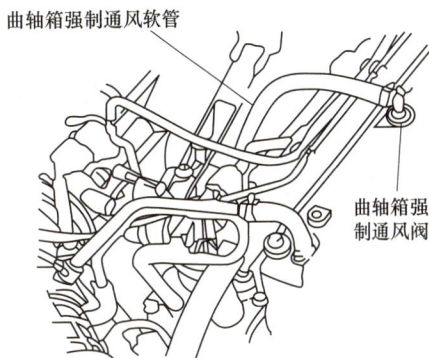

图 4-2-3 曲轴箱强制通风系统部件组成

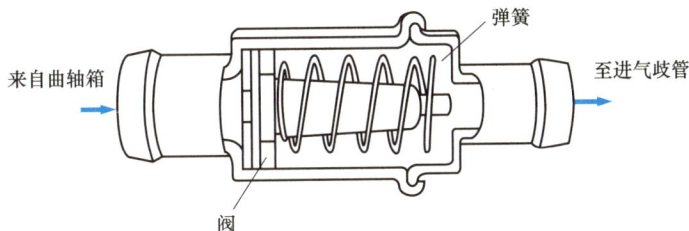

图 4-2-4 曲轴箱强制通风阀的结构

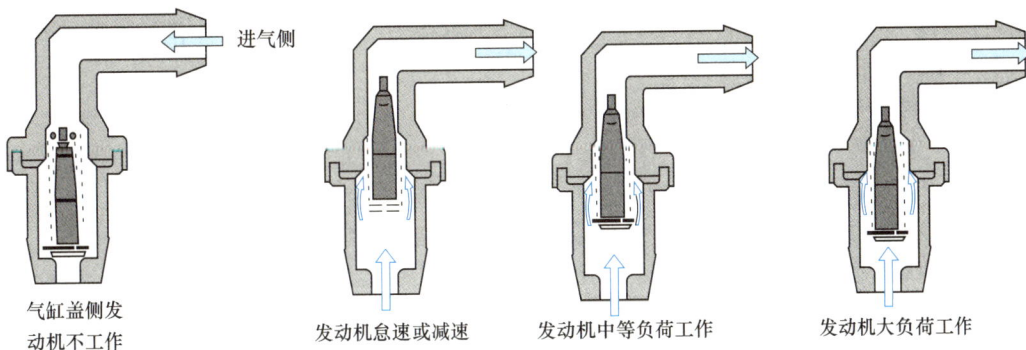

气缸盖侧发动机不工作　发动机怠速或减速　发动机中等负荷工作　发动机大负荷工作

图 4-2-5 通风阀在不同工况下的开度变化

如果曲轴箱强制通风系统工作不正常，会导致有害的蹿气停留在发动机内引起其腐蚀、加速磨损，从而缩短发动机寿命，还会使发动机出现启动困难、怠速不稳、加速无力或机油损耗过大的故障。因此，如果维护中发现发动机有以上现象，要仔细检查曲轴箱强制通风系统是否正常工作。

📖 任务实施

一、曲轴箱强制通风系统的保养与维护

1. 检查管路情况

（1）拆下曲轴箱通风系统的出气软管和回流软管，拆下有关部件（呼吸器、通风阀或油气分离器）。

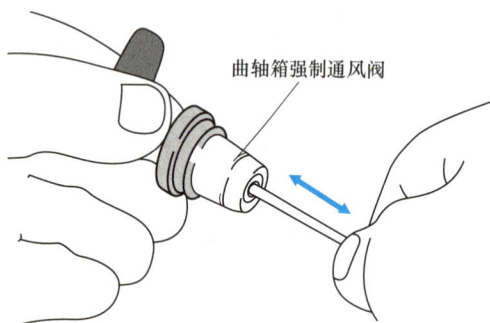

曲轴箱强制通风阀

图 4-2-6　曲轴箱强制通风阀

（2）检查管路有无压扁、损坏、泄漏等情况，然后清洗干净，并用压缩空气吹净。

（3）按与拆卸相反的顺序装回。

2. 检查通风阀情况

（1）检查阀的真空情况。拧下发动机上的通风阀，然后接好通风软管，怠速运转发动机，把手指放在通风阀的开口端，这时手指应有真空感，若抬起手指，阀口应有"啪、啪"的吸力响声。如果手指没有真空感或没有响声，应用清洁剂清洁止回阀和通风软管后再检查，如仍不行应更换。

（2）检查阀的运动情况。拧下发动机上的通风阀，用木质细杆插入通风阀，如图 4-2-6 所示，这时阀的柱塞应前后运动自如。如果阀的柱塞不动，应清洁或更换。

二、三元催化转换器的保养与维护

1. 外观检查

（1）检查三元催化转换器表面是否有凹陷。如果有明显的凹陷和刮擦，则说明三元催化转换器的载体可能受到损伤。

（2）检查三元催化转换器外壳上是否有严重的栗色斑点或青色、紫色的痕迹，检查三元催化转换器防护罩的中央是否有明显的暗灰斑点。如果有，则说明三元催化转换器曾在过热状态下工作，需要进一步检查。

2. 三元催化转换器前后温度的检查

三元催化转换器在正常工作状态下会因氧化反应产生大量的热，因此可以通过温差对比来判断其性能的好坏。

（1）启动发动机，预热至正常工作温度，将发动机转速维持在 2500r/min 左右。

（2）将汽车举升，用数字式温度计测量三元催化转换器进/出口的温度。三元催化转换器出口处的温度应高于进口处温度 10%～15%。

三、排气管的检查

定期清除排气管内部的积炭和胶质物，可用钢丝刷或钝口刮刀刮除，再用压缩空气吹除干净。检查排气管与气缸盖接合面的变形情况，平面度误差不得超过 0.10mm，否则应予以修磨。排气管拆装与检查要点如下：

（1）拆卸防护罩。

（2）拆卸排气歧管。

（3）拆卸排气歧管衬垫。

（4）检查排气歧管有无裂纹和损伤，用直尺和塞尺测量接触面的平面度误差，规定值为小于 0.15mm，极限值为 0.30mm。

（5）安装衬垫和排气歧管，拧紧螺栓（力矩为 25～30N·m）。

（6）安装防护罩。

任务 3　燃油供给系统的维护与保养

任务目标

1. 树立人类命运共同体理念，培养开放、包容、协作意识；
2. 培养节能减排的环保意识；
3. 能正确更换燃油滤清器；
4. 了解喷油器的清洗方法。

导航案例

在全球"碳中和""碳达峰"的目标下，各个国家及地区的碳排放法规日益严格。环保部门要求减少碳排放和化石燃料的使用。作为碳排放和使用化石燃料的大户，汽车行业备受关注。许多车企签署了相关协议，在 2035 年左右停售燃油车。

相关知识

燃油供给系统的功用是向气缸内提供燃烧所需的燃料。目前，汽车燃油系统包括电子控制的汽油喷射式燃油系统和汽油直喷式燃油系统等。下面以电子控制的汽油喷射式燃油系统为例介绍，其主要部件有油箱、燃油泵、输油管、油量传感器、燃油滤清器、油轨、喷油器、燃油压力调节器（简称调压器）和回油管等，如图 4-3-1 所示。

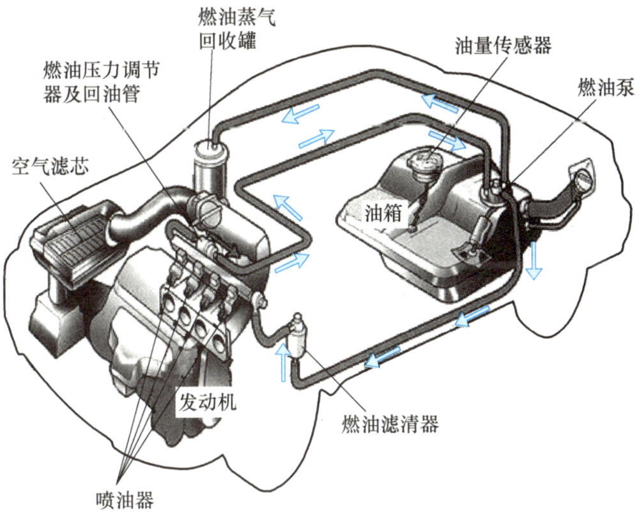

图 4-3-1　燃油系统组成

电动燃油泵将燃油从油箱中吸出，加压后输送到管路中，通过燃油滤清器把水分和氧化铁、粉尘等杂物去除，燃油压力调节器配合建立合适的系统压力，喷油器将燃油喷射在节气门后方或气缸内。

📖 任务实施

一、燃油供给系统管路的检查

（1）维护时要仔细检查燃油供给系统的管路和软管连接接头是否有破损、泄漏、老化的现象，如果有，应及时更换损坏的管路或软管连接接头，如图4-3-2所示。

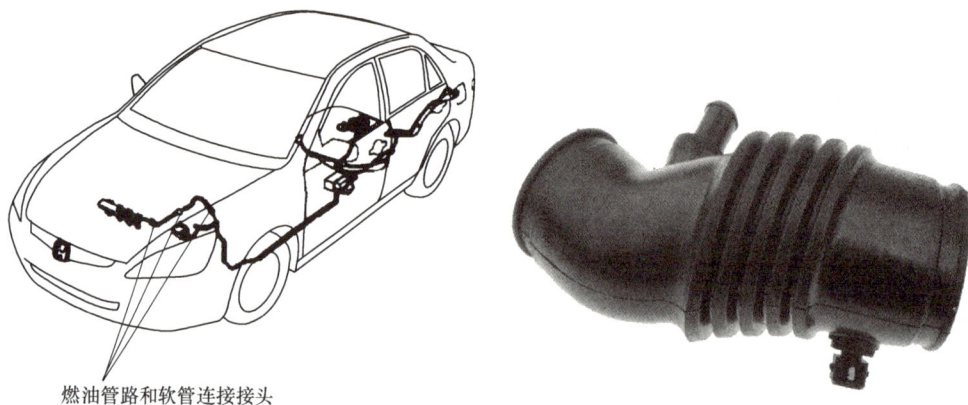

燃油管路和软管连接接头

图 4-3-2　检查燃油供给系统管路和软管连接接头

（2）测试燃油压力以判断燃油泵和燃油压力调节器是否正常工作，如果压力不正常，则更换燃油泵或燃油压力调节器，然后重新测量燃油压力，如图4-3-3、图4-3-4所示。

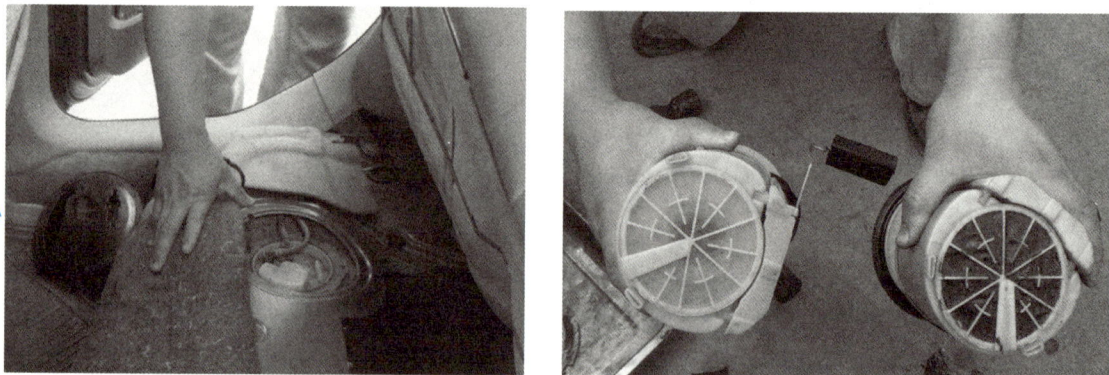

图 4-3-3　拆卸燃油泵

二、定期更换燃油滤清器

燃油滤清器必须每3万公里更换一次（保守更换里程为1.5万公里），如图4-3-5所示。如果燃料杂质含量大，更换里程应相应缩短。不同车型汽车厂商所规定的更换里程不完全相同，具体更换里程以汽车厂商要求为准。具体步骤如下：

图 4-3-4   更换燃油压力调节器

（1）把车停在一个坚固的平面上。

（2）拆下燃油泵继电器或保险丝。

（3）启动发动机，直到管道中的汽油用完，发动机停止。

（4）找到燃油滤清器的位置，并从燃油滤清器处断开输油管。

（5）拆卸燃油滤清器的安装螺栓，然后就可以拆下燃油滤清器。

（6）对比新的燃油滤清器是否和拆下来的型号一致，确认后安装好新的燃油滤清器。

（7）接上输油管并安装燃油泵保险丝。

图 4-3-5   更换燃油滤清器

（8）重新连接电池盒，完成后就可以放低汽车。

（9）启动发动机并检查燃油泄漏情况。

（10）实际驾驶汽车，检查发动机工作是否乏力。

注意事项：

（1）燃油滤清器外壳上的箭头表示燃油的流动方向，安装燃油滤清器时，不允许倒装，即使它在倒装状态工作很短的时间也必须更换。确认无误后就可以按照规定的拧紧力矩（参考车型维修手册）安装燃油滤清器固定螺栓。

（2）由于缺乏燃油，发动机可能不会立刻启动，但是，随着燃油气压的增加，发动机就会启动。

三、喷油器的清洗

喷油器清洗通常有随车清洗和超声波清洗两种方法。随车清洗法需采用专用电喷汽车清洗液，其优点是不需从车上拆下喷油器，操作比较方便；缺点是不能直接观察喷油器的工作状况，并且效果也不理想。超声波清洗法是把喷油器从发动机上拆下后放在超声波清洗槽中清洗，如图 4-3-6 所示，其优点是清洗质量高，还可以把喷油器装到喷油器试验台上进行喷油量、泄漏量和喷射雾化状况的测试；缺点是设备昂贵。

超声波清洗步骤如下：

图 4-3-6　超声波清洗装置

（1）将喷油器放入汽油或清洗油中，仔细清除外部油污后用软布擦拭干净。检查喷油嘴上的橡胶圈是否损坏。如有损坏，应及时更换。

（2）在超声波清洗槽中倒入专用喷油器清洗剂，在超声波清洗槽内放入清洗支架，在支架上放好喷油器，清洗液要浸过支架表面。

（3）打开设备电源开关，按下超声波键，设置清洗时间。当超声波清洗槽内无清洗液时，严禁打开超声波系统，以免造成设备损坏。

知识拓展

一、汽油是怎么炼成的

成品汽油是由石油炼制得到的直馏汽油组分、催化裂化汽油组分、催化重整汽油组分等不同汽油组分精制后与高辛烷值组分经调和制得，简单来说，成品汽油就是由石油炼制得来的汽油与添加剂的混合物。国内销售的部分汽油呈透明的淡黄色，这是因为有些原油来自中东地区，硫的含量比较大，并且炼制出的汽油气味比较刺鼻。

二、汽油的标号代表了什么

2017年1月1日起，全国销售的国五标准的车用汽油统一标号为89号、92号、95号。中国汽油标号测定用的是"研究法"。什么意思呢？就是看最后精心"调制"出来的汽油的抗爆系数达到一个什么标准。例如，一批异辛烷含量仅有80%的低等级汽油，在添加了一定剂量的抗爆剂之后，其抗爆系数和含异辛烷92%、正庚烷8%的标准汽油具有相同的抗爆性，那么这就是国内所谓的92号汽油。所以，汽油标号仅代表辛烷值，并不代表汽油的清洁度。有些95号汽油其实是在92号的汽油中加入了异辛烷、异丙苯、烷基苯等添加剂以及MTBE（甲基叔丁基醚）抗爆剂"调制"而来的，并非在生产过程中提高催化裂解、二次重整等加工工艺而得来的。

三、"压缩比"主导汽油标号的选择

通常要根据汽车发动机的压缩比来选择合适标号的汽油。所谓压缩比就是气缸压缩前的体积与压缩之后的油气混合气体积的比值，通常体现在相关车型的技术参数中。一般压缩比为8.5～10的发动机应选92～95号汽油；压缩比在10以上的发动机应选95～98号汽油。如果在汽车的加油口盖内已有标注，则按实际标注加注相关标号的汽油。需要注意的是高压缩比的发动机不建议加注低标号的汽油。例如，马自达阿特兹的发动机，压缩比为13，使用92号汽油时，爆震传感器介入，导致发动机不断改变点火提前角，影响了发动机的动力性和经济性。

汽油标号越高，燃烧速度就越慢，燃烧爆震就越低，同时要求发动机具有较高的压缩比；如果是低压缩比发动机使用高标号汽油，汽油不能被充分地压缩达到易燃点，不仅会出现发动机"滞燃"、加速无力等现象，而且其高抗爆性的优势无法发挥出来，产生积炭的同时，还会造成金钱的浪费，得不偿失。所以，低压缩比发动机无需追求高标号汽油。

四、乙醇汽油该怎么加

乙醇汽油中的乙醇是一种性能优良的有机溶剂。从未加注过乙醇汽油的汽车尤其要注意：首次使用乙醇汽油时，乙醇汽油会将油箱、油路中沉淀、积存的各类杂质，如铁锈、污垢、胶质颗粒等软化溶解下来，混入油中，这些杂质可能会造成油路不畅。在给汽车彻底改用乙醇汽油之前，要对车辆的油箱及油路的主要部件（如燃油滤清器等）进行清洁检查或清洗。

任务 4　点火系统的维护与保养

任务目标

1. 培养严谨规范、精益求精的工匠精神和诚实守信品质；
2. 掌握火花塞的检查和更换方法。

导航案例

2022 年 7 月某日，庞先生开车行驶在高速公路上。突然，车子在提速时持续出现剧烈抖动，有些慌张的庞先生立即致电 4S 店并在工作人员的指引下将车开到 4S 店。该店工作人员初步判定是汽车发动机出现故障，随后在检修中发现是因为在更换火花塞时电极头落入缸内，导致发动机损坏，并承认该车在 4 月份保养中进行火花塞更换时导致了此故障产生，最后双方达成和解，4S 店同意更换全新发动机并补偿交通费用，更换期间提供代步车辆。

相关知识

一、火花塞的作用

火花塞的作用是将点火线圈所产生的脉冲高压电流引进燃烧室，利用电极产生的电火花点燃混合气，完成燃烧，如图 4-4-1 所示。

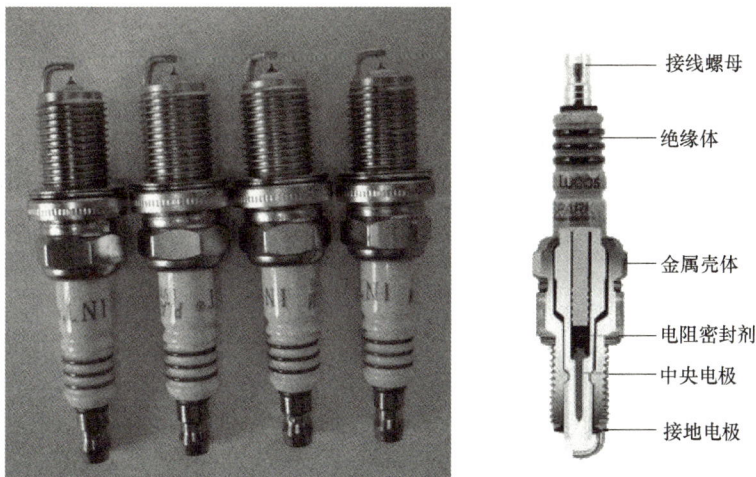

接线螺母
绝缘体
金属壳体
电阻密封剂
中央电极
接地电极

图 4-4-1　火花塞及结构

二、火花塞间隙

火花塞电极间的间隙对火花塞的工作有很大影响，间隙过小，则火花微弱，并且容易因产生积炭而漏电；间隙过大，所需击穿电压增高，发动机不易启动，且在高速时容易发生"缺火"现象。故火花塞间隙应适当，一般蓄电池点火系统使用的火花塞间隙为 $0.6 \sim 1.2 \text{mm}$。

三、火花塞种类

火花塞按照热值高低可分为冷型和热型；按照电极材料可分为镍合金、银合金和铂合金等。火花塞的类型大体上有以下几种。

（1）标准型火花塞。其绝缘体裙部略缩入壳体端面，侧电极在壳体端面以外，是使用最广泛的一种。

（2）绝缘体突出型火花塞。绝缘体裙部较长，突出于壳体端面以外。它具有吸热量大、抗污能力好等优点，且能直接受到进气的冷却而降低温度，因而不易引起炽热点火，故热适应范围宽。

（3）单极型火花塞。其电极很细，特点是火花强烈，点火能力强，在严寒季节也能保证发动机迅速可靠地启动，热范围较宽，能满足多种用途。

（4）锥座型火花塞。其壳体和旋入螺纹制成锥形，因此不用垫圈即可保持良好密封，从而缩小了火花塞体积，对发动机的设计更为有利。

（5）多极型火花塞。侧电极一般为两个或两个以上，优点是点火可靠，间隙不需经常调整，故在一些电极容易烧蚀和火花塞间隙不能经常调节的汽油机上常常采用。

（6）沿面跳火型火花塞。即沿面间隙型火花塞，它是一种最冷型的火花塞，其中心电极与壳体端面之间的间隙是同心的。

此外，为了抑制汽车点火系统对无线电的干扰，又生产了电阻型和屏蔽型火花塞。电阻型火花塞是在火花塞内装有 $5 \sim 10\Omega$ 的陶瓷电阻器，屏蔽型火花塞是利用金属壳体把整个火花塞屏蔽密封起来。屏蔽型火花塞不仅可以防止无线电干扰，还可用于防水、防爆的场合。

📚 任务实施

一、火花塞的拆卸

（1）清除火花塞孔处的灰尘及杂物，防止杂物落入气缸内。

（2）将火花塞上的高压线（或点火组件）依次拆下，如图 4-4-2 所示，并在原始位置做上标记。

（3）用火花塞套筒套牢火花塞，转动套筒将其卸下，如图 4-4-3 所示，并依次摆放好。

二、火花塞检查

火花塞的电极正常颜色为灰白色。如电极烧黑并附有积炭（图 4-4-4），则说明存在故障。检查时可将火花塞与缸体导通，用中央高压线接触火花塞的接线柱，然后打开点火开关，观察高压电跳位置。如电跳位置在火花塞间隙，则说明火花塞作用良好，否则，需要换新。

图 4-4-2 拆下点火组件

图 4-4-3 拆卸火花塞

三、火花塞电极间隙调整

各种车型的火花塞间隙均有差异，一般应在 0.6～1.2mm，检查间隙大小，可用火花塞量规或薄的金属片进行，如图 4-4-5 所示。如间隙过大，可用螺丝刀柄轻轻敲打外电极，使其间隙正常；如间隙过小，则可利用螺丝刀或金属片插入电极向外扳动。

图 4-4-4 电极积炭

四、火花塞的更换

火花塞属于易耗件，一般情况下，普通铜芯火花塞的使用寿命为 3 万公里，而贵金属材质火花塞的使用寿命为 6 万～9 万公里，不同车型，汽车厂商所规定的保养周期并不完全相同，关于火花塞的具体更换周期，要以汽车厂商要求为准。

间隙：0.7～0.9mm

汽车火花塞
的更换流程

图 4-4-5 火花塞间隙及测量

火花塞更换的标志是不跳火或电极放电部分因烧蚀而呈圆形。如在使用中发现火花塞经常积炭、断火，一般是因为火花塞太冷，需要换用热型火花塞；若有炽热点火现象或气缸中发出冲击声，则需选用冷型火花塞。

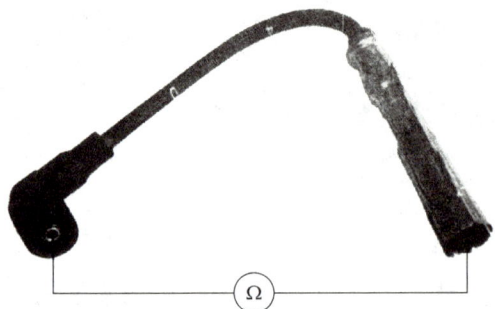

图 4-4-6　检查高压线

五、点火高压线的检查

目视检查高压线是否有龟裂、损伤、接电氧化等情况，测量高压线的电阻值，若阻值超过规格则更换，如图 4-4-6 所示。

六、火花塞清洁

火花塞有油污或积炭应及时给予清洁。

注意：火花塞清洁时不能用火焰烧烤。若磁芯损坏、破裂，则应进行更换。

📘 知识拓展

一、火花塞烧蚀

当发现火花塞顶端有疤痕或是破坏，电极出现熔化、烧蚀现象时，表明火花塞已经毁坏，此时就应该更换火花塞。在更换过程中可以检查火花塞烧蚀的症状以及颜色的变化。

症状 1：电极熔化且绝缘体呈白色

诊断：这种现象表明燃烧室内温度过高。这可能是由于燃烧室内积炭过多，从而造成气门间隙过小，进一步引发排气门过热或是冷却装置工作不良造成的。在火花塞未按规定力矩拧紧时也会造成电极熔化，绝缘体呈现白色的现象。

症状 2：电极变圆且绝缘体结有疤痕

诊断：这就表明发动机早燃，可能是点火时间过早或汽油辛烷值过低、火花塞热值过高等原因带来的。

症状 3：绝缘体顶端碎裂

诊断：一般来说，爆震燃烧是绝缘体破裂的主要原因。点火时间过早、汽油辛烷值低、燃烧室内温度过高，都可能导致发动机爆震燃烧。

症状 4：绝缘体顶端有灰黑色条纹

诊断：这种条纹的出现表明火花塞已经漏气，需要无条件更换新件。

二、火花塞上有沉积物

火花塞绝缘体的顶端和电极间有时会粘上沉积物。不要小看这种沉积物，这种情况严重时会造成发动机不能正常工作。在清洁火花塞后，车辆暂时可以正常运转，但不久后又会出现类似情况。事实上，火花塞出现沉积物只是一个表面现象，这有可能是车辆上其他机械部件出现问题的信号。

症状 1：火花塞上有油性沉积物

诊断：当火花塞上出现油性沉积物时，就表明润滑油已进入燃烧室内。如果只是个别火花塞上有油性沉积物，则可能是由气门杆油封损坏造成的。但如果是各个缸体的火花塞都粘有这种沉积物，则表明气缸出现窜油。一般来说，在空气滤清器和通风装置堵塞的情况下，气缸极易出现窜油的现象。

症状2：火花塞上有黑色沉积物

诊断：火花塞电极和内部有黑色沉积物，通常表明气缸内混合气体过浓。可以提高发动机运转速度，并持续几分钟，借以烧掉留在电极上面的那层黑色煤烟层。

任务5　润滑系统的维护与保养

任务目标

1. 培养诚实守信、遵纪守法、保护环境的意识；
2. 熟悉汽车发动机润滑油的分类与选用；
3. 掌握汽车发动机润滑油更换的作业程序和标准；
4. 掌握润滑油泄漏的检查方法和步骤。

导航案例

废旧机油，如汽车保养时换下的机油、设备上使用过的润滑油等，属于《国家危险废物名录》中的危险废物，所以国家明确规定，废旧机油应由具有资质的危险废物处置企业进行统一收集处置。2020—2021年，被告人王某某在某地两处村落，从被告人姚某某处回收废旧机油9余吨、姜某某处回收废旧机油4余吨，三名被告人均未取得危险废物经营许可证，涉案土地土壤存在石油烃含量超标的情况。法院经审理认为，被告人王某某、姚某某、姜某某违反了国家处置有毒物质的法规，严重污染环境，三名被告人的行为均已构成污染环境罪，依法应予惩处。

相关知识

发动机工作时，各运动零件均以一定的力作用在另一个零件上，很多传动零件都是在很小的间隙下做高速相对运动，若不对发动机内各个机件进行润滑，将发生强烈的摩擦，它们之间的干摩擦，不仅增加了发动机的功率消耗，还会加速零件工作表面的磨损，所以发动机机油对发动机性能有重要的影响，每天在行车前都应检查发动机的机油量，对于磨合期满的车辆来说，及时规范地更换发动机润滑油是非常必要的。

机油是指发动机所用的润滑油，汽车发动机用的润滑油分为汽油机油和柴油机油两个系列，在汽车中起到润滑、冷却、清洗、密封和防锈蚀的作用。机油在使用过程中受到高温、空气氧化和金属催化等作用，油品将会氧化、老化，进而影响发动机的正常运转。因此，当机油使用了一定时间后，就需要更换，如果不更换，机油中会混杂由于燃油燃烧而产生的油泥、积炭、水、酸性物质以及不完全燃烧产物等，会显著降低抗磨损性能。同时，机油中的添加剂也会随着使用不断消耗，影响润滑油使用性能，造成发动机损坏。发动机机油一般每行驶5000km或六个月更换一次（具体参照车辆维修手册或用户手册），在更换机油的同时要求更换机油滤清器，发动机机油要根据具体要求选用。

一、发动机机油及机油滤清器的作用

发动机机油的主要作用是润滑曲轴、连杆等摩擦部位，除此之外，发动机机油还应具有

冷却、密封、清洁、抗腐蚀、减振、缓冲作用。

机油滤清器的功用是及时地滤除机油中各种杂质和胶质，防止润滑油路的堵塞，保障主油道的油液清洁。当机油滤清器长时间使用而未按要求定期更换时，其内部的滤纸将被机油杂质堵塞，使滤清器的过滤效果下降，机油的流通阻力增大，最终导致因发动机的润滑效果不良而损坏发动机。

二、机油的等级

机油的正确选用，特别是在冬天，对发动机的润滑起到至关重要的作用，所以在选用机油的时候必须清楚机油等级的分类方式及表示含义。目前常用的机油有 SAE、ILSAC 和 API 等级。

1. SAE 等级

SAE（Society of Automotive Engineers）是英文"美国汽车工程师学会"的缩写。例如，SAE40、SAE50、SAE15W-40、SAE5W-40，"W"表示 winter（冬季），其前面的数字越小，说明机油的黏度越低，流动性越好，代表可供使用的环境温度越低，在冷启动时对发动机的保护能力越好；"W"后面（半字线后面）的数字则是机油耐高温性的指标，数字越大，说明机油在高温下的保护性能越好。较高黏度的机油对运动系统的阻力也相对较高，不但耗费功率、增加油耗，而且机油容易氧化，影响冷启动的保护。例如，SAE40、SAE50这样只有一组数字的是单级机油，不能在寒冷的冬季使用。又如，SAE15W-40、SAE5W-40这样两组数字都有的是多级机油，15（5）表示冬天时为 15（5）号机油黏度，40表示机油在夏天时相当于 40 号机油的黏度。这种机油是先进的"机油"，适合用于从低温到高温的广泛区域，其黏度值会随温度变化，给予发动机更全面的保护。

2. ILSAC 等级

ILSAC 是国际润滑剂标准化及认证委员会（International Lubricant Standardization and Approval Committee）的简称。ILSAC 成立于 20 世纪 90 年代初，由美国汽车工业协会（AAMA）和日本汽车工业协会（JAMA）共同发起。而 AAMA 和 JAMA 成立 ILSAC 的原因就是作为内燃机机油的使用方——汽车商，觉得 API（API 是美国石油学会的简称，SE、SF、…、SL、SM 和 CD、CF、CF-4 等规格均由 API 制定）在内燃机机油方面的升级速度太慢，而且没有考虑油品的节能效果。ILSAC 在 1990 年 10 月颁布了对于汽油车发动机用内燃机机油的测试规格 GF-1。目前 ILSAC 制定的汽油机机油的规格为 GF-1、GF-2、GF-3 和 GF-4，这些 GF 规格产品除分别满足 API 的 SH、SJ、SL、SM 的所有要求外，还要通过 ILSAC 规定的 EC 节能要求。简单地说，GF 规格就是 API 规格加节能要求。

3. API 等级

API 是美国石油学会的英文缩写，API 等级代表发动机机油质量的等级。它采用简单的代码来描述发动机机油的工作能力。

API 发动机机油分为两类："S"开头系列代表汽油发动机机油；"C"开头系列代表柴油发动机机油；当"S"和"C"两个字母同时存在，则表示此机油为汽柴油发动机通用型。在 S 或 C 后面的字母表示的意义是：从"SA"一直到"SL"，每递增一个字母，机油的性能都会优于前一种，机油中会有更多用来保护发动机的添加剂。字母越靠后，质量等级越高，国际品牌中机油级别多是 SF 级别以上的。

三、发动机润滑油的合理选择

（1）不论是汽油车还是柴油车，在选用发动机润滑油时，均应参阅车型使用手册，并根据汽车厂家使用说明书的推荐选用，也可以选取高于推荐要求的润滑油。

（2）确定选择润滑油的 API 等级：汽油机润滑油等级可根据压缩比选择，发动机的压缩比越大，热负荷越大，温度越高，选用的润滑油级别越高。柴油机润滑油等级可根据强化系数选择，强化系数越大，选用的润滑油等级越高。

（3）确定并选择润滑油的 SAE 等级。

① 以使用的季节、气温为依据，既要保证发动机在低温时能顺利启动，又能在高温运行时保证正常的润滑和密封，一般情况下，选择凝点比本地区最低气温低 5～10℃ 的润滑油。

② 根据发动机负荷大小选择，负荷大、转速低时选用黏度高一点的润滑油，负荷小、转速高时选用黏度低一点的润滑油。

③ 车龄较长、磨损较大的汽车应选用高黏度润滑油。

④ 有下述情况的汽车应该选择 API 高一级的润滑油：城市中行驶，经常堵车，走走停停，启动频繁，磨损加快；长途高速行驶，发动机长时间处于高温状态；高负荷行驶，货车载货，轿车载货。

任务实施

一、发动机机油的检查

（一）机油液位的检查

（1）将车辆停放在平坦地面上，将车轮挡块安装到位，保证车辆稳定停靠。

（2）启动发动机并让发动机达到正常工作温度。

（3）停止发动机并等待约 5min，使机油流回油底壳。

（4）打开发动机罩，拉出机油标尺，擦干净，然后全部插回去。

（5）拔出机油标尺，检查油量，油量应在上限（F）与下限（L）之间，如图 4-5-1 所示。

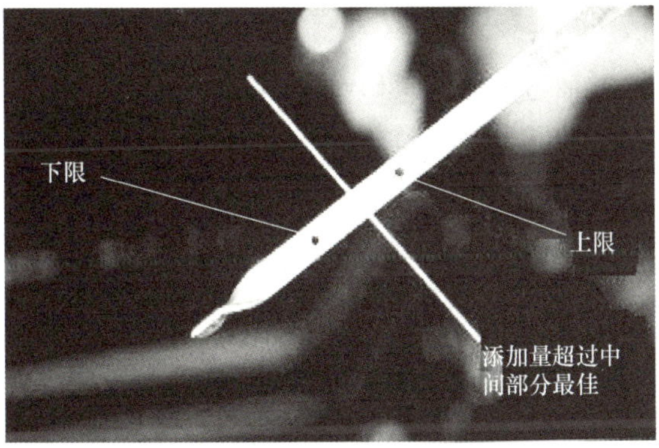

图 4-5-1　机油标尺

图 4-5-2　打开机油加油口盖

（6）如果发现油量靠近或在下限（L）位置，应补充机油直到油量到达上限（F）位置，千万不能过量。

（二）机油质量的检查

（1）检查发动机机油是否变质、进水、轻微变色。

（2）如果质量明显不良，需要更换机油。

（三）发动机机油排放的准备

1. 预热发动机

（1）把车辆停在平整的地面上，启动发动机，进行发动机暖机。

（2）关闭发动机，拉紧驻车制动器，打开汽车发动机罩和机油加油口盖，如图 4-5-2 所示。

2. 举升车辆

（1）在车辆停靠到位的基础上，操纵举升机，将车轮举离地面，然后停止举升并以一定的力量按动车辆前后部，检查车身是否稳定。确定车辆稳定后，方可继续下面的操作，否则需要降车重新检查车辆停靠位置。

（2）在车身稳定的情况下，继续操纵举升机，将车辆举升到适合操作的最高位置，举升完毕，如图 4-5-3 所示。

图 4-5-3　车辆的举升

图 4-5-4　排放机油

发动机机油更换流程

二、排放机油

（1）清洁地面，防止有水或油造成打滑，影响安全操作。

（2）拆卸机油排泄塞，并将机油排入一个容器中，如图 4-5-4 所示。此时需要特别注意防止热车后的机油将手烫伤。完成后，不要立即关闭放油口，适当空一段时间，以保证发动机内残油完全流出。另外，还需要放置好容器，防止漏油。

三、更换密封垫

放完机油后，更换放油塞密封垫，按 39.2～44.1N·m 的规定力矩拧紧。

四、机油滤清器的更换

（1）用专用工具拆卸机油滤清器，如图 4-5-5 所示。

（2）检查并清洗气缸体与机油滤清器的安装表面。

（3）检查新机油滤清器部件编号是否与旧编号相同。

（4）将机油滤清器加满机油，同时将发动机机油涂抹在新机油滤清器的"O"形环上，如图 4-5-6 所示。

（5）用手把新机油滤清器拧在机油滤清器支座上，直到滤油器"O"形环与安装表面接触，如图 4-5-7 所示，用机油滤清器扳手再把机油滤清器拧紧 3/4 圈。为了恰当地拧紧机油滤清器，注意识别滤清器"O"形环与安装表面初始接触的精确位置。

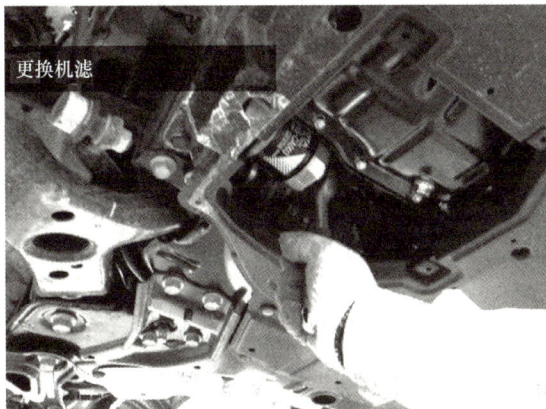

图 4-5-5　更换机油滤清器

图 4-5-6　在新机油滤清器"O"形环上涂抹机油

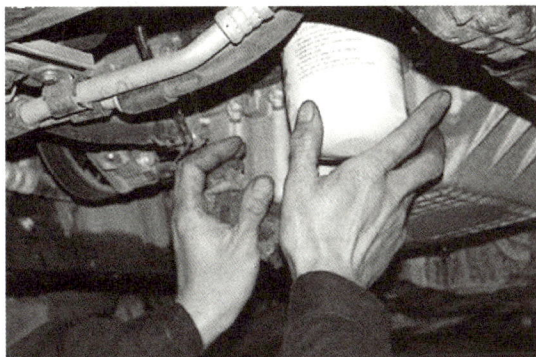

图 4-5-7　安装机油滤清器

图 4-5-8　加注发动机机油

五、加注发动机机油

（1）从举升机上放下车辆。

（2）从发动机机油加油口注入车辆制造商规定黏度的高品质发动机专用机油，直至油位达到机油标尺上的满油位标记方可停止加注。机油加油口在气缸盖顶部，如图 4-5-8 所示。

（3）盖上机油加油口盖，使发动机怠速空转 5min 后停止运转。3min 后拔出机油标尺，检查油位是否处在正常位置。

（4）拧紧机油加油口盖。

（5）启动发动机并检查是否漏油。

（6）重新检查发动机机油量。

（7）检查漏油情况，包括发动机各区域的接触面、油封处和放油塞。

六、发动机润滑油使用的注意事项

选择了合适的润滑油使用等级和黏度等级后，还要注意正确的使用方法。如果使用不当，同样会造成发动机磨损加剧，甚至出现拉缸、烧轴瓦的故障。因此，使用时注意以下几点。

（1）在机油黏度等级的选择上，不可错误地认为高黏度油有利于保证润滑和减少磨损。应当在保证活塞环密封良好、机件磨损正常的条件下，适当选用低黏度的润滑油。只有在发动机严重磨损，或运行条件特别恶劣的情况下，才允许使用比该地区气温所要求的黏度等级高一级的润滑油。

（2）在选择机油的使用等级时，高级机油可以在要求较低的发动机上使用，但过多降级使用不合算；切勿把使用等级低的机油加在要求较高的发动机上，否则会造成发动机早期磨损或损坏。

（3）要保持曲轴箱油面正常。油面过低会加速机油变质，甚至因缺油使机件烧坏；油面过高，机油会从气缸和活塞的间隙中进入燃烧室，使燃烧室积炭增多。正常油面应在满刻度标志和1/2刻度标志之间，不可过多或过少。

（4）保持曲轴箱通风良好。通风阀（PCV阀）易沉积油泥而堵塞，造成曲轴箱内压力过高，油气和废气逆向流入空气滤清器，污染滤芯，同时增加对曲轴箱内机油的污染。

（5）保持空气滤清器和机油滤清器的清洁，并及时更换滤芯，保持机油清洁。

（6）应进行在用机油的质量监测，尽可能实行按质换油。换油时一定要在热车时进行，加入新油后应启动发动汽车数分钟，停机3min后再检查油面。在无分析方法，不能按质换油时，可用按期换油的方法作为过渡。

（7）不同牌号的润滑油不可混用，同一牌号但不同生产厂家的润滑油也尽量不要混用。

知识拓展

一、全合成机油、矿物油及半合成机油

1. 全合成机油

全合成机油的合成部分为PAO或复杂的酯类的机油。简单地说，就是机油里只含有PAO或酯类合成物，这种润滑油被称为全合成机油。

顶级全合成的酯类油的优势如下。

一般情况下，油会在两接触面之间形成一层连续的油膜。这层油膜起着液态润滑的作用——防止金属与金属之间直接接触，从而减少摩擦。润滑油能否提供液态润滑，取决于其能否在两个金属表面上形成不断裂的油膜。当这层油膜在重负的情况下断裂，便会造成阻力和摩擦。

在其他基础油失效的条件下仍能保持优越的润滑作用，这便是酯类油在临界润滑情况下的优胜之处。酯类分子中所含氧元素使它具有正电极；含氢元素使它具有负电极。由于电极作用，可以使酯类分子吸附在金属表面，形成一层称为黏附分子油膜的油层。正是这层黏附分子油膜使酯类油从因黏性而形成油膜的油中脱颖而出。

当发动机启动的时候，润滑油性能的好坏就更容易辨别了。那些半合成油膜的润滑油，在发动机停止工作的时候会从金属表面流走。当发动机再次启动时，两金属表面的油膜已经消失，引起干启动。相反，顶级全合成机油实现的液态润滑的黏附分子油膜即使是在发动机停止工作后，它也能够存在于两金属表面之间。也就是说，以酯类作为基础油的润滑油，即使发动机停下来，也可以对发动机有不间断的保护。

2. 矿物油

矿物油是由原油提炼而得。原油提炼出油气、汽油、柴油、煤油、重油之后，接着提炼

出矿物油，最后留底的是沥青。矿物油颜色透明微带浅琥珀色，就像色拉油的颜色一般。

通常矿物油成本很低，但较容易氧化，虽然现今矿物油里都有各种添加剂，但使用寿命仍只有约 6 个月。

3. 半合成机油

半合成机油是将矿物油裂解后，再加以合成，可以得到性质较一致的化学成分，颜色与矿物油相似，一般为澄清微带浅琥珀色，提炼成本高，但抗氧化性良好，是相当好的长效型机油，使用寿命约 12 个月。

二、机油常见问题解答

问题 1：是不是什么车都适用顶级的全合成机油？

全合成机油的确性能非常好，流动性佳，不管是冬日冷启动还是夏日的耐高温性都非常出色，并且换油周期长，可以最大限度保护发动机。但是全合成机油并不适合车价只有几万元的微型车、小型车等经济型车。因为车价较低的车型，其发动机加工精度较低，气缸和活塞环之间的间隙的密封性并不是最精细的，需要用比较黏稠的机油来密封气缸和活塞环之间的间隙，如果使用了比较稀的全合成机油，这种发动机的密封就会存在些许小问题，使车开起来觉得没有力，并且停车之后，全合成机油会大部分流回油底壳，发动机的润滑和密封受到了破坏，所以再启动后，发动机会受到较大磨损。如果使用较为黏稠的中档次机油，在这种发动机内就不会出现类似问题。所以，全合成机油是好油，但是并不适合低成本的经济型车的发动机。

问题 2：机油换下来都是黑色的？

机油在发动机内部主要用来润滑各个部件，尤其是对活塞和气缸壁的润滑最重要，这里面燃烧的产物就是深色的胶状物，所以机油从被注入发动机内部开始使用后就已经变色了。不过，正常使用的机油应该是深棕色的，如果真是彻底的墨黑，那也是有问题的，很可能是换油周期太长了。

问题 3：不同品牌机油能不能混用？

每个品牌的机油添加剂都是不一样的，混用可能会造成化学成分的变质，严重不推荐混用。

任务 6　发动机冷却系统的维护与保养

任务目标

1. 培养勤于思考、开拓创新、不墨守成规的意识；
2. 能正确识别冷却液的种类及更换冷却液；
3. 掌握冷却系统的拆装流程和保养项目。

导航案例

在选择冷却液时，除了要考虑成分、车型等常规因素，还要考虑车辆使用环境温度的影响，以选择合适的冰点。尤其像我国，南北纬度跨度大，不同地域环境温度差别巨大，同样的冷却液产品，在南方是"蜜糖"，在北方却可能是"砒霜"。需要熟知不同地域的基本情况，方能更好地因地制宜，灵活运用知识点。人也一样，要勤于思考、不墨守成规，发挥自己最大的优势。

📚 相关知识

一、冷却系统的作用

汽车发动机工作时，气缸内燃烧室气体燃烧的温度可高达 $2200\sim2800K$（$0℃$ 为 $273K$），发动机零件因接触高温而受到强烈的加热，如果不采取适当的冷却措施，将不能确保发动机正常工作。发动机冷却系统的作用是使发动机得到适度的冷却，从而保证其在最适宜的温度范围内工作。

二、冷却系统的分类

按照冷却介质不同，发动机冷却系统可分为水冷系统和风冷系统两类。

1. 水冷系统

水冷系统以冷却液为冷却介质，通过冷却液在发动机水套中强制循环流动而吸收多余的热量，再将此热量散入大气而进行冷却。水冷系统广泛用于汽车发动机。

2. 风冷系统

风冷系统以空气为冷却介质，通过高速流动的空气吹过装在气缸体和气缸盖表面的散热片，将发动机中高温零件的热量直接散入大气中而进行冷却。

三、冷却系统的组成及原理

水冷式冷却系统一般由散热器、水泵、水套、节温器、百叶窗、膨胀水箱、风扇等组成，如图 4-6-1、图 4-6-2 所示。

发动机的冷却系统为强制冷却，即通过水泵的作用，提高冷却液的压力，强制冷却液在发动机水套和散热器中循环流动。水套直接布置在气缸的周围，利用冷却液吸收水套周围的热量，冷却液流到散热器后，将热量传给散热片，使之被流经散热器的空气带走，经过冷却后的冷却液再次进入水套。如此不断循环进行散热，以保持发动机的最佳工作温度。

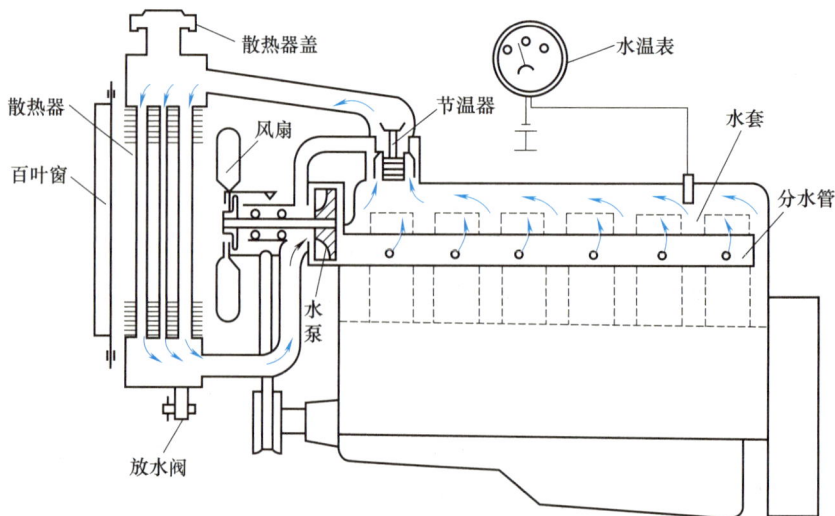

图 4-6-1　发动机水冷系统的组成

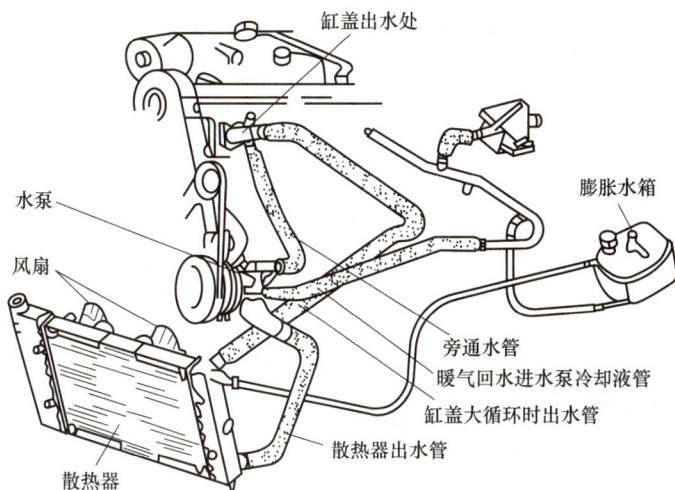

图 4-6-2　发动机的冷却系统

四、冷却液

冷却液由水、防冻剂、添加剂三部分组成，按防冻剂成分不同可分为酒精型、甘油型、乙二醇型等类型。乙二醇型冷却液是用乙二醇作防冻剂，并添加少量抗泡沫、防腐蚀等综合添加剂配制而成，又称长效冷却剂（简称 LLC）。

由于乙二醇易溶于水，可以任意配成各种冰点的冷却液，其最低冰点可达−68℃。这种冷却液具有沸点高、泡沫倾向性低、黏温性能好、防腐蚀和防水垢等特点。目前国内外发动机上使用的和市场上出售的冷却液几乎都是这种冷却液。LLC 冷却液浓度越高，冷却液就越难以结冰。然而，如果 LLC 冷却液浓度太高，其性能将下降。一般使用浓度为 30％～50％的 LLC 冷却液。冷却液必须定期更换，因为它在使用过程中会变质。冷却液浓度标准与结冰温度的关系如下：浓度为 30％时，结冰温度大约为−16℃；浓度为 50％时，结冰温度大约为−35℃。

除冷却作用外，冷却液还应具有以下功能。

（1）冬季防冻。为了防止汽车在冬季停车后，冷却液结冰而造成散热器、发动机缸体胀裂，要求冷却液的冰点低于该地区最低温度 10℃，以防天气突变。

（2）防腐蚀。冷却液中加入了一定量的防腐蚀添加剂，以防止冷却系统被腐蚀。

（3）防水垢。冷却液在循环中应尽可能减少水垢的产生，以免堵塞循环管道，影响冷却系统的散热功能。

（4）高沸点（防开锅）。符合国家标准的冷却液，沸点通常超过 105℃，比起水的沸点100℃，冷却液能耐受更高的温度而不沸腾（开锅），在一定程度上满足了高负荷发动机的散热冷却需要。

任务实施

一、冷却液的检查

（一）冷却液的液位检查

（1）把汽车放在平路上，关掉发动机，拉紧驻车制动器操纵杆，打开发动机罩。

（2）仔细检查膨胀水箱的冷却液是否在最低与最高位置之间，如图 4-6-3 所示。

（3）如果冷却液低于最低线，则检查是否有泄漏的地方。

冷却液的
检查

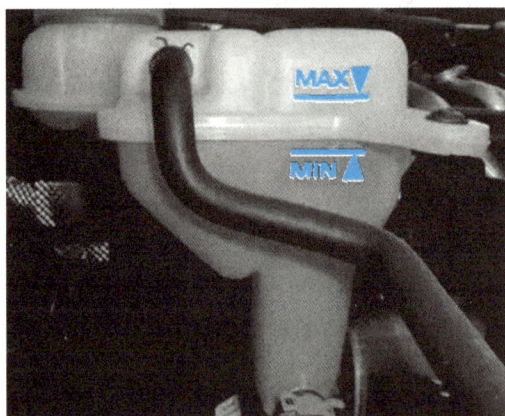

（二）冷却液渗漏检查

（1）检查散热器、橡胶软管、散热器管和软管管夹周围是否有冷却液渗漏。

（2）检查管路情况，如图 4-6-4 所示。

① 检查冷却液系统管路是否破损和变形。

② 检查冷却液系统短路连接卡箍是否松动。

③ 在发动机运转状态下，检查连接处是否存在明显的漏水现象。

图 4-6-3　冷却液液位

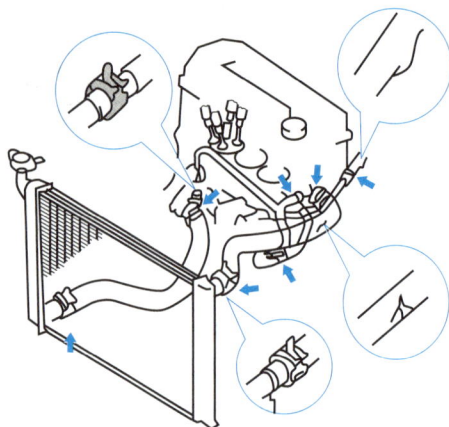

图 4-6-4　冷却液渗漏检查

（三）冰点检测

冰点检测是一种防冻性能测试，用来检测冷却液能否在寒冷天气里使用。采用冰点测试仪，能快速检测出冷却液的冰点。

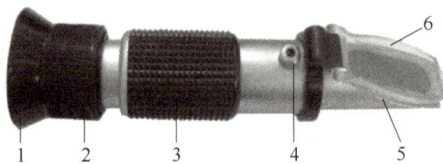

图 4-6-5　冰点测试仪

1—目镜；2—视度调节手轮；3—镜筒和手柄；4—调节螺钉；5—检测棱镜；6—盖板

冰点测试仪的使用方法：掀起盖板，用柔软绒布把盖板及棱镜表面擦拭干净；将待测液体用吸管滴于棱镜表面，合上盖板轻轻按压，将折射计对向明亮处，旋转目镜使视场内刻度线清晰，读出明暗分界线在标示板相应标尺上的数值即可；测试完毕，用绒布擦拭棱镜表面和盖板，清洗吸管，将仪器放回包装盒内。冰点测试仪如图 4-6-5 所示。

（四）冷却液质量检查

观察冷却液的外观，辨别其气味，进行直观判别。冷却液应透明，无异味，无沉淀。如发现浑浊、气味异常或有悬浮物，则说明冷却液已经变质，应立即停止使用并加以更换。

二、散热器盖的检查

（1）外观检查。检查散热器盖橡胶密封垫是否有老化现象。

（2）压力测试。拆卸散热器盖，将散热器盖安装在检查仪上，如图 4-6-6 所示，用手动泵使压力上升，压力稳定在 93.16～122.58kPa。

（3）检查压力是否下降，如果压力下降，则应更换散热器盖。

三、冷却液的更换

（1）将汽车停放在平地。

（2）拧下散热器盖（如果发动机温度过高，不要急于打开散热器盖，以防烫伤）。

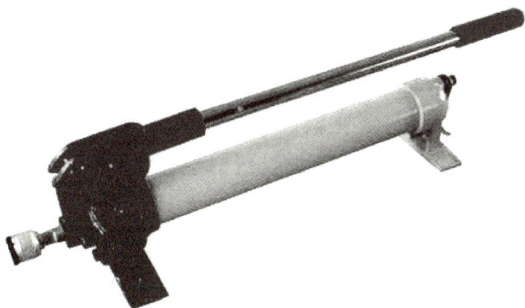

图 4-6-6　手动泵

图 4-6-7　更换冷却液

（3）将散热器下部的放水管接头松开，将原有的冷却液排出。为了排干净发动机内部的冷却液，可以短时间（不超过 10s）启动发动机。

（4）将放水开关关好，向冷却系统内注满四季通用的冷却液，并按标注加至膨胀水箱最大值标记处，如图 4-6-7 所示。

（5）启动发动机，观察膨胀水箱上的刻度，数量不足时可适当添加。

注意事项：

（1）补充冷却液时，应将冷却液慢慢注入。

（2）当液面高度很低，而发动机温度很高时，不要加注冷却液，应等到发动机温度冷却后再进行。

（3）不可加满冷却液，必须留有蒸气的膨胀余地。

（4）在冷却液即将加够时，可将发动机启动 2～3min，使冷却液循环。冷却液循环时会把冷却系统内的空气排出，并使加液口冷却液液位降低，这时再按标准继续添加。

🔖 知识拓展

如何正确使用冷却液

正确使用冷却液，可起到防腐蚀、防穴蚀渗漏、防散热器开锅、防水垢和防冻结等作用，能够使冷却系统始终处于最佳的工作状态，保持发动机的正常工作温度，从而使发动机具有良好的技术状态。如果在使用中不注意，将会给冷却系统造成伤害，严重影响发动机的性能和使用寿命，因此在使用中应特别加以注意。

（1）坚持常年使用冷却液，注意冷却液使用的连续性。那种只想在冬季使用冷却液的观点是错误的，不能只知道冷却液的防冻功能，而忽视了冷却液的防腐、防沸、防水垢等作用。

（2）根据汽车使用地区的气温，选用不同冰点的冷却液，冷却液的冰点至少要比该地区最低温度低 10℃，以免失去防冻作用。

（3）不同牌号的冷却液不能混装混用，以免引起化学反应，破坏各自的综合防腐能力。用剩的冷却液应在容器上注明名称，以免混淆。

（4）乙二醇冷却液有毒，对肝脏有害，切勿吸入口中，皮肤接触后，应立即用水清洗干净。另外，这种冷却液中的亚硝酸盐防腐添加剂具有致癌性，废液不要乱倒，以免污染环境。

（5）若购买的是浓缩型冷却液，如乙二醇型浓缩冷却液，可以按比例添加适量的蒸馏水，配制出适合本地区气温的冷却液。

（6）防止冷却液渗漏，渗漏的结果不但会造成冷却液的流失，而且严重的渗漏会稀释机油，使润滑系统产生故障。要定期检查气缸盖接合情况，保证气缸垫密封完好，缸盖螺栓要按规定拧紧。

（7）在使用后，若因冷却系统渗漏引起膨胀水箱液面降低，应及时补充同一品牌冷却液。若液面降低是水蒸发所致，则应向冷却系统添加蒸馏水或去离子水，切勿加入井水、自来水等硬水；当发现冷却液中有悬浮物、沉淀物或发臭时，证明冷却液已起化学反应，已变质失去功效，应及时地清洗冷却系统，并全部更换冷却液。

（8）酒精型冷却液容易挥发，使用中应注意防火，在发动机水温高时，不要打开散热器盖，也不要让发动机立即熄火，以免因冷却液急剧升温而突然喷出，造成失火；如果因酒精挥发使膨胀水箱液面下降，可用 80％的乙醇加注补充。

（9）如果发动机冷却系统原先使用的是水或想换用另一种冷却液，在加入新的冷却液之前，务必将冷却系统冲洗干净。

（10）冷却液的膨胀率一般比水大，若无膨胀水箱，冷却液只能加到冷却系统容积的95％，以免冷却液溢出。

（11）要针对各种发动机具体结构特点选用不同种类的冷却液。强化系数高的发动机，应选用高沸点冷却液；缸体或散热器用铝合金制造的发动机，应选用含有硅酸盐类添加剂的冷却液。另外，在选用冷却液时，要严格按照发动机使用说明书中的要求选择。

任务 7　正时皮带的更换

任务目标

1．树立沟通意识和团队协作意识；
2．能够正确完成正时皮带的拆卸与安装。

导航案例

正时皮带就像人体的"经络"，整个发动机各运动部件运转顺畅、协调有序都靠它。一个团队也是一样，要想正常、高效、有序运作，需要团队成员之间经常交流、沟通、共同协作。

相关知识

带传动是利用张紧在带轮上的柔性带进行运动或传递动力的机械传动，根据传动原理的不同，有靠带与带轮之间的摩擦力传动的摩擦型带传动，也有靠带与带轮上的齿互相啮合传动的同步带传动。

正时皮带是发动机配气系统的重要组成部分，通过与曲轴的连接并设置一定的传动比来保证进、排气时间的准确。如图 4-7-1 所示，使用皮带而不是齿轮来传动是因为皮带噪声小，自身变化量小且易于补偿。正时皮带为橡胶部件，随着发动机工作时间的增加，正时皮带和正时皮带附件（如正时皮带张紧轮、正时皮带张紧器）都会发生磨损或老化。正时皮带不需要润滑油，事实上，正时皮带过早破坏的一个原因就是润滑油或冷却液泄漏到正时皮带上，因此，凡是装有正时皮带的发动机，规定每 60000km 更换正时皮带。

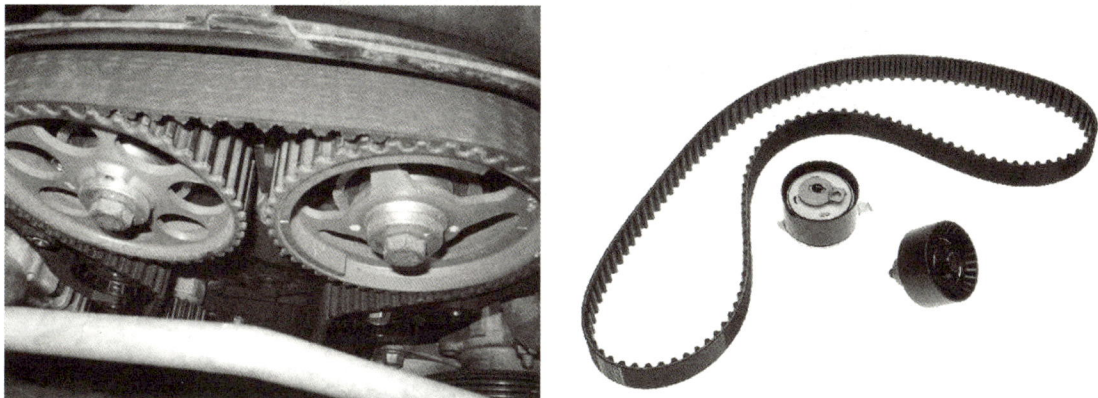

图 4-7-1　发动机正时皮带及张紧轮

任务实施

一、正时皮带的拆卸

（1）松开发动机上枢轴螺栓和调节锁定螺栓，松开调节螺栓，使发动机皮带挠度变大，拆下发动机皮带，拆卸水泵皮带轮上端四个螺栓，卸下发动机皮带轮，如图 4-7-2 所示。

（2）图 4-7-3 所示为拆卸气缸盖。用导线卡箍把交流发动机导线和油压开关导线固定在一起，拆开导线卡箍，拆开气缸盖上的导线束，从气缸盖上拆开 PVC 软管。

图 4-7-2　拆卸发动机皮带轮

图 4-7-3　拆卸气缸盖
1—导线卡箍；2—交流发动机导线接头；
3—交流发动机接线；4—油压开关

（3）转动曲轴皮带轮，将其凹槽对准 1 号正时皮带罩的正时标记"0"，检查凸轮轴正时皮带轮"K"标记是否与 2 号凸轮轴承盖的正时标记对准。如果未对准，则应转动曲轴一周（360°），将 1 缸设置为压缩冲程上止点，如图 4-7-4 所示。

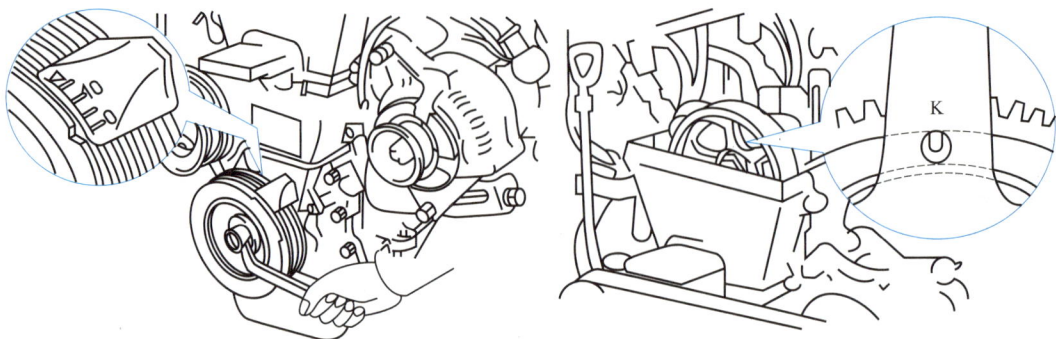

图 4-7-4　查找 1 缸压缩上止点的标记

（4）拆卸曲轴皮带轮。首先使用专用维修工具 SST（皮带轮固定把子）卸下曲轴皮带轮固定螺栓，如图 4-7-5 所示，然后卸下曲轴皮带轮。

（5）卸下正时皮带罩螺栓与正时皮带罩，如图 4-7-6 所示。

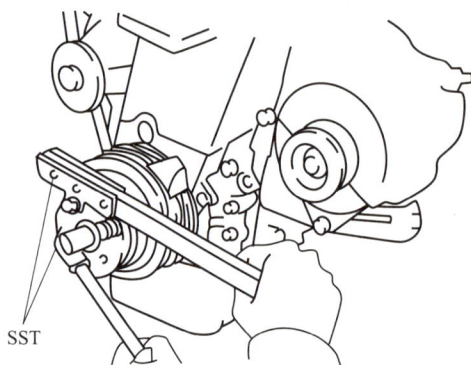

图 4-7-5　拆卸曲轴皮带轮固定螺栓

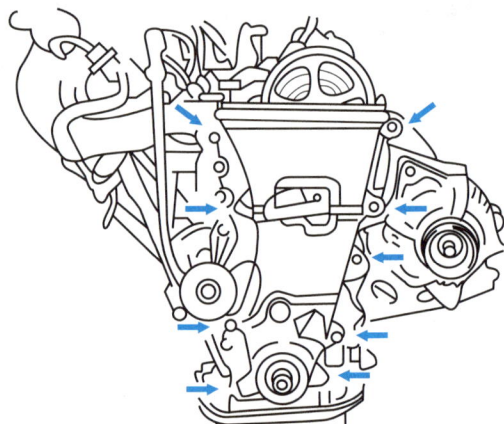

图 4-7-6　拆卸正时皮带罩

（6）卸下正时皮带轮，如图 4-7-7 所示。松开曲轴正时皮带轮和张紧轮，安装螺栓，尽可能将该曲轴正时皮带张紧轮向左推，然后暂时固定住，取下正时皮带。如果正时皮带还能使用，则应在正时皮带上画上一个表示方向的箭头（表示发动机制动方向），然后在曲轴正时皮带轮和正时皮带上做装配标记，如图 4-7-8 所示。

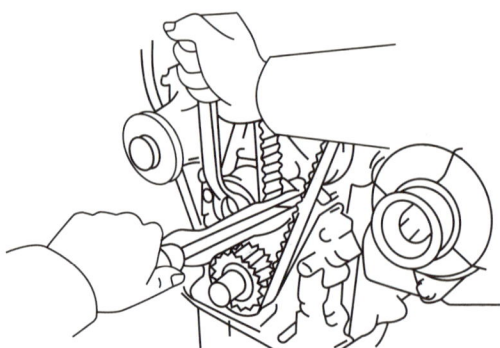

图 4-7-7　拆卸正时皮带轮

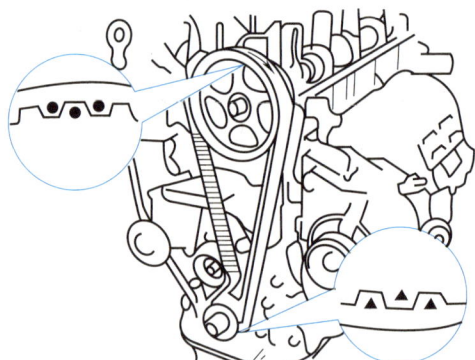

图 4-7-8　在曲轴正时皮带轮和正时皮带上做装配标记

（7）拆下螺栓，卸下正时皮带张紧轮与拉簧。

（8）卸下曲轴正时皮带轮。如果不能用手取下，则可用2把螺丝刀卸下皮带轮，如图4-7-9所示，操作时应垫放抹布，以防机件损坏。

（9）用扳手固定住凸轮轴的六角头部分，同时卸下螺栓和凸轮轴正时皮带轮，如图4-7-10所示，操作时注意不要让扳手损伤气缸盖。

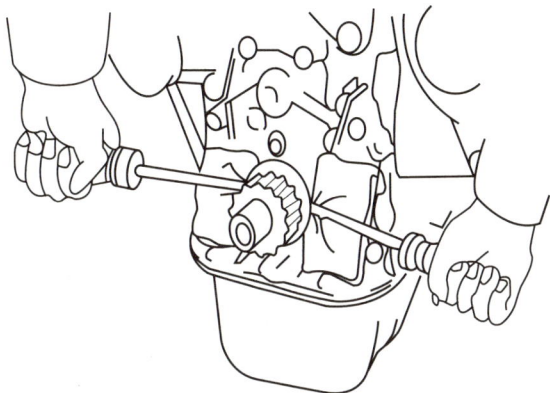

图4-7-9　拆卸曲轴正时皮带轮

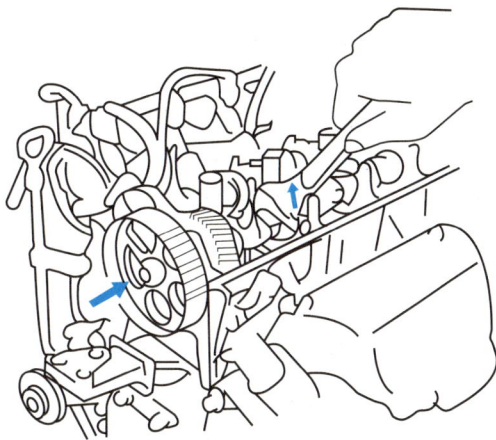

图4-7-10　拆卸凸轮轴正时皮带轮

二、正时皮带的安装

（1）将凸轮轴定位销对准凸轮轴正时皮带轮带"K"标记一侧的定位销槽并将其滑入凸轮轴正时皮带轮键槽。暂时安装凸轮轴正时皮带轮螺栓。用扳手固定住凸轮轴的六角头部分，拧紧凸轮轴正时皮带轮螺栓，拧紧力矩为59N·m。

（2）将曲轴正时皮带轮定位键与曲轴正时皮带轮键槽对准，并将其滑入，安装曲轴正时皮带轮，如图4-7-11所示。安装时注意曲轴正时皮带轮的凸缘一侧向里。

（3）用螺栓（但不要拧紧螺栓）安装拉簧，将曲轴正时皮带张紧轮尽量左推，然后拧紧螺栓，如图4-7-12所示。

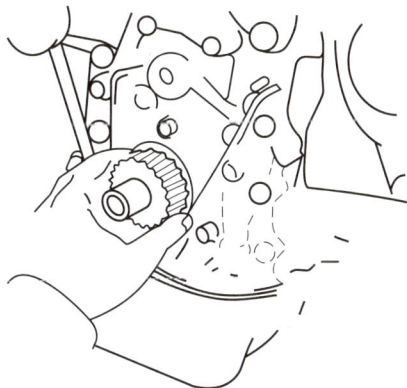

图4-7-11　曲轴正时皮带轮的安装

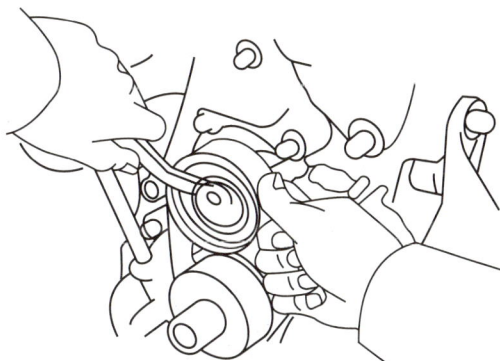

图4-7-12　安装曲轴正时皮带张紧轮与拉簧

（4）转动曲轴使1缸活塞处于压缩冲程上止点位置。转动凸轮轴的六角头部分，使凸轮轴正时皮带轮的"K"标记对准凸轮轴轴承盖的正时标记。用曲轴皮带轮螺栓转动曲轴，并使曲轴正时皮带轮的正时标记对准缸体。

（5）在发动机处于冷态时，安装正时皮带。如果使用的是刚卸下来的正时皮带，则应将拆卸时做的标记对准。安装正时皮带时正时皮带上的箭头应指向发动机转动方向。安装正时皮带后，检查曲轴正时皮带轮与凸轮轴正时皮带轮之间的正时皮带张力。

（6）检查正时皮带正时时，预固定正时皮带张紧轮螺栓，如图 4-7-13 所示。按顺时针方向缓慢转动曲轴两圈，检查每个正时皮带轮是否按如图 4-7-14 所示对准了正时标记。如果正时标记没有对准，则应取下正时皮带并重新安装。最后拧紧皮带张紧螺栓，拧紧力矩为37N·m，并卸下临时安装的曲轴皮带轮螺栓。

（7）检查正时皮带挠度，如图 4-7-15 所示，正时皮带挠度在 20N 时应为 5～6mm。或用拇指和食指捏住凸轮轴齿轮和中间轴齿轮之间的齿形皮带的中间位置，以刚好转动 90° 为宜。如果正时皮带挠度不符合规定，应重新调节正时皮带张紧轮，即松开张紧轮固定螺栓，如图 4-7-16 所示，转动张紧轮使正时皮带挠度符合上述要求，最后紧固张紧轮螺栓。

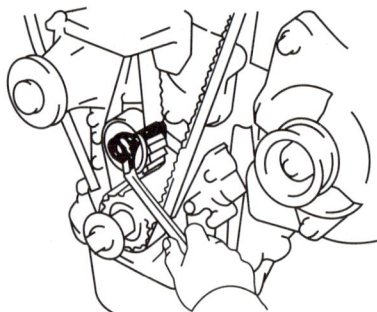

图 4-7-13　预固定正时皮带张紧轮螺栓

图 4-7-14　正时皮带正时标记

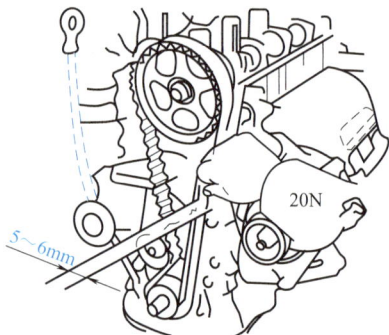

图 4-7-15　检查正时皮带挠度

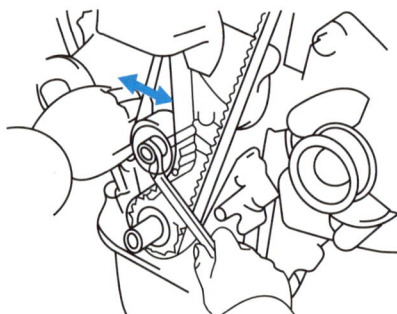

图 4-7-16　调节正时皮带张紧轮

（8）安装正时皮带导轮，如图 4-7-17 所示。注意应将正时皮带导轮的外圈一侧朝外。

图 4-7-17　安装正时皮带导轮

图 4-7-18　安装曲轴皮带轮

（9）用 3 颗螺栓安装 1 号正时皮带罩，拧紧力矩为 7.4N·m；用 6 颗螺栓安装 2 号与 3 号正时皮带罩，拧紧力矩为 7.4N·m。

（10）将曲轴皮带轮定位键与曲轴皮带轮上的键槽对准，平滑地推入曲轴皮带轮。按规定拧紧力矩（127N·m）安装曲轴皮带轮螺栓，如图 4-7-18 所示。

三、正时皮带的损坏或故障的主要原因

1. 材料本身结构缺陷

正时皮带的任何瑕疵都可能导致皮带使用寿命缩短。如图 4-7-19 所示细小的裂纹及合成材料质量不够好，有可能是生产制造时工艺材料本身问题，也有可能是运输储存过程出问题。所以，当使用 1 条新的皮带前，一定要仔细进行外观检查。

2. 水泵、惰轮和张紧轮转动不灵活，轴承有故障

在发动机配气正时系统中，包括惰轮和张紧轮。如果由于劣质轴承等因素导致惰轮或导向轮不能自由旋转，正时皮带就会在这些轮的表面滑动，从而摩擦生热或把正时皮带表面磨得光滑（在维修工作中可留意观察）。摩擦所产生的热量加速正时皮带的老化，而光滑的表面会影响其张紧度，导致正时皮带工作寿命缩短。另外，轴承有间隙，惰轮和张紧轮对皮带产生偏向不规则力，导致皮带面受力不均，加速其损坏。对于这几个轮，一旦发生故障，多是由于轴承性能下降

图 4-7-19　正时皮带有裂纹

引起，其故障早期时会发出刺耳的异响。所以，在检修中一定要留意，发现问题及时更换。

3. 正时皮带安装时对正不准确

这类故障多发生在对正时系统进行更换保养后。由于一些修理工维修技术的问题和对工作的态度不端正，在更换正时皮带时思想重视不够，会出现错齿，或在更换正时皮带时，使用错误方法，如用杠杆或螺丝刀强行撬动正时皮带使其伸长而进入正常轨道。所以，在更换正时皮带时，一定要使用符合要求的专用工具，以保证更换的准确性。

4. 外部污染引起非正常损坏

与正时皮带相接触的任何物品都可能损坏正时皮带，因此在对正时皮带更换保养时应仔细检查，如果在检查曲轴前，油封有渗油或水泵（有的通过正时带驱动）有渗漏防冻液的迹象，应及时更换密封圈，检查清理时规盖中的污物并观察正时皮带上是否沾上这些物质，如果有，建议更换。

四、正时皮带的检查

汽车发动机正时皮带的检查主要包括两个方面的内容。

（1）检查皮带的张力。这时可以强力地按压 2 个皮带轮中间的皮带，按压力约为 100N。如果皮带的压下量在 10mm 左右，则认为皮带张力恰好合适。如果压下量过大，则认为皮带的张力不足。如果皮带几乎不出现压下量，则认为皮带的张力过大。张力不足时，皮带很容易打滑。张力过大时，很容易损伤各种辅机的轴承。为此，应该把相关的调整螺母或螺栓拧松，把皮带的张力调整到最佳状态。

（2）检查皮带的磨损情况。旧皮带磨损严重，使皮带和皮带轮的接触面积锐减，这时只要用力一压皮带，皮带就深深地下沉到皮带轮的槽内。皮带的橡胶还有一个老化问题，如果皮带橡胶严重老化，必须及时更换新皮带。

📖 知识拓展

一、正时皮带选购注意事项

（1）选购皮带前，务必核实车辆的车型、发动机等信息，以确保买到正确型号的配件，可以查询车辆保养手册。

（2）在实践中，一般在更换正时皮带的同时通常会更换一些其他部件，包括皮带张紧轮、惰轮和水泵。

（3）要选用优质的产品。劣质正时皮带韧性差、不抗磨、使用寿命很短，随时都有可能断裂。在正常使用过程中容易发生跳齿，出现怠速不稳、加速不良等现象。如果发生断裂，会造成发动机突然熄火、转向或制动失灵、发动机报废等严重后果。如果出现这些问题，不仅面临经济损失，更是威胁人的生命安全。

二、故障实例 1

故障现象：有一辆雷诺轿车，搭载 F4R1771 发动机，手自一体变速器，行驶里程35000km。该车在行驶中突然熄火。

故障诊断：接车时发现车辆的前部已经被撞得面目全非。水箱下部有漏水现象。客户反映由于疲劳驾驶发生了碰撞防护栏事故，不敢在应急车道上停留，想赶去服务区停靠休息，没有关注仪表的显示，直至车辆熄火。检查发动机无法转动曲轴，初步判断为高温导致发动机"冲缸"。在对该车发动机进行拆检时，发现正时皮带被撕裂，曲轴皮带轮卡死，不能转动。从这一现象来分析，发动机熄火后，驾驶员肯定继续启动发动机，导致正时皮带被撕裂。清理正时皮带后，曲轴仍然不能转动，说明需要解体发动机，遂将发动机完全拆解后，发现 16 个气门全部被顶弯，活塞顶有明显的受伤痕迹，气缸壁有明显的拉伤迹象，测量气缸圆柱度失圆。

检查到这里可以判断出此次故障的原因，水箱漏水引起发动机高温，使活塞膨胀与气缸间隙接近过盈配合，活塞作用在曲轴上的力量突然加大，曲轴转动的速度和正时皮带不同步，导致正时皮带"跳齿"后（此时配气相位已错乱），在驾驶员继续启动发动机时，气门被顶弯，加剧正时皮带的损坏，直到正时皮带将曲轴皮带轮卡住。这种故障也属于比较特殊的情况，即该车在高温后导致正时皮带"跳齿"，再次启动引起气门和活塞损坏。造成的经济损失可谓是非常惨重的。

三、故障实例 2

故障现象：有一辆进口本田雅阁汽车，配置 F22B4 发动机，行驶里程 182000km。该车在中速行驶中突然熄火。

故障诊断：将故障车辆拖到车间，经过检查发现正时皮带断裂，皮带表面有白色渗透物（难以去除），通过询问车主得知该车只换过一次正时皮带（现已行驶 182000km），初步判定为皮带没有按时更换，并且在腐蚀物影响下产生了断裂。由于该车是中速行驶，并且熄火后车主处理得当，能利用车辆惯性靠边停车，等待救援，没有盲目启动车辆，所以，在解体检修中，只发现 2 个气缸的气门被稍微顶弯，其他没问题，没有造成大的经济损失。

四、故障实例 3

故障现象：有一辆雷诺汽车，K4M 发动机，1.6L 排量，行驶 3 年，里程 53000km。车辆行驶中伴随着一阵奇怪的异响后发动机突然熄火。

故障诊断：接车后对发动机进行外观检查，发现发动机附件皮带已经断裂，并且通过时规盖的下部缝隙缠绕在曲轴正时皮带轮齿上。从外部检查的结果来看，可以判断为由于附件皮带在高速运转过程中逐渐被皮带轮齿割断后，在旋转的过程中，缠绕进曲轴正时皮带轮轮齿后，导致正时皮带错齿，在发动机继续运行时，顶坏气门致使熄火。从车辆技术档案查询得知：此车在 8 个月前已经更换过水泵附件皮带，当时检修就发现水泵轴承有松旷现象，建议客户更换，但是客户坚持认为水泵轴承不是易损件，无需更换，所以只更换了附件皮带。在使用 8 个月后，由于水泵轴承松旷，在转动时对附件皮带造成偏磨，对附件皮带产生不正常的压力，使附件皮带受力不均，加剧撕裂，从而通过时规盖卷入正时皮带内，引起错齿。

思考与练习

1. 如何看待我国发动机技术与国外技术的差距。在新能源汽车发展的背景下，如何实现弯道超车。

2. 简述发动机润滑系统的维护与保养步骤。

3. 简述汽车发动机空气滤芯的更换步骤。

4. 简述三元催化转换器的维护与保养方法。

5. 简述火花塞更换步骤。

6. 简述冷却液液位的检查方法和注意事项。

7. 简述冷却液更换的方法和注意事项。

8. 简述节气门清洁步骤。

9. 简述正时皮带的更换方法。

项目五
汽车底盘的维护与保养

知识脉络图

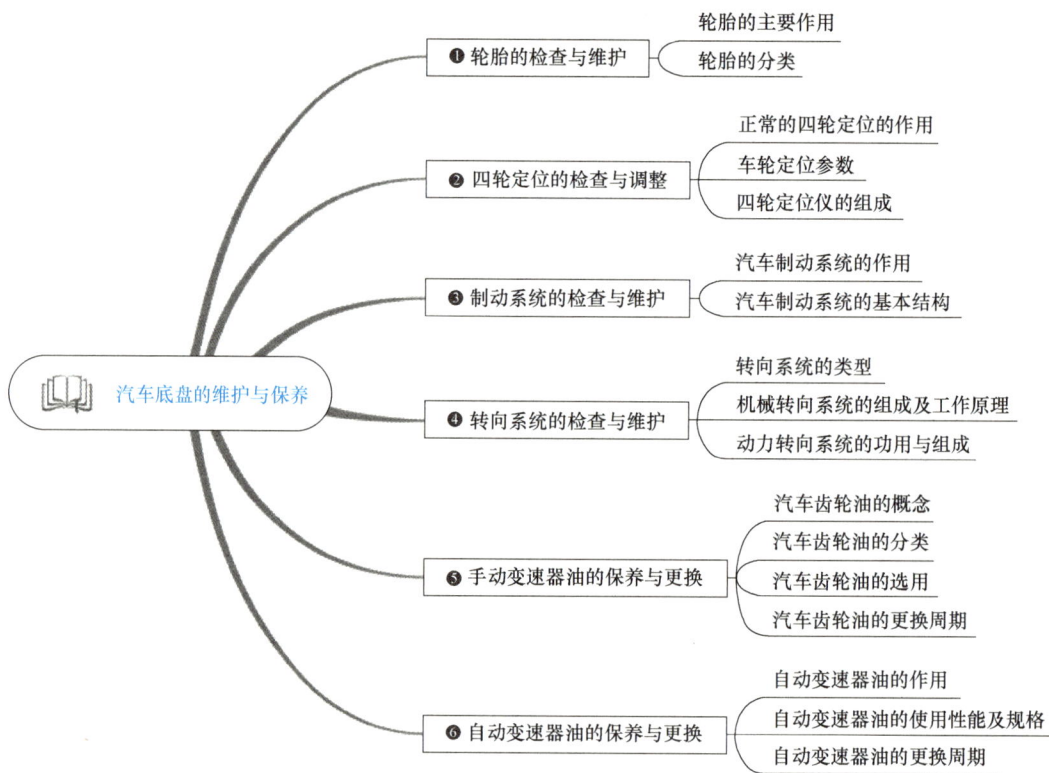

- ❶ 轮胎的检查与维护
  - 轮胎的主要作用
  - 轮胎的分类
- ❷ 四轮定位的检查与调整
  - 正常的四轮定位的作用
  - 车轮定位参数
  - 四轮定位仪的组成
- ❸ 制动系统的检查与维护
  - 汽车制动系统的作用
  - 汽车制动系统的基本结构
- ❹ 转向系统的检查与维护
  - 转向系统的类型
  - 机械转向系统的组成及工作原理
  - 动力转向系统的功用与组成
- ❺ 手动变速器油的保养与更换
  - 汽车齿轮油的概念
  - 汽车齿轮油的分类
  - 汽车齿轮油的选用
  - 汽车齿轮油的更换周期
- ❻ 自动变速器油的保养与更换
  - 自动变速器油的作用
  - 自动变速器油的使用性能及规格
  - 自动变速器油的更换周期

汽车底盘的维护与保养

任务 1　轮胎的检查与维护

任务目标

1. 树立民族自信，培养开拓创新、责任与使命担当的意识；
2. 掌握轮胎的检查方法；
3. 熟悉轮胎的换位方法；
4. 掌握轮胎的动平衡操作规范。

导航案例

在绿色、节能、环保政策的指导下，不少低质落后的轮胎企业遭到淘汰，轮胎企业也加快转型升级的步伐，开始探索绿色高质量发展的道路。经过转型调整，从去产能到全球化布局，国产轮胎在全球的占有率不断提升。不过，中高端轮胎配套市场仍被米其林等外资品牌垄断。随着中国新能源汽车的快速发展，在比亚迪、吉利、蔚来、理想、小鹏等"新旧造车势力"快速崛起之后，中国轮胎企业也有望借助"新能源轮胎"来实现弯道超车。

📖 相关知识

汽车行驶在道路上，轮胎胎面和路面之间发生着接触、滑磨现象，而且还担负着转向的任务，因此轮胎的好坏直接影响着汽车的安全性、稳定性和经济性。轮胎选用不当会引起轮胎早期磨损，给安全行车构成严重威胁，因此应谨慎选择、使用并认真维护汽车轮胎。

一、轮胎的主要作用

（1）承受汽车和它所载重量，此称为承载能力。

（2）向地面传递汽车驱动、牵引、加速、转向和制动的作用力，如驱动力、牵引力、制动力和转向力等，适应汽车动力性能要求，此称为使汽车运行的能力。

（3）能使汽车在各种气候、路面和速度条件下驾驶自如、操纵稳定和安全高速的功能，此称为安全性。

（4）缓冲振动、减少噪声、乘坐舒适的功能，此称为舒适性。

二、轮胎的分类

1. 按轮胎结构分类

（1）斜交轮胎（bias）。胎体帘线层与层之间呈交叉排列，所以称为斜交轮胎，如图 5-1-1 所示。

（2）子午线轮胎（radial）。胎体帘线与钢丝带束层帘线之间所形成的角度，就像地球的子午线一样，所以称为子午线轮胎。子午线轮胎的国际代号是"R"，俗称"钢丝轮胎"，如图 5-1-2 所示。

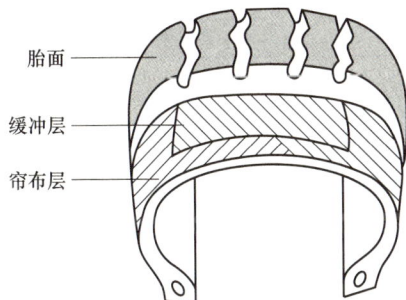

图 5-1-1　斜交轮胎

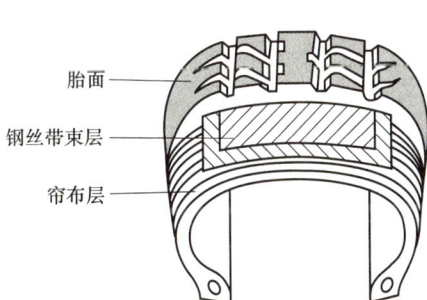

图 5-1-2　子午线轮胎

与斜交轮胎相比，子午线轮胎的优势是：寿命长，接地面大，抓地力更好，节省燃油消耗，转弯稳定，刺破率低，车辆转向反应快，操作温度低，舒适，自洁能力（针对工程机械轮胎、农业机械轮胎）强等。

目前乘用车轮胎（轿车、SUV 等）基本都是子午线轮胎。

2. 按花纹分类

轮胎花纹种类如图 5-1-3 所示。各类花纹的优缺点及适用条件如表 5-1-1 所示。

(a) 横向花纹   (b) 条形花纹   (c) 混合花纹   (d) 越野花纹

图 5-1-3   轮胎花纹种类

表 5-1-1   各类花纹轮胎的优、缺点及适用条件

类型	优 缺 点	适 用 条 件
横向花纹	优点：胎面花纹按轮胎轴向排列，制动力和牵引力大，耐切割性能、耐磨性能好等 缺点：易侧滑，易发生异常磨损，而且滚动阻力大、噪声大、高速性差等，所以这种花纹的轮胎不适合进行高速行驶	这种花纹的轮胎适合于在一般硬路面上行驶的、牵引力比较大的中型或重型货车使用
条形花纹	优点：低滚动阻力，不易侧滑，可以为汽车提供良好的操纵稳定性能；由于行驶过程中产生的热量低，显示出良好的高速性能；噪声小，提供良好的驾乘舒适感 缺点：较差的制动性能和驱动力，而且在负荷下容易出现开裂现象	这种花纹或它们的变种和改良型的轮胎目前大部分用于轻型客车和普通轿车以及摩托车上。不适用于载重车和高性能（赛车的热融胎除外）的车种
混合花纹	优点：这种花纹的轮胎胎面中央的条形花纹（纵向花纹）可为轮胎提供良好的操纵性能并能防止侧滑。而胎面肩部的羊角花纹（横向花纹）为轮胎提供良好的牵引性能和制动性能 缺点：主要适用于驱动轮，单向纹路根据纹路走向，在轮胎侧面会标注滚动方向，安装时容易装反	这种花纹的轮胎目前应用比较广泛，不但适于在恶劣的路面上行驶，而且可以在普通公路上行驶。该种花纹的轮胎现在较多地用于货车、客车以及 SUV 等车辆上
越野花纹	优点：驱动力、制动力强 缺点：耐磨性差，寿命短，行驶摩擦力大，易产生异常磨损	这种花纹的轮胎更适合用于雪地及泥泞道路，一般用于轿车的全天候及雪地轮胎和商用车的后轮，还用于越野车等

图 5-1-4   全尺寸和非全尺寸备胎对比

3. 按备胎尺寸分类

（1）全尺寸备胎。全尺寸备胎的规格大小与原车其他 4 条轮胎完全相同，可以用其替换任何一条暂时或已经不能使用的轮胎。

（2）非全尺寸备胎。这种备胎的轮胎直径和宽度都比其他 4 条轮胎略小，因此只能作为临时代替使用，而且只能用于非驱动轮，并且最高时速不能超过 80km/h。

图 5-1-4 所示为全尺寸和非全尺寸备胎对比。

📖 任务实施

轮胎的
检查

一、轮胎的检查

1. 车轮与轮胎的外观检查

（1）检查轮胎胎面和胎壁是否有裂纹、割痕或其他损坏，如图 5-1-5 所示。

（2）检查轮胎胎面和胎壁是否嵌入金属物、石子和其他异物。

（3）检查轮辋和轮辐是否损坏、腐蚀和变形，平衡块是否脱落。

（4）检查车轮轴承间隙是否有明显的松旷，运转是否良好，是否有明显的噪声。

2. 轮胎磨损的检查

当汽车轮胎磨损超过一定限度时，轮胎附着性能就无法保证，高速行驶时，容易出现车轮滑转或侧滑，制动距离大幅延长，制动稳定性下降，严重时，由于轮胎长距离滑磨，温度剧增，易造成爆胎；在湿滑路面行驶时，磨损过度的轮胎会因花纹过浅而严重影响轮胎的排水能力，当车速提高时有可能出现轮胎的"滑水现象"，使汽车失去控制。汽车在维护和检测时，应检查轮胎花纹深度。轿车轮胎胎冠上花纹磨损至磨耗标志时，就应更换新胎。对于轮胎胎冠上花纹深度，应使用深度尺进行检测，如图 5-1-6 所示。

图 5-1-5　轮胎表面裂纹

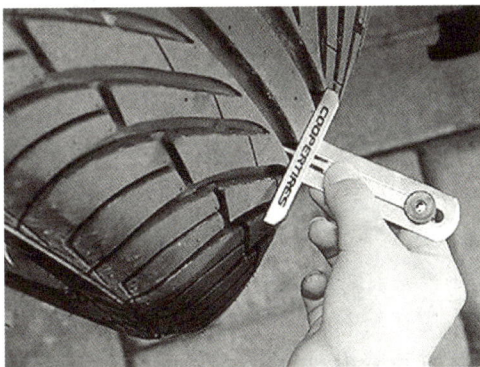

图 5-1-6　轮胎磨损检查

检查轮胎的异常磨损，可以发现轮胎故障的早期征兆和原因，以便及时排除影响轮胎寿命的不良因素，防止早期损坏，从而确保行车安全。

3. 轮胎充气与气密性的检查

（1）应按照相应车型使用说明书上规定的标准气压进行轮胎充气，并在冷态时用气压表测量。若在热态时测量，应略高于标准气压，取适当的修正值。气压表应定期校准，以保证读数准确，如图 5-1-7 所示。

（2）轮胎装好后，应先充入少量空气，待内胎充气伸展后再继续充至所规定的气压。

（3）充气前应检查气门芯和气门嘴是否配合平整，并擦净灰尘。

（4）充入的空气不得含有水分和油雾。

（5）充气时应注意安全防护，充气后应进行气密性检查。一般可用肥皂水检查气门芯和气门嘴处是否漏气。检查后将气门帽旋紧。如图 5-1-8 所示。

图 5-1-7　胎压测量

图 5-1-8　气门嘴漏气情况检查

二、轮胎换位

为了使车辆的四个车轮磨损均匀，延长车轮使用寿命，每行驶 10000km 需要执行车轮换位操作。车型不同，车轮的换位方法也有所差异，应参考具体车型的维修手册执行换位操作，如图 5-1-9 所示。

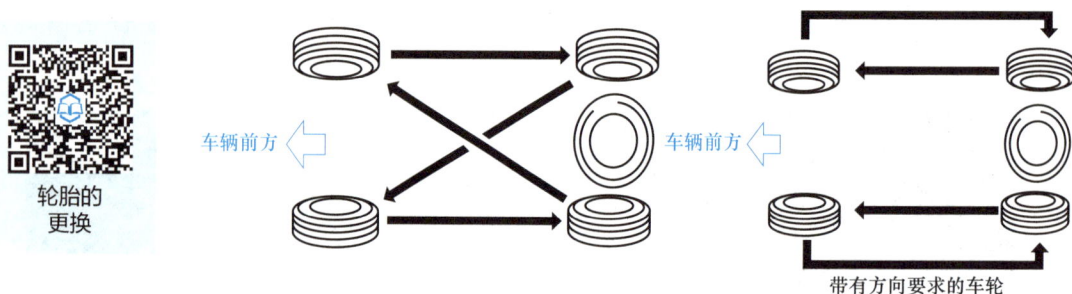

车辆前方

车辆前方

带有方向要求的车轮

轮胎的更换

图 5-1-9　轿车车换位

另外，在使用雪地轮胎或带防滑钉的轮胎时，不应换位。储存该类轮胎时，应在轮胎上标明轮胎使用时旋转的方向，以确保该类轮胎以同一旋转方向重新装用。

三、车轮动平衡检测

轮胎修补与车轮动平衡

车轮动平衡机用于检测车轮动平衡，并加装平衡块以校准。图 5-1-10 所示为常用的车轮测试动平衡机。

（1）将轮胎充气到合适的气压，去除轮辋上的铅块，将轮胎花纹沟里的石子剔除干净，将轮辋处理干净。

（2）将轮胎安装面朝内装上平衡轴，选择合适的锥体，用锁紧装置将轮胎锁紧（锥体一定要对准中心孔，否则数据可能不准）。

（3）打开动平衡机电源，拉出尺子测量轮辋与动平衡机的距离、轮辋宽度、轮辋直径，并依次输入测量出来的数据。

（4）按下"开始"按键，动平衡机带动轮胎开始旋转，进行测量。注意：不要站在轮胎附近，以免发生危险。

（5）动平衡机测出数据后自动停止。

图 5-1-10   车轮测试动平衡机

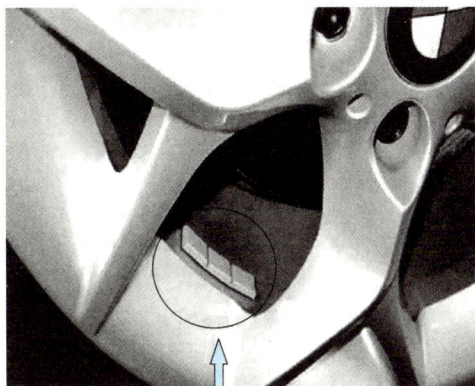

图 5-1-11   配重铅块

（6）旋转轮胎，直至动平衡机一侧的位置灯全亮（不同机型显示方式不同），在全亮这一侧的轮辋最高点（也就是时钟 12 点的位置）敲入相应克数的配重铅块，如图 5-1-11 所示，另一侧也是如此。

（7）重复（4）以后步骤，直到动平衡机显示为 0（5g 以下即可，因为没有 5g 以下的铅块，平衡机也不显示 5g 以下的不平衡量）。

（8）动平衡检测结束，取下轮胎。

📚 知识拓展

一、轮胎的选用

1. 合适的轮胎规格

原则上新轮胎规格应该和原车的规格保持一致，要求所替换的轮胎必须等于或高于原车轮胎的速度能力和最大承载能力。如需要更改轮胎规格，必须去专业的改装店进行轮胎升级或咨询车辆制造商。另外，除制造编号/制造标记外，在胎壁上往往还有轮胎适合使用季节的标记，如 WINTER、M＋S 或 AQUATIC、ALL SEASON 或 ALL WEATHER，这些单词分别表示冬季胎、雨胎以及四季胎，不同地区的用户可根据当地的气候情况选择适合自己的轮胎。

2. 合适的轮胎花纹

更换或升级轮胎除需要注意规格尺寸外，还要注意胎冠上的花纹。花纹直接影响汽车的操控性，此外，还影响噪声、排水性能、耐磨度等。

3. 合适的轮胎类型

现在市面上常见的轮胎按花纹和用途不同大致可分为以下几种。

（1）公路胎（HT 胎）。胎壁柔软，胎纹细密，比较注重在公路上行驶的舒适性与经济性，兼顾一定越野通过性，所以 SUV 车型在出厂时大多标配此类轮胎。

（2）全地形轮胎（AT 胎）。相对于 HT 胎来说，AT 胎的胎纹会稍稍粗犷一些，而且胎牙的间距也会略大，虽然在普通公路上行驶时，胎噪提高，舒适性有所下降，但在非铺装路面的抓地力会好得多，因此综合性能比较好。

（3）泥地胎。对于发烧级的车主来说，专业的泥地胎（MT 胎）肯定是不二的选择。这类轮胎的胎壁坚硬，花纹夸张，即便在大泥坑里行驶，也能将花纹槽里的泥浆及时甩出来，并且在极端路面上的抓地力更好，但不太适合在普通的城市公路上使用，因为巨大的胎噪和超高的油耗只会令人心烦。

除此之外，还有更极端的雨林胎、雪地胎、沙地胎等，但都只适合专业竞技时使用。

二、轮胎速度等级

近年来，汽车和轮胎的性能都有了很大的提高，要求轮胎的速度性能和汽车的最高速度相匹配，见表 5-1-2。我国采用了国际标准化组织规定的速度等级。

表 5-1-2　轮胎速度等级

速度标志	最高速度/(km/m)	速度标志	最高速度/(km/m)
L	120	S	180
M	130	T	190
N	140	U	200
P	150	H	210
Q	160	V	240
R	170	W	270

图 5-1-12　防爆轮胎扎钉测试

三、防爆轮胎

防爆轮胎学名叫"泄气保用轮胎"，英文缩写为 RSC。如图 5-1-12 所示，充气后的轮胎胎壁是支撑车辆重量的主要部位，防爆轮胎在轮胎泄气的情况下，车辆仍然可以 80km/h 的车速行驶 80km。如果驾驶员没有爆胎后的驾驶经验（大多数人都没有），可能会做错误的驾驶动作（例如紧急制动），这可能导致车辆无法挽救的失控。

给车辆配置"防爆轮胎"就能最大限度解决令人担心的安全问题。但是，真正称得上"防爆轮胎"的是军用 6×6、8×6 等越野装甲车用轮胎，这些轮胎里设计了专门的金属条，即使遇到炮火被弹片击穿，也能保持轮胎不发生形变，继续前进。普通的民用"防爆轮胎"虽然做不到如此强悍，但其"防爆"原理是基本一样的。

四、轮胎不正常磨损的原因及解决办法

轮胎磨损主要是由轮胎与地面之间滑动产生的摩擦力造成的。汽车起步、转弯及制动等行驶条件的突然变化，如转弯速度过快、起步过急、制动过猛，轮胎磨损就快。另外，轮胎的磨损还与汽车的行驶速度有关，行驶速度越快，轮胎磨损越严重。路面的质量也直接影响轮胎与地面的摩擦力，路况较差时，轮胎与地面滑动加剧，轮胎的磨损加快。以上情况产生的轮胎磨损，基本上是均匀的，属于正常磨损。若轮胎使用不当或前轮定位不准，将产生故障性不正常磨损。常见的不正常磨损有以下几种。

（1）轮胎的中央部分（胎冠）早期磨损，主要原因是充气量过大。适当提高轮胎的充气量，可以减少轮胎的滚动阻力，节约燃油。但充气量过大时，不但影响轮胎的减振性能，还会使轮胎变形量过大，与地面的接触面积减小，正常磨损只能由胎面中央部分承担，形成早

期磨损。

（2）轮胎两边（胎肩）磨损过大，主要原因是充气量不足，或长期超负荷行驶。充气量小或负荷重时，轮胎与地面的接触面大，使轮胎的两边与地面接触参与工作而形成早期磨损。轮胎气压高于或低于额定值20％，轮胎里程损失20％～25％。

（3）轮胎的一边磨损量过大，主要原因是前轮定位失准。当前轮的外倾角过大时，轮胎的外边形成早期磨损，外倾角过小或没有时，轮胎的内边形成早期磨损。

（4）左右前轮胎肩波浪状磨损，左后轮内侧、右后轮外侧异常磨损严重。主要原因是前后轴不平行，轴距右侧比左侧大，超过标准［轴距标准（前后桥板簧座处测量）：左右侧最大差值为4mm］。板簧车可通过筛选、调整板簧长度解决；空气悬架车可通过调整推力杆长度解决。

（5）左右前轮胎肩波浪状磨损，右后轮内侧、左后轮外侧异常磨损严重。其原因是前后轴不平行，轴距左侧比右侧大，超过标准。

（6）左右前轮胎肩波浪状磨损，后轮正常（有时可见个别后轮胎肩异常磨损，但它是从前轮换过来的）。主要原因是前束值不对、转向直拉杆球头磨损严重、松旷、轴距误差轻微超过标准、前轮有摆振的倾向。子午线轮胎前束值为0～2mm，1mm前束值误差可导致7％的里程损失。前轮存在摆振倾向的车辆，是前轮后倾角、偏距值等不良造成的，可将前桥主销止推轴承换为阻尼轴承或加大主销后倾角1°。

（7）右前轮胎肩波浪状磨损严重，左前轮异常磨损轻微，其他轮正常。主要原因为转向横拉杆球头松旷。

（8）右前轮外侧胎肩波浪状磨损严重，左后轮外侧异常磨损严重；或左前轮外侧胎肩波浪状磨损严重，右后轮外侧异常磨损严重。主要原因为前后轴平行，但中心线不一致。表现为轴距误差不大，但对角线误差较大。轴距对角线标准（前后桥板簧座处测量）：最大差值5mm。

（9）轮胎磨损均匀但磨损量大，没有偏磨、波浪磨损的现象。一般原因是路面状况差，山路多弯，轮胎花纹不适应特殊路面；混凝土路面和防滑的沥青路面比普通沥青路面对轮胎磨损更快，要选择合适的轮胎花纹；用户保养不当，轮胎混装，没有及时换位（及时的轮胎换位可增加20％的行驶里程）；超载严重，造成轮胎超负荷，在恶劣条件下会降低轮胎负荷率；环境温度越高，轮胎寿命越短，4℃比32℃气温条件下轮胎花纹寿命提高4倍。

（10）轮胎出现斑秃性磨损。在轮胎的个别部位出现斑秃性严重磨损的原因是轮胎平衡性差。当不平衡的车轮高速转动时，个别部位受力大，磨损加快，同时，转向发抖，操纵性能变差。若在行驶中发现某一个特定速度方向有轻微抖动，就应该对车轮进行平衡，以防出现斑秃性磨损。

为了避免上述这些不正常磨损情况的发生，应该注意以下事项。

（1）注意轮胎气压。气压是轮胎的命门，过高和过低都会缩短它的使用寿命。气压过低，则胎体变形增大，胎侧容易出现裂口，同时产生挠曲，导致过度生热，促使橡胶老化，帘布层疲劳，帘线折断；还会使轮胎接地面积增大，加速胎肩磨损。气压过高，会使轮胎帘线受到过度的伸张变形，胎体弹性下降，使汽车在行驶过程中受到的负荷增大，如遇冲击会产生内裂和爆破，还会加速胎冠磨损，并使耐轧性能下降。

（2）定期检查前轮定位。前轮定位对轮胎的使用寿命影响较大，而尤以前轮前束和前轮外倾为主要因素。前轮外倾主要会加速胎肩的磨损（即偏磨）；前轮前束过小或过大主要是加速轮胎内外侧的磨损。

（3）注意驾驶方式。驾驶员在行车中除处理情况外，要选择路面行驶，躲避锋利的石头、玻璃、金属等可能扎破和划伤轮胎的物体，躲避化学遗洒物质避免对轮胎的黏附、腐蚀。行驶在拱度较大的路面上时，要尽量居中行驶，减少一侧轮胎负荷增大，从而使轮胎磨损不均。

（4）避免超载。一般情况下，超载 20％ 则轮胎寿命减少 30％，超载 40％ 则轮胎寿命减少 50％。

（5）急速转弯、紧急制动、高速起步及紧急加速等都将加速损坏轮胎。

任务 2　四轮定位的检测与调整

任务目标

1. 培养终身学习、均衡发展的意识和严谨规范的工匠精神；
2. 熟悉四轮定位的技术参数；
3. 掌握四轮定位仪的操作方法。

导航案例

底盘调校是指汽车工程师对底盘参数和悬架几何形状进行调整。汽车底盘性能如木桶效应：没有经过调校的汽车存在各种各样的短板，例如过弯侧倾大、不足转向度大、弯道抓地力不足、制动点头大及冲击舒适度差等问题，无法让用户满意。底盘调校过程是补齐或平衡各项性能，增大性能"存水量"，以保证汽车在行驶过程中机动性、稳定性、操控性等体验达到最好效果。因为调校是一项依靠大数据、不断积累经验的技术，车企很难在短短几年，甚至十几年内超过具有百年经验的大厂。人也一样，需要通过不断的学习、锻炼和积累经验来提升自己，补齐自己的短板，充分发挥自己的优势，才能达到最好的状态。

相关知识

车辆的四轮、转向机构之间的安装应具有一定的相对位置，这个相对位置是由厂家制定的标准值。调整恢复这个位置的安装，就是四轮定位。

车辆在以下情况下必须做四轮定位：

（1）更换新胎或发生碰撞事故维修后；
（2）前后轮胎单侧偏磨；
（3）驾驶时转向盘过重或飘浮发抖；
（4）直行时汽车向左或向右跑偏。

一、正常的四轮定位的作用

（1）增加行驶的安全性。
（2）减少轮胎的不正常磨损。
（3）保持直行时转向盘正直，维持直线行车。
（4）转向后转向盘会自动归正。
（5）增加驾驶的操控感。
（6）减少油的异常消耗。
（7）降低悬挂部件耗损。

二、车轮定位参数

1. 外倾角

外倾角是指穿过轮胎的中心线，相对于垂直的轮胎中心线的轮胎的倾斜程度，如图 5-2-1 所示。车轮外倾角的作用是提高车轮行驶安全性和转向操纵轻便性，车轮外倾角一般为 1°，负外倾角过大将导致轮胎内侧胎面磨损，正外倾角过大将导致轮胎外侧胎面磨损。

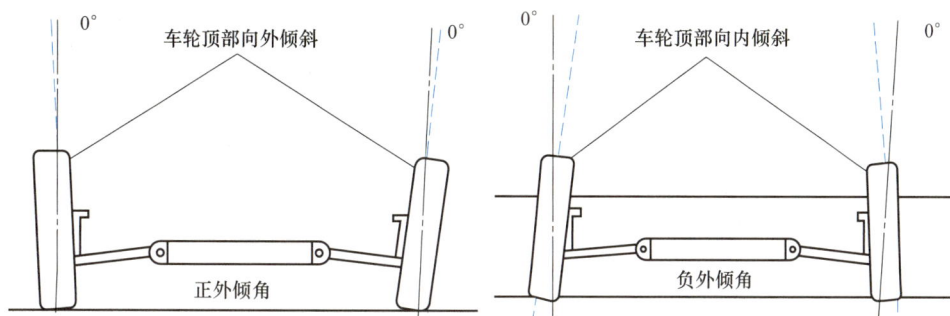

图 5-2-1　外倾角示意图

2. 主销后倾角

主销后倾角是指从侧面，转向节相对上下球头的位置而前后倾斜的角度。如果向前倾斜，即上球头在下球头前面，就产生负后倾角；如果向后倾斜，即上球头在下球头后面，就产生正后倾角，如图 5-2-2 所示。主销后倾角不宜过大，否则在转向时会使转向盘沉重或回正过猛而打手，一般主销后倾角取 3° 以内。

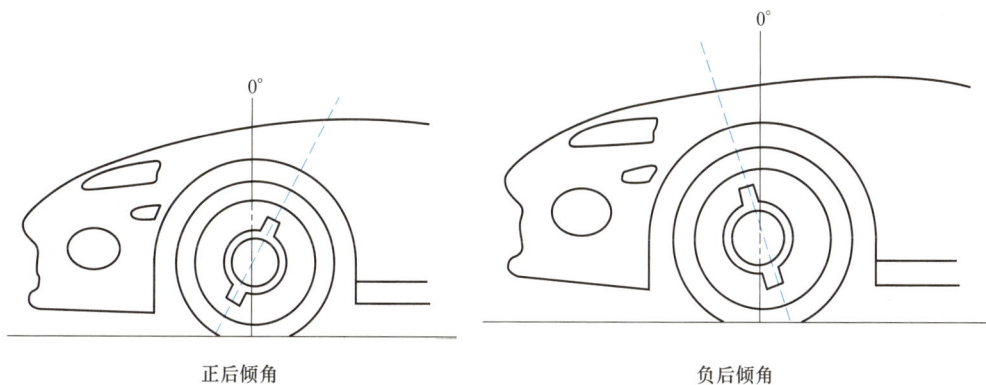

图 5-2-2　主销后倾角示意图

3. 车轮前束

两前轮前段距离为 B，后段距离为 A，其差值即为前束值，如图 5-2-3 所示，前轮前束的作用是保证汽车行驶性能，减少轮胎的磨损。前轮在滚动时，其惯性力会自然将轮胎向内偏斜，如果前束适当，轮胎滚动时的偏斜方向就会抵消，轮胎内外侧磨损的现象会减少。不同的汽车的前束调校值是不一样的。

4. 主销内倾

主销安装在前轴上，其上端略向后倾斜，称为主销内倾。在汽车横向铅垂面内，主销轴线与铅垂线之间的夹角叫作主销内倾角，如图 5-2-4 所示。主销内倾的作用是使车轮转向后能自动回正且转向操纵轻便。一般主销内倾角取 $5°\sim8°$。主销内倾角是制造前轴时使主销孔轴线的上端向内倾斜而获得的。在非独立悬架的转向桥上，主销内倾角是不能单独调整的。

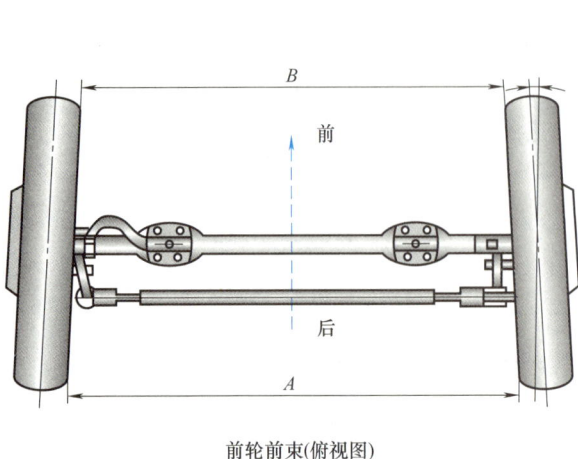

前轮前束(俯视图)

图 5-2-3　车轮前束

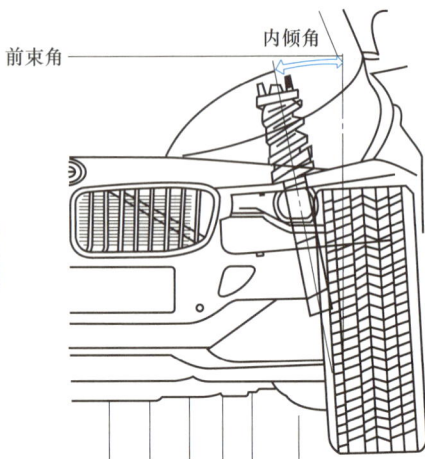

图 5-2-4　主销内倾

三、四轮定位仪的组成

车辆发生事故引起底盘或悬架系统损伤、轮胎发生异常磨损、悬架部件执行了更换操作等，都需要用四轮定位仪执行车轮定位，典型的四轮定位仪如图 5-2-5 所示。

四轮定位仪整体配置包括机箱（大机箱带后视镜）、计算机主机（含显示器、打印机）、四个机头（定位传感器）、通信系统、充电系统、总供电系统六部分。同时有转向盘固定器、制动器固定器、转角盘及夹具等附件。

图 5-2-5　典型四轮定位仪

图 5-2-6　举升车辆

🕮 任务实施

四轮定位检测的正规操作流程

（1）举升车辆，如图 5-2-6 所示。引车入位，将举升机挡板打开，将车举起。

（2）检查底盘配件，如图 5-2-7 所示。检查时，先松开驻车制动器。上下摇轮，如果有间隙，一般判断轴承松了或坏了等；左右摇轮，如果有间隙，有可能是下摆臂、减振器胶套、平衡杆的胶套、悬挂胶套松了，或横拉杆的球头坏了等。

图 5-2-7　检查汽车底盘

图 5-2-8　测量四轮气压

（3）测量四轮气压，如图 5-2-8 所示。将车轮降下，只有车胎状态一致，才能测量精准。

（4）拔掉转角盘插销，前后推一下车，消除下降阻力。

（5）安装制动器固定器，如图 5-2-9 所示，装夹具、传感器，调水平；安装四轮定位反光板，如图 5-2-10 所示，注意垂直及前后反光板的位置。

图 5-2-9　安装制动器固定器

图 5-2-10　安装反光板

（6）查找车型数据，如图 5-2-11 所示。不准用其他数据代替车型数据，特别是 4WS 四轮转向车，一定要用精确的数据。

（7）初步测量，如图 5-2-12 所示。根据测量结果，采取合适的解决方案。

（8）安装转向盘固定器，如图 5-2-13 所示。带液压助力的转向盘，在安装固定器时，先调空挡，再发动汽车，否则很难打动转向盘。

（9）四轮定位调整，如图 5-2-14 所示。调整顺序如下。

后轮：外倾角→后轮前束；

前轮：后倾角→外倾角→总前束。

（10）试车，感受一下调试好的车子，看是否还有其他问题，如果有问题，及时找出原因并解决问题。

图 5-2-11　查找车型数据

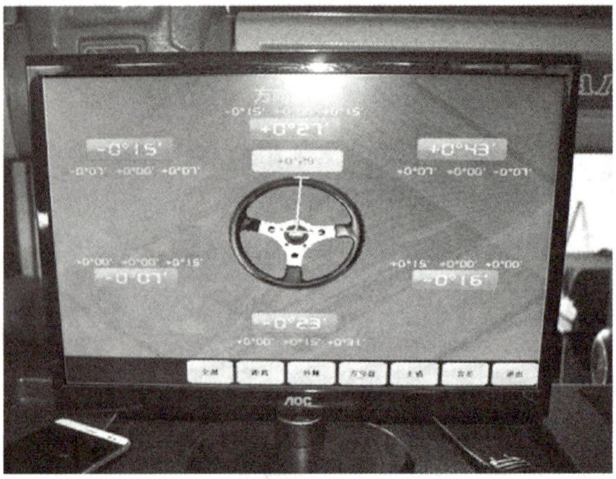

图 5-2-12　初步测量数据

图 5-2-13　安装转向盘固定器

图 5-2-14　四轮定位调整

📘 知识拓展

四轮定位不准确的危害

（1）轮胎过度磨损。四轮定位不准确可以造成轮胎偏磨，从而导致发生爆胎的危险。

（2）车辆开起来不顺手。转向盘发抖以及跑偏会让开车感觉更累，同时增加出现交通事故的概率。

（3）油耗增加。如果没有特殊情况但油耗增加的话，可能是车辆的四轮定位不准确。

任务 3　制动系统的检查与维护

任务目标

1. 培养正确的人生观、价值观和遵纪守法的意识；

2. 能够正确完成驻车制动器的检查；

3. 能够正确完成行车制动器的检查；

4. 熟练掌握制动系统排气操作。

导航案例

从哲学角度分析汽车制动过程，驾驶员通过踩制动踏板能够控制行车制动器制动力的大小（这个属于事物发展的内因），汽车在哪种路面上实施制动过程决定着附着力（属于事物发展的外因）的大小，最后制动效果（制动距离）同时取决于内、外因，并且外因是通过内因起作用。对于个人而言，内因是自己，外因是环境，最终人生能达到什么样的高度，自己起到决定性作用，如果自己不努力，再好的环境和机遇也换不到任何成功。如果驾驶员不采取任何措施，即使在附着力最好的地面上，拥有最好的制动系统的汽车也不可能完成制动，最终将导致事故。在人生的道路上面对各种不良诱惑要保持清醒，学会及时踩刹车，否则很容易失控，毁掉自己的人生。

相关知识

汽车制动系统是指对汽车某些部分（主要是车轮）施加一定的力，从而对其进行一定程度的强制制动的一系列专门装置。制动器一般分为盘式制动器和鼓式制动器，如图 5-3-1 所示。

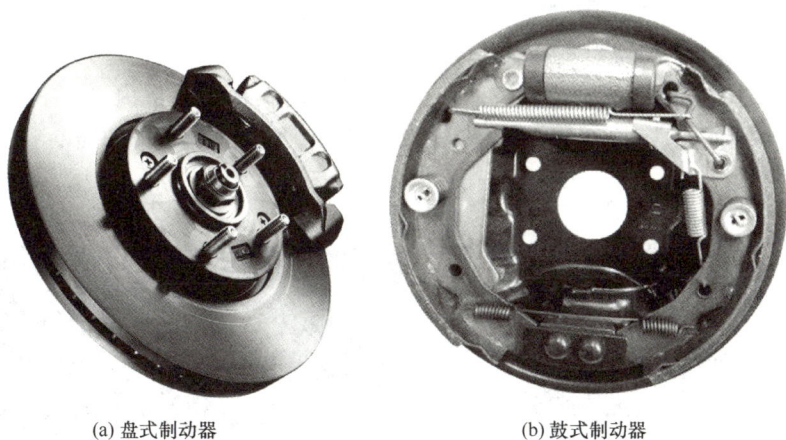

(a) 盘式制动器   (b) 鼓式制动器

图 5-3-1　制动器种类

一、汽车制动系统的作用

（1）保证汽车在行驶过程中能按驾驶员要求减速停车。

（2）保证车辆可靠停放。

二、汽车制动系统的基本结构

一般制动系统主要由车轮制动器和液压传动机构组成。车轮制动器主要由旋转部分、固定部分和调整机构组成。其中，旋转部分是制动鼓；固定部分包括制动蹄片和制动底板；调整机构由偏心支承销和调整凸轮组成，用于调整制动蹄片和制动鼓的间隙。液压传动机构主要由制动踏板、推杆、制动主缸、制动轮缸和管路组成。制动系统的基本结构如图 5-3-2 所示。

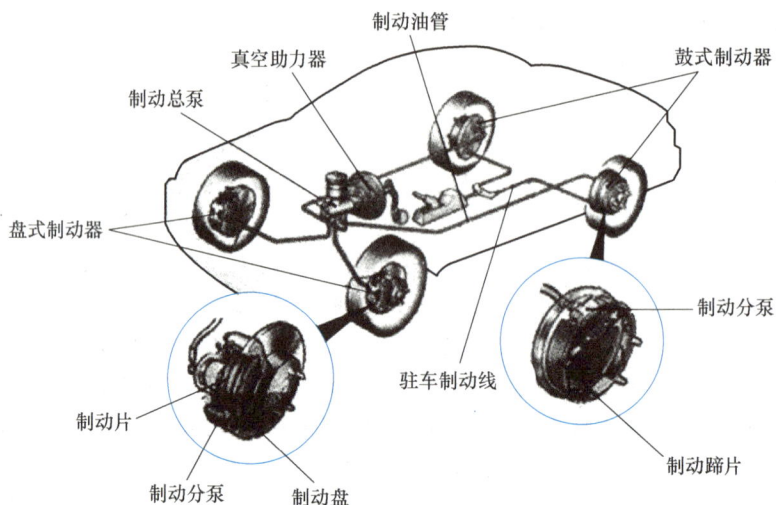

图 5-3-2 制动系统的基本结构

任务实施

一、驻车制动器的检查与调整

1. 检查驻车制动器操纵杆行程

检查并确保拉动驻车制动器操纵杆时，操纵杆行程在预定的槽内，一般为 3～5 格，拉动时可以听到"咔咔咔"声，一咔为 1 格，如图 5-3-3 所示。如果不符合标准，应调整驻车制动器操纵杆的行程。

图 5-3-3 驻车制动器操纵杆

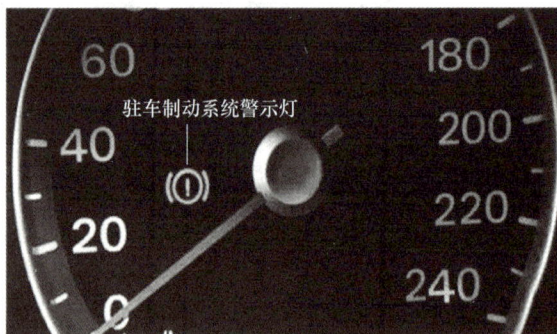

图 5-3-4 驻车指示灯

注意：当驻车制动器操纵杆行程超出规定值，调整后制动蹄片或驻车制动蹄片的间隙，然后重新检查。

2. 检查驻车指示灯工作情况

在点火开关位于 ON 时，检查驻车指示灯的工作情况，确保当拉紧驻车制动器操纵杆，听到"咔咔咔"的声音时，指示灯点亮。有的车型制动液不足时，指示灯也会亮。如图 5-3-4 所示。

3. 调整驻车制动器操纵杆行程

（1）拆卸驻车制动器操纵杆的装饰盖。

（2）举升车辆使后轮悬空。

（3）检查车身下面的拉索走向是否正确。

（4）拉紧、放松驻车制动器操纵杆，反复操作 10 次。

（5）将驻车制动器操纵杆拉至第 4～6 齿（响）处。

（6）拧紧驻车制动器调整螺母直到后车轮不能转动、完全抱死为止。

（7）放松和用力拉驻车制动器操纵杆 4～5 次。

（8）将驻车制动器操纵杆置于第 4～6 齿（响）处。

（9）检查后车轮是否抱死，否则重复以上操作。

（10）松开驻车制动器操纵杆，确保用手可以转动后车轮。

二、制动器的检查

图 5-3-5 所示为制动踏板，当检查液压传动机构制动踏板的"脚感"时，踩下制动踏板，首先应能感觉出踏板的微小自由行程（符合各车型的要求），这个自由行程应在 6～20mm。继续踩下踏板，踏板应有明显的阻力，直到踩不动为止。如果踏板踩下去软绵绵的，没有明显的阻力，说明制动系统有故障，应进行修理；如果踩下踏板时，第一脚踏板非常低，而第二脚却又恢复正常，但用力踩下踏板有微量的弹性，则表明制动管路里有空气，应排除制动液压管路中的空气。制动踏板踩到底时，制动踏板应与驾驶室地板之间保持一定的距离，该距

制动踏板

图 5-3-5　制动踏板

离应符合车型的要求。距离过小，说明车轮制动蹄片间隙过大，应调整车轮制动蹄片的间隙。

三、制动液的检查

制动液液面高度取决于制动摩擦片的磨损情况。在行车过程中，摩擦片磨损，制动液液面会自动下沉以补偿，当快达到制动摩擦片磨损极限时，如果制动液液面在 MAX 标记处，不必补加制动液。当制动摩擦片是新的时，制动液液面应在 MIN 和 MAX 标记之间。当液面低于 MIN 标记时，需补加，补加前应检查制动系统。如图 5-3-6 所示。

制动液
检测

一般更换制动液的周期是每 24 个月或行驶 3 万公里更换一次。千万不要使制动液与含矿物油的液体（如机油、汽油、清洁剂）接触，因为矿物油会堵塞制动系统或损坏衬套。制动液具有吸湿性，它可吸收周围的潮气，因此制动液应保存在密封容器内。

制动液的更换步骤如下：

（1）打开制动液罐，制动液罐内应有足够的制动液，这样可保证空气不会从这里进入制动系统。

（2）在发动机运转且拧开右后制动钳上排气螺栓时，踏动制动踏板，使液面达到液力耦合器连接管高度，用一适当容器接收使用过的制动液，拧上排气螺栓，如图 5-3-7 所示。

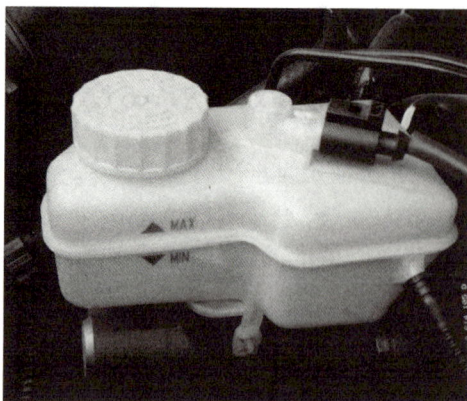

图 5-3-6　制动液罐

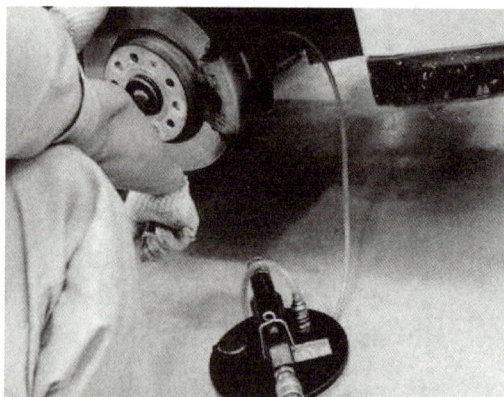

图 5-3-7　更换制动液

（3）对带手动变速器的车，离合器分泵要用新制动液冲洗。

（4）按右后制动钳、左后制动钳、右前制动钳、左前制动钳顺序依次更换制动液，将收集瓶上软管接到各个制动钳的排气螺栓上，打开排气螺栓，使制动液流出约 $250cm^3$，这样做是为了使新制动液完全取代旧制动液。

（5）拧上排气螺栓，取下制动液罐上的接头。

（6）检查踏板压力和自由行程，自由行程最大为踏板行程的 1/3。在试车中，必须保证 ABS 控制的制动系统至少工作一次（可感到制动踏板的振动）。

四、制动管路的检查

（1）检查制动总泵、储油罐和油管是否存在泄漏现象。

（2）举升车辆至高位，检查制动管路油管与制动底板有无摩擦，油管是否有压痕、泄漏。

（3）检查制动管路软管是否存在老化、裂纹和泄漏的情况。

（4）检查制动管路软管和硬管连接是否可靠。

（5）转动车轮，观察车轮内侧是否与制动管路发生摩擦或干涉。

五、盘式制动器各零件的检查

（1）检查制动器摩擦片是否存在不均匀磨损情况，如图 5-3-8 所示。

（2）检查制动盘是否异常磨损和损坏，如图 5-3-9 所示。

图 5-3-8　检查制动器摩擦片

图 5-3-9　检查制动盘

（3）检查制动卡钳是否有制动液泄漏情况。

（4）清洁制动盘和制动器摩擦片。

（5）检查制动器摩擦片厚度，如图 5-3-10 所示。用直尺或游标卡尺测量制动器摩擦片厚度，其极限值为 1.0mm。若小于极限值，则应更换摩擦片。

（6）检查制动盘厚度，如图 5-3-11 所示。用千分尺进行测量，在整个圆周上选 6 个点进行测量，读取最小数值。

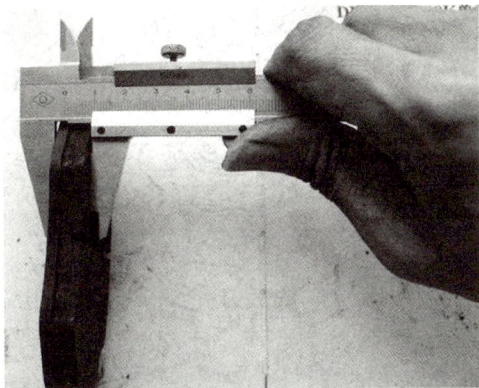
图 5-3-10　摩擦片厚度测量

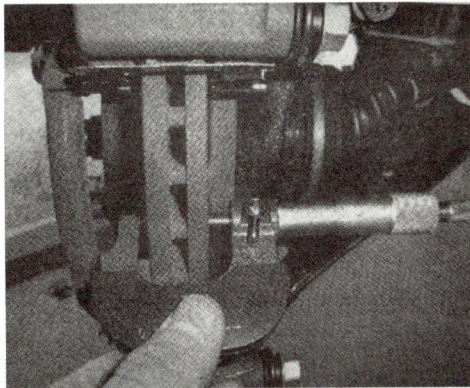
图 5-3-11　测量制动盘厚度

（7）检查制动盘跳动量。制动盘的跳动量必须符合规定，否则会影响制动效果。如图 5-3-12 所示，安装百分表和磁力表座，用百分表在距制动盘外缘 10mm 处测量制动盘的跳动，制动盘最大跳动量为 0.05mm。如果制动盘的跳动量达到或超过极限，确定车轮轴承间隙是否正常。如果轴承和轮毂正常，则利用制动盘光盘机进行光盘或更换制动盘。

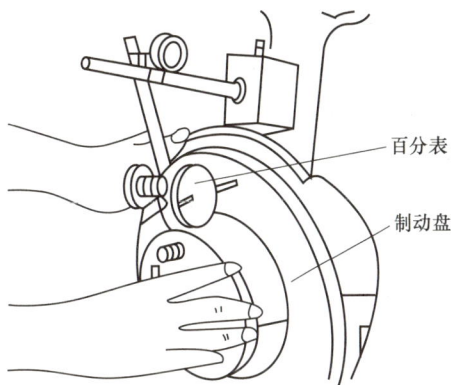
百分表
制动盘
图 5-3-12　检查制动盘的跳动量

六、鼓式制动器各零件的检查

（1）检查制动蹄片滑动状况。

（2）检查制动蹄片、背板和固定件之间接触表面的磨损情况。

（3）检查制动蹄片是否损坏，如图 5-3-13 所示。用游标卡尺测量制动蹄片的厚度，标准值为 5mm，使用极限为 2.5mm。其铆钉与摩擦片的表面深度不得小于 1mm，以免铆钉头刮伤制动鼓内表面。在未拆下车轮时，后制动蹄片的厚度可以通过制动底板上的观察孔检查。

（4）检查制动鼓内表面有无烧损、刮痕和凹陷，若不能修磨应更换新件。如图 5-3-14 所示，用游标卡尺或专用仪器检查制动鼓内表面直径，使用极限为 181mm；用仪器测量制动鼓内表面的圆度误差，使用极限为 0.03mm。超过极限应更换新件。

（5）制动鼓和摩擦片接触面积检查。将后制动鼓摩擦片表面打磨干净后，靠在制动鼓上，检查两者的接触面积，应不小于 60％，否则应继续打磨摩擦片的表面。

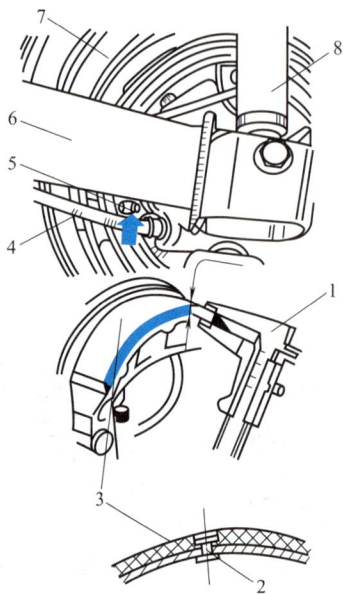

图 5-3-13　制动蹄片厚度检查

1—卡尺；2—铆钉；3—摩擦片；4—驻车制动器；

5—观察孔；6—后桥体；7—制动底板；8—后减振器

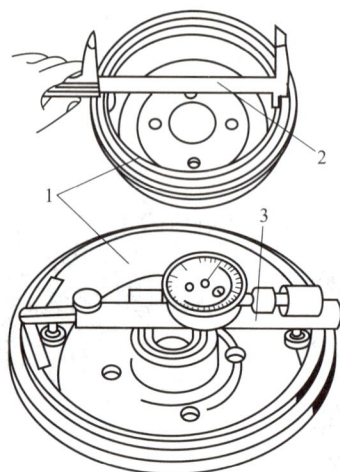

图 5-3-14　制动鼓内表面磨损及尺寸检查

1—制动鼓；2—游标卡尺；

3—测量圆度工具

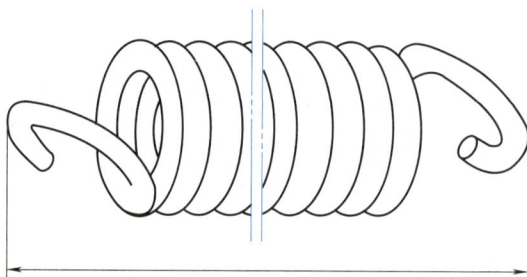

图 5-3-15　复位弹簧的检查

（6）复位弹簧的检查，如图 5-3-15 所示。若弹簧自由长度增加 5%，则应更换新弹簧。

七、制动液的性能检查

（1）制动液应有合适的高、低温黏度，良好的低温性能，必要的润滑性，在 −40～150℃ 温度范围内保持良好的工作状态，使制动灵敏可靠。

（2）制动液在 150℃ 以下不得汽化，吸水后沸点下降不大，不分层沉降，保持混溶状态。

（3）制动液对橡胶件溶胀率小，确保皮碗、密封件能正常工作。

（4）制动液抗氧化安定性与热安定性好，遇热不分解，不腐蚀金属，可防锈。

八、真空助力器的检查

进气歧管真空不足、真空管路泄漏或破损、膜片漏气、空气阀关闭不严，都将导致真空助力器工作不良。而踩制动踏板费力通常是真空助力器完全损坏的重要信号。真空助力器是否正常工作，可用下列方法进行检查。

1. 密封性能检查

密封性能的检查方法有两种。

（1）启动发动机，在怠速运转 1～2min 后关闭发动机。以常用力踩制动踏板若干次，每次踩制动踏板的间隔时间应在 5s 以上，制动踏板高度若一次比一次逐渐提高，则表明真空助力器密封性能良好。否则，应检查发动机真空度供给情况，若发动机运转时提供的真空度不正常，则表明真空助力器密封不良，应检修。

（2）启动发动机，使发动机在怠速运转 1～2min 后，踩下制动踏板数次，并在踏板处于最低位置、保持力不变的情况下，停止发动机运转。若发动机提供的真空度正常，且踏板高度在 30s 内无变化，则说明真空助力器密封性能良好。如制动踏板有明显的回升现象，则真空助力器有漏气故障。

2. 助力功能检查

在发动机熄火时，以相同的力踩制动踏板若干次，以消除真空助力器的全部残余真空，并确认踏板高度无变化后，踩住制动踏板不动，然后启动发动机。此时若制动踏板稍微下沉，则说明真空助力器助力功能正常；如制动踏板不动，则助力器无助力作用，应首先检查真空源是否提供了一定的真空度，然后检查真空管路、止回阀及真空助力器。

3. 真空供给检查

如果制动时真空助力器助力功能丧失或助力作用微弱，除需检查真空助力器外，更应重点检查给助力器提供真空的真空源及真空管路。检查时，拔下真空助力器的真空接头，启动发动机使其怠速运转，用拇指迅速将真空管口堵住。此时若感到有强烈的吸力，则表明发动机提供的真空度足够，真空管路正常；若无强烈的吸力或根本无吸力，则应关掉发动机，检查真空管路是否损坏、卷曲、松动或堵塞。若真空管路损坏，则应予以更换；若真空管路正常，则应用真空表检查发动机怠速时进气歧管的真空度，发动机正常时，真空表读数应在 40～67kPa 范围内。

4. 真空止回阀的检查

真空止回阀位于发动机进气歧管和真空助力器之间。发动机进气歧管的真空通过真空止回阀到达真空助力器，但真空助力器的真空不能通过该阀回流。因此，真空止回阀的作用是保证发动机停转后，真空助力器内的真空能维持一定的时间，保持一次有效的助力制动。检查时，先将发动机怠速运转，然后关闭发动机并等待 5min，再踩踏板施加制动，至少在一个踏板行程中应有助力作用。如果在第一次踩踏板时没有助力作用，则真空止回阀存在泄漏故障。进一步检查，将止回阀拆下，用嘴向真空止回阀进气歧管一端吹气，气流应不能通过。真空止回阀反向泄漏时，应予以更换。另外，真空止回阀有开闭受阻或卡住的现象时也应予以更换。

5. 真空助力器空气阀检查

真空助力器空气阀若存在漏气故障，汽车无制动行驶时，部分空气进入 B 腔而使膜片两侧 B、A 腔产生压差，导致助力器自动工作，使车轮行驶阻滞力较大。这种故障具有很大的隐蔽性，将导致汽车的动力性、经济性严重下降。据调查，许多轿车发生这种故障时，驾驶员竟然不知道，有的虽知道车轮行驶阻滞力过大，轮毂发热严重，但找故障原因时往往以为是制动器调整不当，很少怀疑是真空助力器空气阀的问题。可用下面两种方法进行检查。

（1）通过做制动器阻滞试验来检查真空助力器空气阀，方法如下：

① 把从动轴车轮升离地面悬空；

② 踩制动踏板数次，以便清除真空助力器内的残余真空；

③ 松开制动踏板，用手转动车轮，注意其阻力的大小；

④ 启动发动机，并在怠速运转 1min，然后关闭发动机；

⑤ 再次用手转动车轮，如果阻力增加，则说明真空助力器空气阀存在漏气故障，其原因是真空助力器解除制动后，空气进入了真空助力器 B 腔。

（2）直接检查真空助力器空气阀的密封性能，方法如下：

放松制动踏板，发动机怠速运转时，悬一小束棉纱或纸条于真空助力器空气阀进气口前面，如被吸入，说明真空助力器空气阀密封不良，有漏气故障；如此时未被吸入，而当制动踏板刚一踏下时，它便被吸入，则说明真空助力器空气阀良好，无漏气故障。

上述真空助力器空气阀的检查方法，也适用于其他未装备真空储能器的轿车的真空助力器。

图 5-3-16　真空助力器

6. 真空助力器的调整

真空助力器如图 5-3-16 所示，当真空助力器出现壳体破损或有裂纹、推杆损坏、漏气、失去助力功能时，应更换真空助力器。在更换或调试真空助力器时，要检查推杆左端头至制动总泵安装面的尺寸，若该尺寸过大，则制动反应迟缓；若该尺寸过小，则易将制动总泵活塞顶死，产生制动发咬现象。真空助力器推杆与制动总泵活塞之间有 2～3mm 的自由间隙。这样在制动踏板力消失时，可以使制动总泵活塞完全复位，彻底解除制动。因此当该尺寸不符合要求时，应进行调整。

知识拓展

一、制动液的种类

（1）蓖麻油-醇型。由精制的蓖麻油（45％～55％）和低碳醇（乙醇或丁醇，55％～45％）调配而成，经沉淀获得无色或浅黄色清澈透明的液体，即醇型汽车制动液。蓖麻油加乙醇为醇型 1 号，蓖麻油加丁醇为醇型 3 号。醇型制动液的原料容易得到，合成工艺简单，产品润滑性好；缺点是沸点低，低温时性能不稳定。

（2）合成型。用醚、醇、酯等掺入润滑、抗氧化、防锈、抗橡胶溶胀等添加剂制成。

（3）矿油型。用精制的轻柴油馏分加入稠化剂和其他添加剂制成。

二、制动液的选择方法

（1）由于制动系统中的密封件为橡胶皮碗，长期浸泡在制动液中会发生化学变化，造成皮碗膨胀或收缩，从而影响制动性能，因此应选择与橡胶配伍性良好的制动液。

（2）高温性能，也就是制动液高温下抗气阻的能力，用"平衡回流点"这一指标来考察。一种制动液的平衡回流点越高，说明其高温性能越好，同时也说明其质量级别越高。

（3）制动液的低温性能，也就是制动液低温时的流动性能，用 40℃时制动液的运动黏度来考察。如果在该温度下制动液黏度过高，就会影响制动力的传递。

（4）由于汽车制动系统中不少零部件都采用金属材料制造，因此好的制动液应加入各种防腐蚀的添加剂，这样才能防止制动系统被腐蚀。

（5）购买制动液注意事项：

①尽量到资质合格的大型销售场所购买，以防假冒伪劣产品；更换制动液时，最好使用专业设备进行更换。

②尽量购买长期为汽车厂提供配套制动液的生产厂家的产品，以确保质量可靠，性能稳定。

③在种类选择上，最好选择合成制动液，不要购买已淘汰的醇型制动液。

三、制动液的更换周期

正常来说，制动液的更换周期为 2 年，但在实际使用中，还是要根据使用环境进行定期检查，查看制动液是否发生氧化或变质等现象。

（1）不同类型和不同品牌的制动液不要混合使用。由于配方不同，混合使用制动液会造成制动液性能指标下降或发生化学反应，导致事故的发生。

（2）制动液吸入水分或有杂质时，应及时更换或加以过滤，否则会造成制动力不足，影响制动效果，尤其是南方潮湿地区的汽车更需要注意这一点。

（3）车辆正常行驶超过 2 年或 40000km 时，制动液容易因使用时间长而变质，要及时更换。

（4）车辆正常行驶过程中，若出现制动忽轻忽重，需要及时对车辆进行检查。如果发现制动液质量变差，应及时进行更换。

（5）在踩制动踏板时，如果车辆出现跑偏，应及时对制动系统进行全面检查。

任务 4　转向系统的检查与维护

任务目标

1. 树立遵纪守法意识和严谨规范的职业精神；
2. 能够实现液压助力转向系统的维护与保养；
3. 能够正确对动力转向液进行检查与维护。

导航案例

汽车转向系统需要定期保养与调校，才能保证正确的行车方向，不会跑偏，车辆才能安全到达想去的地方。车有方向，人生也有，每个人都要明确并不断调整好自己的人生方向，系好遵纪守法的安全带，才能实现我们人生的理想。

相关知识

汽车转向系统是用来改变或保持汽车行驶或倒退方向的一系列装置。汽车转向系统的功能是按照驾驶员的意愿控制汽车的行驶方向。汽车转向系统对汽车的行驶安全至关重要，因此汽车转向系统的零件都称为保安件。汽车转向系统和制动系统是汽车安全必须重视的两个系统。

一、转向系统的类型

转向系统按照转向能源的不同分为机械转向系统和动力转向系统两大类。机械转向系统以驾驶员的体力作为转向能源。动力转向系统兼用驾驶员的体力和发动机的动力作为转向能源，又可分为液压式动力转向系统、气压式动力转向系统和电动式动力转向系统。

二、机械转向系统的组成及工作原理

1. 组成

汽车机械转向系统由转向操纵机构、机械转向器和转向传动机构三大部分组成。转向操

纵机构包括转向盘、转向轴、转向万向节和转向传动轴，转向传动机构包括转向摇臂、转向直拉杆、转向节臂、转向梯形臂和转向横拉杆等部件，如图 5-4-1 所示。

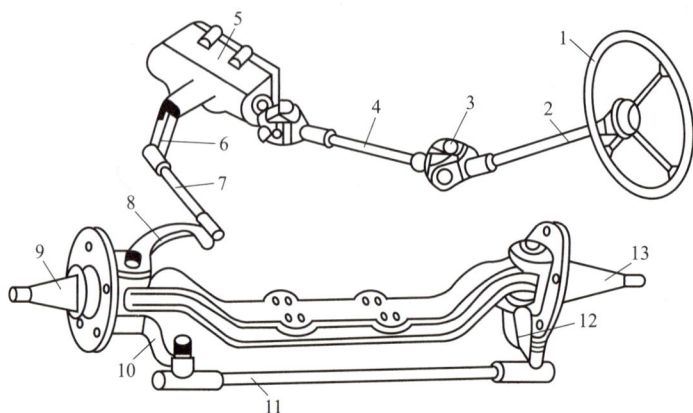

图 5-4-1　机械式转向系统的组成

1—转向盘；2—转向轴；3—转向万向节；4—转向传动轴；5—转向器；6—转向摇臂；7—转向直拉杆；
8—转向节臂；9—左转向节；10—左梯形臂；11—转向横拉杆；12—右梯形臂；13—右转向节

2. 工作原理

驾驶员对转向盘施加的转向力矩通过转向轴输入转向器，经转向器放大后的力矩和减速后的运动传到转向横拉杆，再传给固定于转向节上的转向节臂，使转向节和它所支承的转向轮偏转，从而改变了汽车行驶方向。

三、动力转向系统的功用与组成

1. 功用

（1）在汽车转弯时，减小对转向盘的操作力。

（2）限制转向系统的转速比。

（3）在原地转向时，能提供必要的助力。

（4）限制车辆高速行驶或在薄冰上的助力，具有较好的转向稳定性。

（5）在动力转向装置失效时，能保证机械转向系统有效工作。

2. 组成

动力转向系统是利用一定的动力助力方式帮助执行转向操作的转向装置。动力转向系统一般由机械转向器、转向动力缸、转向控制阀和转向油泵等组成。

任务实施

一、转向盘检查

1. 检查转向盘自由行程

（1）将车辆停放在平坦的硬地面上，并让前轮处于直线行驶状态。

（2）启动发动机，使之怠速运转，将转向盘向左（向右）转动到自由行程消除为止，再向右（向左）转动转向盘到自由行程消除，用直尺量取两次转动之间的下限距离，即为转向系统的自由行程，如图 5-4-2 所示。标准值应不大于 30mm，如果自由行程大于标准值，应检查转向轴的连接部位和横拉杆球头的间隙。

2. 检查转向盘松动和摆动情况

转向盘松动和摆动情况检查如图5-4-3所示，用两手握住转向盘，垂直和轴向移动转向盘，检查是否有松动情况，同时，两手握住转向盘，向两侧移动转向盘，检查是否有摆动情况。

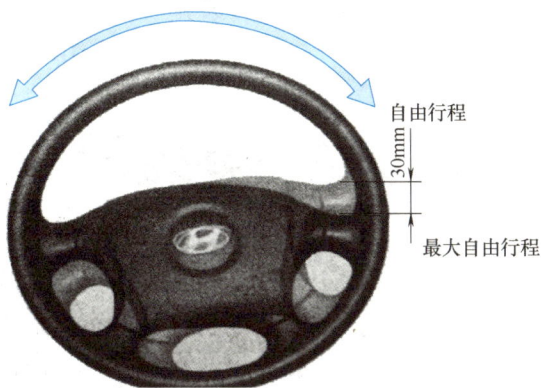

图 5-4-2 转向盘自由行程检查

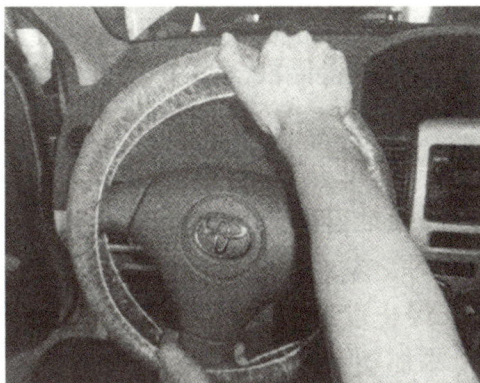

图 5-4-3 转向盘松动和摆动情况检查

3. 点火开关处于 ACC 位置时的状态检查

将点火开关转到 ACC 位置，如图 5-4-4 所示，此时转向盘应不锁定，并且可以自由转动。

4. 转向盘自动回正检查

（1）检查转向盘回正时，无论快慢转动转向盘，左右两侧的回正力都应相同，如图 5-4-5 所示。

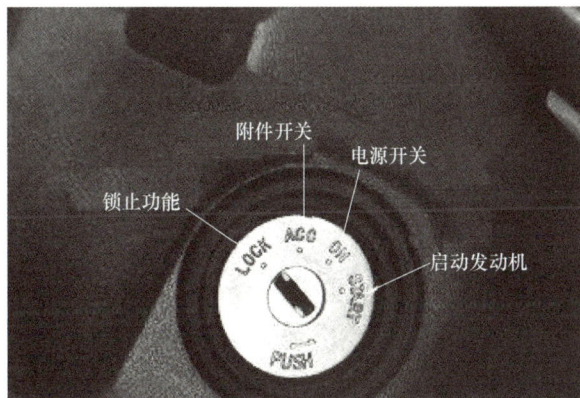

图 5-4-4 点火开关相关位置

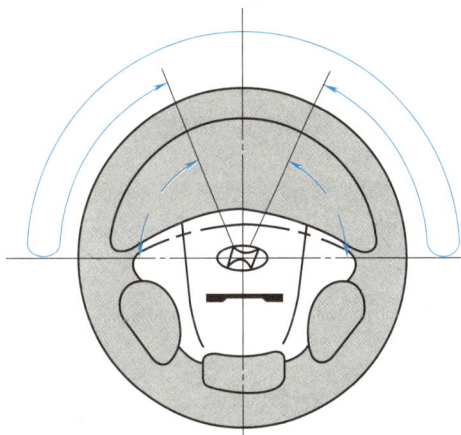

图 5-4-5 检查转向盘回正力

（2）车速在 3.5km/h 时打转向盘 90°，保持 1～2s 后，放松转向盘应回到 70°以上位置。如果快速转动转向盘，可能在瞬间感到转向盘沉重，这不属于故障。

二、动力转向液检查

1. 动力转向液的液位检查

（1）将汽车停在水平道路上，发动机停止运转，检查储液罐中动力转向液的液位，如果有必要，加注转向液，以确保动力转向液液位正确。如果转向液温度较高，则液位应该在

"HOT"（热）范围内。

（2）如果动力转向液温度低，液位应该在"COLD"（冷）范围内，如图5-4-6所示，启动发动机并使之怠速运转。转动转向盘从一侧极限位置到另一侧极限位置数次，待油温达到75～80℃，检查是否有泡沫和乳化现象发生，如果有泡沫和乳化现象，则排出动力转向液。发动机处于怠速状态，检查储液罐中液面高度。关闭发动机，等待几分钟并测量储液罐中液面的高度，液面高度最多升高5mm，如果发现问题，则排出动力转向液。

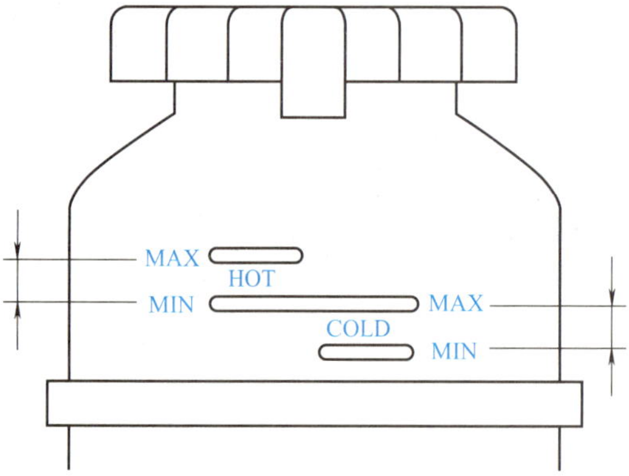

图5-4-6　动力转向液液位

图5-4-7　拧开制动液储液罐盖

2. 动力转向液的添加

（1）将车辆停驻在水平地面上，并让前轮处于直线行驶状态。

（2）用手旋下储液罐盖并用抹布擦净标尺上的油迹，如图5-4-7所示。

（3）缓慢地将动力转向液加入储液罐内，如图5-4-8所示，在加注动力转向液时，油流不要过急，同时注意观察液面高度变化，防止油液因溢出而损失。

（4）加注一定量时，观察一下标尺上显示的液面位置。如果不足，则继续添加；如果超量，则用吸管吸出。如此反复操作，直到液面符合规定要求为止。

图5-4-8　添加转向液

图5-4-9　吸出转向液

3. 动力转向液的更换

如果动力转向液出现变白、气泡、浑浊等现象，应及时更换动力转向液。

（1）用吸管将储液罐内的动力转向液吸出，如图 5-4-9 所示，放置在专门容器内。

（2）使用鲤鱼钳将转向器回油管与储液罐连接端的压紧卡箍脱离压紧部位，将回油管从管接头接触部位拉离。

（3）将接油容器放置于油泵下方，为了把动力转向液排放彻底，启动发动机并保持怠速运转，同时，左右转动转向盘至极限位置数次，直到无动力转向液排出。重新连接回油管至储液罐，停止发动机运转，并将转向盘回位到中间位置。

（4）添加动力转向液，转动转向盘从一侧极限位置到另一侧极限位置数次，直到转向盘回到中间位置。

（5）使液位达到规定位置，并给动力转向系统放气。

4. 动力转向系统放气

（1）检查油面，确保动力转向液液位在规定范围内。

（2）将车辆举升到合适高度，在发动机停机时，轻轻转动转向盘从一侧锁止位置到另一侧锁止位置，反复几次。

（3）将车辆降下，启动发动机，怠速运转几分钟。怠速运转发动机时，左右转动转向盘到极限位置并且保持 2～3s。重复转动转向盘几次，直到发动机怠速状态下储液罐内不出现气泡为止，排气过程结束。

（4）如果液位低于规定要求，则应添加动力转向液。

三、动力转向系统泄漏检查

启动发动机，保持发动机怠速运转，转动转向盘至极限位置并保持，此时液压动力转向系统中油压最高，便于发现泄漏部位。

（1）检查动力转向泵处是否存在泄漏，如图 5-4-10 所示。

（2）检查转向器处是否存在泄漏，如图 5-4-11 所示。

图 5-4-10　动力转向泵泄漏检查

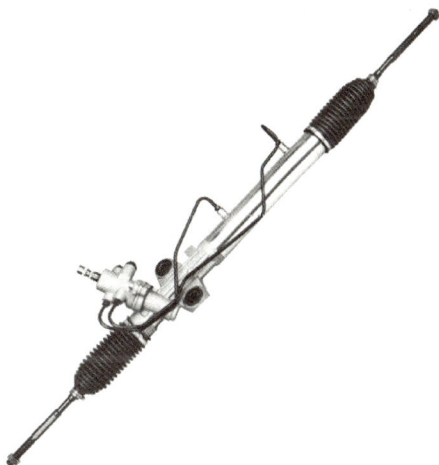

图 5-4-11　转向器

（3）检查液体管路和各连接点处是否有渗漏（检查动力转向泵及各管接头、储液罐及各管路连接部位）。

（4）检查各软管是否有裂纹、老化或其他损害。

（5）举升车辆至适当位置，检查动力转向器处的波纹管是否有裂纹或破损，是否存在润滑脂或机油渗漏。

如果上述地方存在泄漏，应更换相关零部件和密封圈。

📖 知识拓展

助力转向类型

1. 机械液压助力

机械液压助力是最常见的一种助力方式，英文简称 HPS，它诞生于 1902 年，由英国人 Frederick W. Lanchester 发明，而最早的商品化应用则推迟到近半个世纪之后。1951 年克莱斯勒把成熟的液压转向助力系统应用在 Imperial 车系上。由于技术成熟可靠，而且成本低廉，得以广泛普及。

优点：机械液压助力的转向盘与转向轮之间全部是机械部件连接，操控精准，路感直接，信息反馈丰富；液压泵由发动机驱动，转向动力充沛，大小车辆都适用；技术成熟，可靠性高，平均制造成本低。

缺点：由于依靠发动机动力来驱动油泵，能耗比较高，所以车辆的行驶动力无形中就被消耗了一部分；液压系统的管路结构非常复杂，各种控制油液的阀门数量繁多，后期的维护和保养成本高；整套油路经常保持在高压状态，使用寿命也会受到影响。

2. 电子液压助力

电子液压助力英文简称 EHPS，即 Electro Hydraulic Power Steering。由于机械液压助力需要大幅消耗发动机动力，所以人们在机械液压助力的基础上进行改进，开发出了更节省能量的电子液压助力转向系统。这套系统的转向油泵不再由发动机直接驱动，而是由电动机来驱动，并且在之前的基础上加装了电控系统，使转向辅助力的大小不仅与转向角度有关，还与车速相关。机械结构上增加了液压反应装置和液流分配阀，新增的电控系统包括车速传感器、电磁阀、转向 ECU 等。

电子液压助力拥有机械液压助力的大部分优点，同时还降低了能耗，反应也更加灵敏，转向助力大小也能根据转角、车速等参数自行调节，更加人性化。但由于引入了很多电子单元，其制造、维修成本也会相应增加，使用稳定性也不如机械液压助力牢靠。

3. 电动转向系统

电动转向简称 EPS，是英文 Electrical Power Steering 的缩写，即电动助力转向。该系统由电动助力机直接提供转向助力，省去了液压动力转向系统所必需的动力转向油泵、软管、液压油、传送带和装于发动机上的皮带轮，既节省能量，又保护了环境。另外，还具有调整简单、装配灵活以及在多种状况下都能提供转向助力的特点。

技术优势：

（1）节能环保。由于发动机运转时，液压泵始终处于工作状态，液压转向系统使整个发动机燃油消耗量增加了 3%～5%。而 EPS 以蓄电池为能源，以电机为动力元件，可独立于发动机工作，EPS 几乎不直接消耗发动机燃油。EPS 系统不存在液压动力转向系统的燃油泄漏问题，EPS 通过电子控制，对环境几乎没有污染，更降低了油耗。

（2）安装方便。EPS 系统的主要部件可以集成在一起，易于布置，与液压动力转向系统相比减少了许多元件，没有液压系统所需要的油泵、油管、压力流量控制阀、储油罐等，元件数量少，装配方便，节约时间。

（3）效率高。液压动力转向系统的效率一般在 60％～70％，而 EPS 系统的效率较高，可达 90％以上。

（4）路感好。传统纯液压动力转向系统大多采用固定放大倍数，工作驱动力大，但却不能实现汽车以各种速度驾驶时的轻便性和路感。而 EPS 系统的滞后特性可以通过 EPS 控制器的软件加以补偿，使汽车以各种速度驾驶都能得到满意的转向助力。

（5）回正性好。EPS 系统结构简单，不仅操作简便，还可以通过调整 EPS 控制器的软件得到最佳的回正性，从而改善汽车操纵的稳定性和舒适性。

任务 5　手动变速器油的保养与更换

任务目标

1. 树立制度自信、民族自信和科技创新责任担当意识；
2. 熟悉汽车常用齿轮油的分类与选用；
3. 熟悉手动变速器油的更换周期；
4. 熟悉手动变速器油的常见泄漏部位；
5. 掌握手动变速器油泄漏的检查方法和步骤。

导航案例

张先生反映其在某连锁品牌汽车维修店更换车辆变速箱油后，车辆加速有顿挫感，速度上不来，认为是换油原因造成变速箱损坏，要求店家免费更换变速箱总成，并赔偿误工费、精神损失费，店家对此并不认可。于是，张先生请求行业主管部门帮助协调。为慎重起见，经双方同意，将该车送到 4S 店进行检测，然后邀请区维修协会 2 位变速箱维修专家进行分析、研判。经电脑检测，判定该车无动力总成故障码，只是变速箱油液缺少 0.4L，对变速箱性能不构成实质性影响。根据鉴定，张先生消除了对变速箱质量问题的疑惑。同时一致认可是由于工作人员业务不熟练，维修竣工验收工作不规范原因引起。根据《机动车维修管理规定》和《汽车维修质量纠纷调解办法》，最终达成了调解协议，由店家免费为薛先生重新更换变速箱油，同时补偿他 1000 元维修费用。

📚 相关知识

一、汽车齿轮油的概念

手动变速器油就是平时说的齿轮油，作用只是润滑。从油品特点上来说，最直观的就是手动变速器油比自动变速箱油的黏度大，更换的周期普遍比自动变速器油要短一些，多数家用车在 4 万～6 万公里更换手动变速器油。

二、汽车齿轮油的分类

国外汽车齿轮油大都按 SAE 等级和 API 等级分类。

按 SAE 等级，齿轮油分为 70W、75W、80W、85W、90、140、250 等牌号，见表 5-5-1。

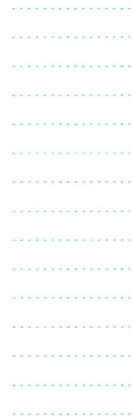

表 5-5-1   SAE 齿轮油黏度分类

黏度牌号	黏度为 150000MPa·s 时最高温度/℃	运动黏度[100℃]/(m²/s)	
		最小	最大
70W	−55	4.1	
75W	−40	4.1	
80W	−29	7.0	
85W	−12	11.0	
90		13.5	小于 24.0
140		24.0	小于 41.0
250		41.0	

按 API 等级，齿轮油分为 GL-1～GL-6 6 个质量级别，其用途如下。

（1）GL-1。适用于汽车手动变速器，包括拖拉机和载货汽车手动变速器。

（2）GL-2。适用于蜗杆传动装置。

（3）GL-3。适用于苛刻条件下的手动变速器和螺旋锥齿轮的驱动桥。

（4）GL-4。适用于手动变速器、螺旋锥齿轮和使用条件不太苛刻的双曲面齿轮。

（5）GL-5。适用于操作条件缓和或苛刻的双曲面齿轮及其他各种齿轮，也可用于手动变速器。

（6）GL-6。适用于高速冲击负荷、高速低转矩和低速高转矩下工作的各种齿轮，特别是轿车和其他各种车辆的准双曲面齿轮。

三、汽车齿轮油的选用

随着汽车发动机转速增加和转矩增大，传动齿轮机构的工作强度也相应增加。由于汽车的后桥现在普遍采用双曲面齿轮结构，这种齿轮结构负荷重，滑动速度高，后桥的使用温度也要高一些，工作条件比较苛刻，因此要求选用级别为 GL-5 的齿轮油，但现在普通手动变速器选用级别为 GL-4 的产品即可。

另外，在选用汽车齿轮油时，黏度也是一个不可忽略因素，要根据当地的环境温度及车辆的实际使用情况来定，一般对于载货汽车的后桥来说，我国南方在夏天选用的齿轮油黏度稍大，如 140 或 85W140；北方冬季选用黏度稍小的齿轮油，如 90 或 80W90，甚至是 75W90；对于轿车的手动变速器，全年可选用 85W90 或 80W90。

四、汽车齿轮油的更换周期

（1）一般来讲，每 6 万公里应该更换一次齿轮油，这样可以有效提高齿轮传递发动机功率的效率。

（2）换油时黏度的选择。黏度是选择齿轮油最基本的考虑因素。如果黏度过大，会使摩擦面过热，也会造成不必要的动力损耗。如果黏度过小，由于离心力的作用，将油从齿面甩掉，容易造成油封漏油，可能在齿轮面上形成贫油润滑，从而加大磨损，甚至会产生烧结现象，因此选择适合的黏度非常重要。

（3）为了防止齿轮接触时高应力造成的齿面擦伤、剥落、烧结，必须选择具有良好极压抗磨性能的齿轮油，以维持适当的承载性。因此用户在选择油品时，一定不要把内燃机油、液压油等其他油品加到齿轮箱中，以免造成极压抗磨性能不足，损坏齿轮。

■ 任务实施

一、手动变速器油的检查

1. 手动变速器油泄漏的检查

举升车辆，检查手动变速器的下述部位是否漏油。

（1）变速器壳的接触面。

（2）驱动轴和拉索伸出区域。

（3）油封表面。

（4）排放塞和加注塞表面。

2. 手动变速器油液位及油质的检查

从变速器壳上拆卸加注塞，将手指插入塞孔，检查油与手指的接触情况，同时查看齿轮油是否浑浊，用手研磨检查是否存在细小金属微粒，是否保持黏滑性能，用鼻子闻是否有怪味。

二、手动变速器油的更换

（1）举升车辆，如图 5-5-1 所示，拆卸手动变速器内六角式放油螺钉放出润滑油，如图 5-5-2 所示。

图 5-5-1 拆卸放油螺钉

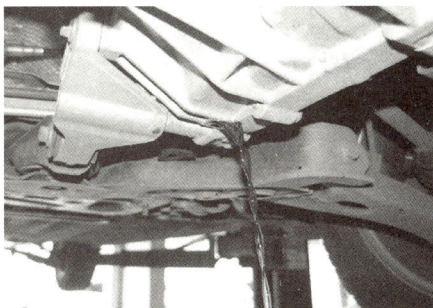

图 5-5-2 放出润滑油

（2）将油排净后，用新垫片重新安装放油螺钉，通过加油管和漏斗重新加注规定量的新变速器油，一般需要 2L，如图 5-5-3、图 5-5-4 所示。

（3）用新垫片重新安装加注塞。

图 5-5-3 将加油管插入加注塞中

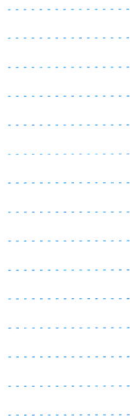

图 5-5-4 加注新变速器油

任务 6　自动变速器油的保养与更换

任务目标

1. 熟悉汽车自动变速器油的分类与选用；
2. 熟悉汽车自动变速器油的更换周期；
3. 熟悉自动变速器油的常见泄漏部位；
4. 掌握自动变速器油泄漏的检查方法和步骤。

导航案例

北京航空航天大学徐向阳教授多年来从事自动变速器研究，致力于带领中国汽车行业打破国外垄断，实现在自动变速器领域的突破，不仅迫使国外自动变速器降低售价，也使自动变速器终于有了"中国造"。经过十余年努力，徐向阳作为第一完成人完成的项目"前置前驱 8 挡自动变速器（8AT）研发及产业化"，获得 2016 年度国家科技进步奖一等奖。这不仅填补了国内技术空白，更是成功打破了国外企业对变速器技术的封锁和市场垄断。徐向阳教授由此也被誉为"中国 8AT 变速器第一人"。

相关知识

自动变速器油是专门用于自动变速器的油液。早期的自动变速器没有专用油液，而是用发动机油代替。由于工作状况和技术要求差异很大，所以发动机油作为自动变速器油使用的方法很快被淘汰。如今使用的自动变速器专用油既是液力变矩器的传动油，又是行星齿轮机构的润滑油和换挡装置的液压油。

一、自动变速器油的作用

（1）液力变矩器通过它将发动机动力传递给变速器，实现汽车平稳地自动起步。
（2）控制系统通过它传递压力和运动，完成挡位的自动切换。
（3）将变速器中的热量带出以散热。
（4）对变速器内的行星齿轮机构和摩擦元件进行强制润滑，清洁运动零件并起密封作用。

二、自动变速器油的使用性能及规格

自动变速器油的规格多采用美国材料与试验协会（ASTM）和美国石油协会（API）共同提出的分类标准。

（1）PTF-1 类油。主要用于轿车、轻型货车，作为液力传动油。此类油对低温黏度要求较高，即要具有良好的低温启动性。

（2）PTF-2 类油。它与 PTF-1 类油的最大不同是负荷高，对极压、抗磨性要求较高，但低温黏度要求较低。

（3）PTF-3 类油。主要用于建筑业机械的低速运转的变速器中，对耐负荷和抗磨性的要求比 PTF-2 类油更严格。

三、自动变速器油的更换周期

自动变速器油会因使用时间过长而变质，如果不及时更换，车辆将会出现换挡冲击变大、燃烧消耗增加、变速器产生异常噪声等现象。

自动变速器油在一般情况下需要每两年或每行驶 4 万公里更换一次，但是也因车型而定，不同的车型要求不一样。就日系车型来说，建议 4 万～8 万公里更换一次。高速行驶较多的车辆建议 6 万公里左右更换一次。另外，需要注意的是，如果更换油的频率过高，有时也会适得其反，所以适时才是最好的。

任务实施

一、自动变速器油的检查

1. 油面高度的检查

自动变速器油面高度的检查方法：

（1）将汽车停放在水平地面上，并拉紧驻车制动器。

（2）发动机怠速运转 1min 以上。

（3）踩住制动踏板，将操纵手柄拨至倒挡（P）、前进挡（D）、前进低挡（S、L 或 2、1）等位置，并在每个挡位上停留几秒，使液力变矩器和所有换挡执行元件中都充满液压油，最后将操纵手柄拨至停车挡（P）位置。

（4）从加油管内拔出自动变速器油尺，将擦干净的油尺全部插入加油管后再拔出，检查油尺上的油面高度。

自动变速器油面高度检查标准：如果自动变速器处于冷态（即冷车刚刚启动，液压油的温度较低，一般为室温或低于 25℃时），液压油油面高度应在油尺刻线的下限附近；如果自动变速器处于热态（如低速行驶 5min 以上，液压油温度已达 70～80℃），油面高度应在油尺刻线的上限附近。这是因为低温时液压油的黏度大，运转时有较多的液压油附着在行星齿轮等零件上，所以油面高度较小；高温时液压油黏度小，容易流回油底壳，因此油面较高。

注意事项：

（1）若油面高度过低，应从加油管处添加合适的液压油，直到油面高度符合标准为止。

（2）检查自动变速器油底壳、油管接头等处有无漏油。如有漏油，应立即予以修复。

（3）在自动变速器调整、加注液压油，并经试车之后，应重新检查自动变速器液压油的油面高度是否正常，油底壳、油管接头等处有无漏油。

（4）自动变速器在修理完毕后，也应进行全面的性能检查，修后检查是为了鉴定修理质量，检验自动变速器的各项性能指标是否达到标准要求。

2. 油质的检查

正常的自动变速器油清澈略带红色，且无异味。如果使用不当，容易出现油液变质，因此，必须加强对油质的检查。如果油样颜色清淡、充满气泡，主要是因为油面过高，油被搅动产生气泡，或密封不严，油液中混入空气或水所致。如果油样呈极深的暗红色或褐色，油尺上有膏状物，可能是因为未按期换油，导致油面过低，油品过热变质。如果油样呈黑色，并且含固体残渣，且有烧焦味，这是机械零件因润滑不良造成了烧灼，特别是制动带或摩擦片的烧灼。

3. 油温和通气管的检查

油温是影响自动变速器油性能和自动变速器使用寿命的一个重要因素。油温过高将使油液黏度下降、性能变坏，产生沉淀物和积炭，堵塞细小孔道，降低润滑、冷却效果，破坏密封件等，最终导致故障。影响油温的主要因素包括扭力转换器有故障，离合器、制动器打滑或分离不彻底，单向离合器打滑及冷却器堵塞、系统散热不良等。因此，用车时必须正确操纵自动变速器，保证自动变速器的运行状况良好。行车途中应注意温度表是否正常（大部分的变速器的散热器与水箱是共用冷却水），若发现温度过高，应立即停车检修。因自动变速器过热而引起自动变速器油变质时，应首先检查油面高度是否合适。若油面高度合适仍过热，则应更换自动变速器油。若换油仍不能奏效，就需要检查管路是否堵塞。若仍然难以奏效，那就需要全面检修自动变速器。

此外，还应注意检查自动变速器外壳上方的通气管是否畅通，以防被污泥堵塞，不利于变速器内气压平衡。

二、自动变速器油的更换方法

1. 自然换油法

自然换油法在行业内俗称"手换"，即打开自动变速器的放油螺钉，让里面的油液自然排出。这是一种旧的换油方式，优点是操作方便、耗时少，缺点是换油不彻底，只能放掉1/4～1/3旧油液（大约是4L）。由于添加油液后，新旧油液混合，自动变速器里面的油液性能处于不完善的状态，所以只能缩短换油时间。

2. 专用换油机更换法

专用换油机更换法在行业内俗称"机换"。利用机器产生压力，把变速器的润滑油管和散热油管里的油进行动态更换。绝大部分自动变速器的油液是通过发动机冷却水箱进行循环冷却的，机换是把换油机的注油管和出油管接入自动变速器通入水箱冷却的两根管，用压力进行循环换油。这种换油方式的优点是换油比较彻底，能够放掉85%以上的旧油液，而且可以把自动变速器内部的油垢和金属屑清理干净，更换油液的周期可以达到6万～8万公里，缺点是需要专用机械，耗费的工时多。

两种换油方法都必须在发动机启动（热车状态）的情况下进行，更换前车辆应行驶20min以上。换油前把挡位从P挡到N、D、L1、L2等挡位来回拨动，然后才开始换油，不能冷车换油。

三、用换油机更换自动变速器油作业

（1）举起车辆，拆下护板，并松掉放油螺钉，放出旧油，然后打开油底壳螺钉继续放掉旧油，如图5-6-1所示。清洗油底壳，如图5-6-2所示。

（2）换下旧变速器滤芯，如图5-6-3所示，装上油底壳。

（3）在自动变速器加油管中加入规定牌号的油，如图5-6-4所示，一般自动变速器油底壳内的储油量为4L；启动发动机，检查自动变速器油面高度；由于新加入的油的温度较低，油面应在油尺刻线的下限附近，如油面太低，应继续加油至规定的高度。

（4）让汽车行驶至发动机和自动变速器达到正常工作温度，再次检查油面高度是否在油尺刻线上限附近，如过低，应继续加油，直到满足规定要求为止。

（5）如果不慎将油加入过多，使油面高于规定的高度，千万不要凑合使用。因为当油面过高时，行驶中油被行星排剧烈地搅动，产生大量泡沫，这些带有泡沫的油进入油泵和控制系统后，对自动变速器的工作是极为不利的，其结果和油面高度不一样，会造成油压过低，导致自动变速器内的摩擦元件打滑磨损。因此，油面过高时，应把油放掉一些。有放油螺钉的自动变速器，只要把螺钉打开即可放油；没有放油螺钉的自动变速器，要少量放油时，可从加油管往外吸。

图 5-6-1　放出旧油

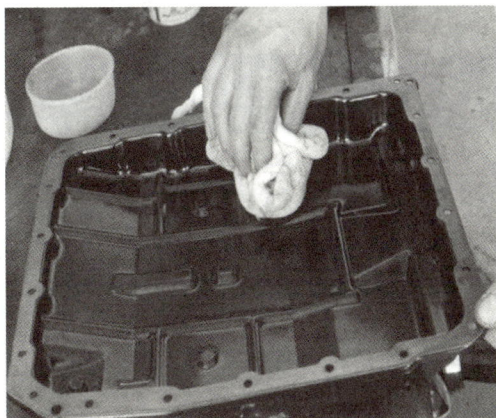

图 5-6-2　清洗油底壳

图 5-6-3　安装滤芯

图 5-6-4　换油机更换新油

　　一般自动变速器的总油量为 10L，按上述方法换油时，变速器内的油是无法放出的。当油严重变质、必须全部更换时，可先按上述方法换油，然后让汽车行驶约 5min 后再次换油。

四、自动变速器油的使用注意事项

　　（1）必须按规定方式经常检查自动变速器油的油面高度。

　　（2）必须使用规定牌号的液力传动油，除非万不得已，不得用一般锭子油代替；更不能用齿轮油或机油代替自动变速器油，否则会造成自动变速器的严重损坏。

　　（3）必须按规定时间或里程间隔进行换油，换油时必须同时清洗冷却器和滤清器。

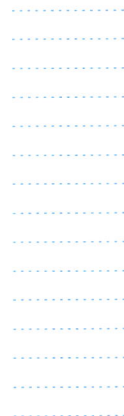

思考与练习

　　1. 在添加更换汽车油液时，我们应该注意什么？

　　2. 简述轮胎的检查与维护方法。

　　3. 驻车制动器在维护与保养时要检查哪些项目？如何实施？

　　4. 简述四轮定位流程。

　　5. 简述手动变速器油的更换。

　　6. 简述自动变速器油的更换。

项目六
汽车电气系统的维护与保养

知识脉络图

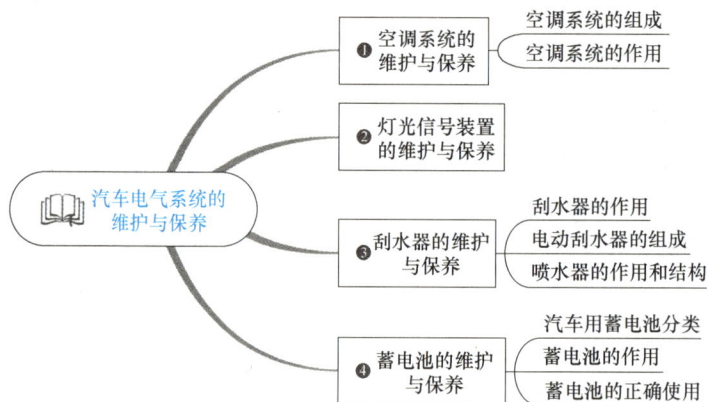

汽车电气系统的维护与保养
- ① 空调系统的维护与保养
  - 空调系统的组成
  - 空调系统的作用
- ② 灯光信号装置的维护与保养
- ③ 刮水器的维护与保养
  - 刮水器的作用
  - 电动刮水器的组成
  - 喷水器的作用和结构
- ④ 蓄电池的维护与保养
  - 汽车用蓄电池分类
  - 蓄电池的作用
  - 蓄电池的正确使用

任务1　空调系统的维护与保养

任务目标

1. 树立人类命运共同体理念和环保意识，培养探索求真、科学创新精神；
2. 了解汽车空调系统的组成及结构；
3. 掌握汽车空调的常规保养方法及步骤。

导航案例

　　人类的需求是推动历史前进的动力，于是制冷技术应运而生。1834年，来自美国的发明家雅各布·帕金斯向外界展示了他开发的蒸气压缩制冷循环技术，打开了人类制冷技术的大门，当时使用的制冷剂是乙醚。此后，围绕制冷剂的发明和变革从未停止。第一辆配备空调的汽车直到1939年才诞生。随着人们对制冷技术需求的不断变化，制冷剂的特性也在不断优化，从最初的可获得性到寻求稳定性，再到因环境问题寻求替代品。现今，为了进一步减少制冷剂对环境的影响，制冷剂将发展到第四代。目前第四代制冷剂还处于验证阶段，此前被认为是R134a制冷剂最合适的替代品的R1234yf制冷剂现在受到质疑，而杜邦和霍尼韦尔对这种新型制冷剂非常有信心。在新型制冷剂的推广中，欧盟制定的相关法规起到了推动作用。除R1234yf制冷剂外，二氧化碳制冷剂是另一种备受关注的制冷剂。对于新的制冷剂的推广和普及，可能需要较长时间。

📘 相关知识

一、空调系统的组成

汽车空调系统的组成如图 6-1-1 所示，按操作方式分为手动空调和自动空调。手动空调可由驾驶员手动调节，而自动空调则根据驾驶员设定的温度自动调节，使车内保持恒温状态。

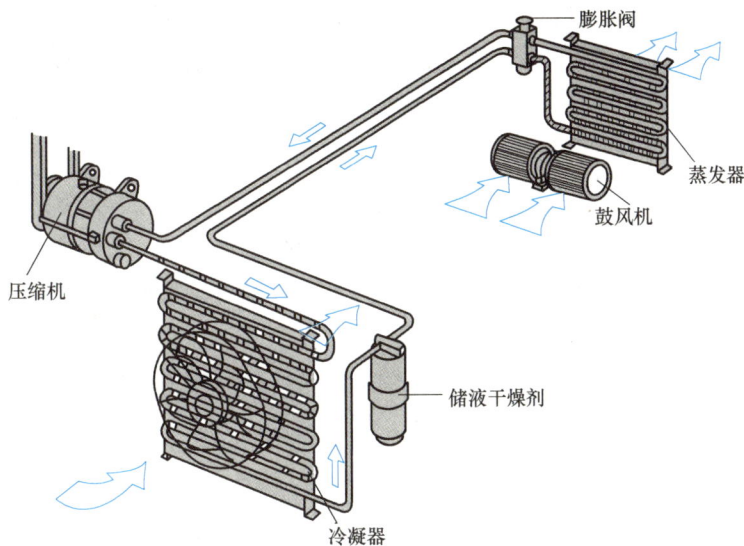

图 6-1-1 汽车空调系统的组成

二、空调系统的作用

1. 通风系统

通风系统的作用是在汽车行驶时保证室内通风，即对车内不断充入新鲜空气，驱排混有尘埃、二氧化碳及来自发动机的有害气体。在寒冷的冬季，还应对新鲜空气进行加热，以保证车内温度适宜。

2. 供暖系统

供暖系统的作用是对车内的空气或由外部进入车内的新鲜空气进行加热，达到取暖、除湿的目的。

3. 制冷系统

制冷系统的作用是在车外环境温度较高时降低车内温度，使乘客感到凉爽、舒适。

4. 空气净化系统

空气净化系统的作用是对引入的空气进行过滤，不断排出车内的污浊气体，保持车内空气清洁。

📘 任务实施

空调系统的维护与保养

1. 制冷剂要足够

汽车空调每年都会正常损失 15%～20% 的制冷剂，这是由于汽车空调压缩机的半封闭密封方法决定的。这是正常损失，可通过干燥器的入口管路和出口管路之间的温度差来估量，或通过歧管压力表进行检测。

加注制冷剂的方法如图 6-1-2 所示。

（1）汽车空调加注制冷剂前，先抽真空 1h。在系统无泄漏且内部绝对真空的状态下，打开 R134a 钢瓶且瓶口向下，拧松压力表中间软管接头，排去此段软管中的空气，打开高压侧手动阀，从高压侧灌入液态制冷剂。

（2）当高、低压表的压力达到平衡不再上升时，关闭高压侧手动阀，让 R134a 钢瓶瓶口向上，停 5min 以上。

（3）启动空调压缩机，打开低压侧手动阀，从低压侧灌入气态制冷剂。严禁从低压侧灌入液态制冷剂。此时发动机转速应保持在 800～1200r/min。

图 6-1-2　加注制冷剂的方法

（4）在充灌制冷剂时，从视窗观察制冷剂流动情况，待气泡消失后，立即关闭低压侧手动阀，然后使吸、排气工作阀处于后座位置，拆去检修压力表。

2. 检查压缩机皮带

压缩机皮带如图 6-1-3 所示，如果皮带表面与皮带轮槽接触侧面光亮，并且启动空调时有"吱吱"的噪声，说明皮带打滑严重，应更换皮带和皮带轮；如果皮带过松应给予调整，否则易使空调系统制冷不良；除此之外，还要检查皮带是否有破裂、磨损等现象，如果有，也应及时更换。

3. 清洗冷凝器

汽车冷凝器如图 6-1-4 所示，汽车空调使用久了，冷凝器上面会附着尘土、柳絮、树叶和小昆虫等，这样会引起散热不良。定期清洗冷凝器表面，可使空调系统的制冷效果大幅提高。

图 6-1-3　压缩机皮带

图 6-1-4　汽车冷凝器

清洗冷凝器的方法如下：

（1）将洗涤剂兑水。冷凝器的洗涤剂是碱性的，它对冷凝器略有腐蚀性，所以兑水降浓度很重要，过高的浓度虽然会洗得更干净，但是腐蚀性更强。

（2）发动汽车，打开空调，电子风扇旋转工作。先用清水冲洗，并利用电子风扇的旋转使清水遍布整个冷凝器，一定要冲到位、冲彻底。其间可能会因为冷凝器温度过低而使电子风扇停转，这时就要停止冲水，让冷凝器的温度上升，使电子风扇重新运转。

（3）整个冷凝器湿透后，用喷水工具将兑好水的洗涤剂喷到冷凝器表面，如图 6-1-5 所示，此时电子风扇还在运转，利用它的运转吸入洗涤剂并分布到各个角落，估计喷够了就停喷。然后关闭空调和发动机，观察冷凝器表面，几分钟后，就会看到表面的脏物慢慢"浮"起，并伴有小的泡沫。

图 6-1-5　冷凝器的清洗

（4）等几分钟，再次启动空调，使电子风扇旋转，此时要用大量的清水冲洗，冲洗得越彻底越好。

4. 空调制冷剂量的检查

很多车辆在空调系统中安装有观察窗，也称视液镜，可以通过观察视液镜来观察判断系统内的制冷剂量是否合适。首先启动发动机，将发动机转速稳定在 $1500\sim2000r/min$，把空调设置到最大制冷状态，风机转速设置到最大转速，启动空调 5min 后，通过视液镜观察。

通过视液镜观察制冷剂量的方法如表 6-1-1 所示。

表 6-1-1　通过视液镜观察制冷剂量的方法

现　象	结　论	处 理 方 法
视液镜下一片清晰,送风口有冷气吹出,发动机转速提高或降低时,可能有少量气泡出现,关闭空调随即起泡,然后消失	制冷剂适量	
视液镜下一片清晰,送风口有冷气吹出,关闭空调 15s 内不起泡	制冷剂过多	释放一些制冷剂
视液镜下有少量气泡出现,或每隔 $1\sim2s$ 就可看到气泡	制冷剂不足	执行系统检漏,并补充制冷剂
视液镜下看到很多泡沫或气泡消失,视液镜内呈现油雾状或出现机油条纹	制冷剂严重不足	执行系统检漏,并维修泄漏部位,重新将制冷剂加注至合适位置
视液镜下观察到云堆状现象	干燥剂已分散并随制冷剂流动	更换干燥剂

汽车空调制冷系统的各个部件和管路均采用可拆式连接，压缩机是开式结构，而空调制冷剂的渗透能力很强，因此制冷系统的泄漏很难避免。空调不制冷或制冷不足的故障中，

70%～80%是由于系统泄漏造成的，因此要经常检查制冷系统的各管道接头和连接部位、螺栓、螺钉是否有松动现象，是否有与周围机件相摩擦的现象，胶管是否有老化，进出叶子板处的隔振胶垫是否脱落或损坏。

5. 空调滤芯的保养

（1）空调滤芯的作用。

① 使空调格贴紧壳体，保证未过滤空气不会进入车内。

② 分隔空气中的灰尘、花粉、研磨颗粒等固体杂质。

③ 吸附空气中的水分、煤烟、臭氧、异味、碳氧化物、SO_2 等。

④ 保证汽车玻璃不会蒙上水蒸气，使驾乘人员视线清晰，行车安全。

⑤ 保证驾驶室空气清洁而不滋生细菌，创造健康环境；能有效拦截粉尘，保证驾乘人员不会因过敏反应而影响行车安全。

（2）空调滤芯的维护及更换周期。正常情况下，原厂空调滤芯使用寿命是 30000km 或一年，如果经常对空调滤芯进行清理，能够延长空调滤芯的使用寿命。一般车辆行驶里程超过 20000km，建议更换空调滤芯，如图 6-1-6 所示。清理空调滤芯上的粉尘可用高压气枪，如图 6-1-7 所示，千万不要用水清洗。

图 6-1-6　更换空调滤芯

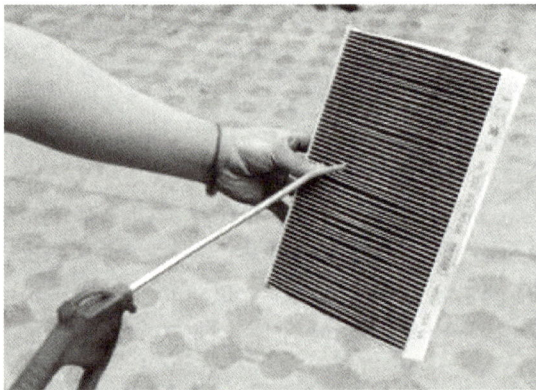

图 6-1-7　清理空调滤芯

注意：

① 夏天车内的温度比车外高，刚进入车内时，应该先开窗通风，并开启外循环，把热气排出去。等车内温度下降之后，再换成内循环。

② 汽车空调要在全封闭状态下使用，在使用过程中，若车门、车窗关闭不严，将致使制冷效果不佳，而且浪费燃油。

知识拓展

汽车空调异味

汽车空调在使用一段时间后，经常会产生类似霉变、烟尘的气味；制冷或制热时，从风口吹出来的空气不清新，人在车里待久了，会感觉鼻腔、气管不适。这些都是由汽车空调的异味造成的。为什么汽车空调会产生异味呢？

原因：

（1）空调系统运转时，空气中的水蒸气在空调的冷凝蒸发器表面形成冷凝水，其中一部分水在空调关闭后会留在蒸发器和空调管路中。这些水和空气中的微生物及污染物相结合，在潮湿、温暖和黑暗的空调系统中成为毛霉菌、曲霉菌、青霉菌、LP 杆菌和螨虫等的温床，从而产生异味。

（2）驾乘人员在车内吸烟产生的烟碱味。

（3）车内橡胶、塑料及皮革发出的气味。

（4）外界空气中的烟雾、灰尘及废气进入车内产生的气味。

这些异味不但会使人呼吸困难，免疫力下降，而且会令人烦躁，降低判断力和记忆力，严重时会导致交通事故。从空调管路里吹出来的细菌、霉菌和病毒等时刻威胁着驾乘人员的身体健康，所以，汽车空调系统的清洗养护是非常重要的。

任务 2　灯光信号装置的维护与保养

任务目标

1. 培养遵纪守法意识和社会责任感；
2. 掌握汽车灯光信号装置的作用；
3. 掌握汽车灯光信号装置的检查与维护。

导航案例

《机动车运行安全技术条件》规定，用户不得对车辆外部照明和信号装置进行改装，也不得加装强制性标准以外的外部照明和信号装置，改装后的灯光装置极易造成行驶车辆视线变差，且存在极大的安全隐患，还会对行人、驾驶员产生眩目效果，易引发事故，所以私自改装氙气灯等行为涉嫌违法。安全驾驶，人人有责。

相关知识

按照安装位置和用途的不同，汽车照明系统可分为车内照明系统和车外照明系统两大部分，车外照明灯如图 6-2-1 所示。

汽车灯具的种类及作用如下。

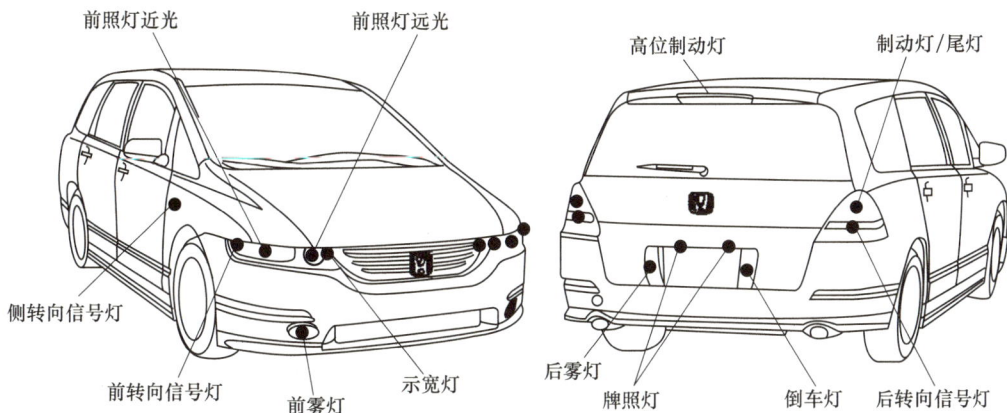

图 6-2-1　车外照明灯

1. 前照灯

前照灯装于汽车头部两侧，用于夜间行车时的道路照明。前照灯有两灯制和四灯制之分，功率一般为 40～60W。

2. 雾灯

雾灯有前雾灯和后雾灯两种。前雾灯装于汽车前部比前照灯稍低的位置，用于在雨雾天气行车时照明道路。为保证雾天高速行驶的汽车向后方车辆提供车位置信息，交通管理部门规定，在车辆后部加装功率较大的后雾灯，以降低交通事故的发生率。雾灯的光色规定采用光波较长的黄色、橙色和红色。

3. 牌照灯

牌照灯装于汽车尾部的牌照上方，用于夜间照明汽车牌照。

4. 仪表灯

仪表灯装于汽车仪表板上，用于仪表照明，如图 6-2-2 所示，以便驾驶员获取行车信息和正确进行操作，其数量根据仪表设计布局而定。

图 6-2-2　仪表灯

5. 顶灯

顶灯装于驾驶室或车厢顶部，用于车内照明。

6. 转向信号灯

汽车转弯时，发出明暗交替的闪光信号，以表明汽车向左或向右转向行驶，使前后车辆、行人知其行驶方向。转向信号灯一般有四只或六只，有前、后、侧转向信号灯之分，光色一般为橙色。

7. 危险报警闪光灯

危险报警闪光灯与转向信号灯共用。当车辆出现故障停留在路面上时，按下危险警报开关，全部转向灯同时闪亮，提醒后方车辆避让。

8. 示宽灯

示宽灯（前小灯）装于汽车前后两侧边缘，白色，用于标示汽车夜间行驶或停车时的宽度轮廓。

9. 尾灯

尾灯装于汽车尾部，左右各一只，红色，用于警示后面车辆。

10. 制动灯

制动灯装于汽车后面，每当踩下制动踏板时，便发出较强的红光，以示制动或减速停车，向车后发出灯光信号，警示随后车辆及行人。制动灯多采用组合式灯具，一般与尾灯共用灯泡（双丝灯），但制动灯功率较大（为 20W 左右）。

11. 倒车灯

倒车灯装于汽车尾部，左右各一只，白色，用于照亮车后路面，并警告车后其他车辆和行人，表示该车正在倒车。

将前照灯、示宽灯、前转向信号灯等组合起来称为组合前灯；将尾灯、后转向信号灯、制动灯、倒车灯组合起来称为组合后灯。

📖 任务实施

一、汽车前照灯的更换

（1）更换真空灯芯。前照灯不亮时，首先要查看是不是插座和电线状况不良所引起的，或是保险丝烧断了，如果确定是前照灯灯泡损坏，先拆下前照灯的装饰罩，卸下前照灯的固定螺钉，如果还有其他配件妨碍拆卸，应一并卸下。

（2）取下前照灯灯芯，小心拔下电线及插头，然后按与拆下相反的顺序，将新灯芯装复，装复后不要忘记调整前照灯的照射角度。

灯光检查

（3）更换前照灯卤素灯泡。近年来出现的车型普遍采用使用卤素灯泡的前照灯。当卤素灯泡烧损坏时，拆下前照灯的电线和插头，取下防尘盖、橡胶灯座和烧坏的卤素灯泡，然后按与拆卸时相反的顺序将灯泡装复。

二、前照灯光束的调整

汽车前照灯（俗称"汽车大灯"）是汽车夜间行驶的主要设备，前照灯亮度、光束角度如果不正确，将影响夜间行车安全。前照灯光束的调整方法如下。

方法一：使用前照灯测试仪调整前照灯。将轮胎气压正常的空车停放在平坦的场地上，在驾驶室内安排一名驾驶员或将 60kg 的重物放在驾驶员位置上，使车前部对准如图 6-2-3 所示的前照灯测试仪，按测试结果进行调整。

方法二：使用幕墙（屏幕）调整前照灯。将轮胎气压正常的空车停放在平坦的场地上，在驾驶室内安排一名驾驶员或将 60kg 的重物放在驾驶员位置上，使车前部对着幕墙保持一定的距离（正面相对 10m），如图 6-2-4 所示。

图 6-2-3　前照灯测试仪

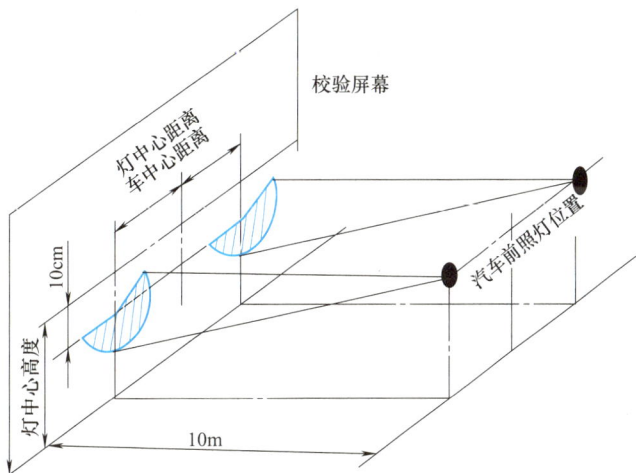

图 6-2-4　前照灯光束位置

接通灯光开关,调整灯的光束。调灯时以一只灯为单位进行调整,首先遮蔽其他前照灯;然后拧动上下左右光束调整螺钉,使主光束(光度最高点)处于规定高度;前照灯上下左右调整时,必须拧入螺钉调整。若需拧松调节时,应完全拧松后再拧入螺钉调整。

三、其他信号灯的检查

(1)仪表指示灯。打开点火开关,车辆自检,5s之后各个警告灯熄灭,自检完毕;启动发动机后,所有警告灯熄灭为正常。

(2)制动系统警告灯。该灯亮起,提示制动系统存在故障,应该立即检修。

(3)发动机机油压力警告灯。该灯亮起,提示发动机润滑系统存在问题,应该立即检修。

(4)燃油指示灯。该灯亮起,提示需要添加燃油。

(5)安全带指示灯。该灯亮起,提示主驾驶或副驾驶未系安全带。

知识拓展

一、氙气大灯

氙气大灯的全称是 HID(high intensity discharge)气体放电灯,灯泡如图6-2-5所示,它利用配套电子镇流器,将汽车电池提供的12V电压瞬间提升到23kV以上(触发电压),将氙气大灯中的氙气电离形成电弧放电并使之稳定发光,提供稳定的汽车前照灯照明。

氙气大灯具有以下优点:

(1)亮度高。亮度的单位是流明,流明值越大,亮度越高。一般55W的卤素灯只能产生1000lm(流明)的光,而35W的HID气体放电灯能产生3200lm(流明)的光,亮度是卤素灯的3倍多,因此HID气体放电灯比其他车灯照得更亮、更广、更远,可大幅减少夜间行车事故发生概率。

(2)色温高。HID气体放电灯可以制造出4000~6000K色温的光,颜色接近正午日光,人眼的接受度及舒适度最高。

(3)寿命长。HID气体放电灯是利用电子激发气体发光的,并无钨丝,因而寿命长,一组HID气体放电灯命令大约为3000h。

(4)耗电少。HID气体放电灯的功率一般只有35W,而普通车灯的功率一般为55W。

(5)应急性好。当电源系统出现供电问题时,HID气体放电灯会延长几秒才熄灭,给驾驶员一定时间处理紧急情况。

二、LED车灯

LED车灯是指采用LED(发光二极管)为光源的车灯,灯泡如图6-2-6所示。因为LED具有亮度高、颜色种类丰富、低功耗、寿命长的特点,被广泛应用于汽车领域。

LED车灯具有以下特点。

(1)节能。LED车灯是冷光源,总体来说耗电量低,比传统光源节能70%以上。

(2)环保。光谱中没有紫外线和红外线,既没有热量,也没有辐射,眩光小,而且废弃物可回收,没有污染,不含汞元素,可以安全触摸,属于典型的绿色照明光源。

(3)寿命长。灯体内没有松动的部分,不存在灯丝发光易烧、热沉积、光衰等缺点,在恰当的电流和电压下,使用寿命可达6万~10万小时,比传统光源寿命长10倍以上。

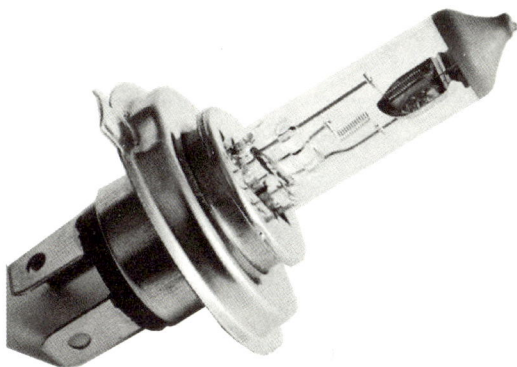

图 6-2-5　氙气大灯灯泡

图 6-2-6　LED 车灯灯泡

（4）亮度高，耐高温，体积小。

（5）稳定性好，抗振性强。树脂封装，不易碎裂，容易储藏和运输。

（6）发光纯度高，色彩鲜艳，无需灯罩滤光，光波误差在 10nm 以内。

（7）反应速度快，无需热启动时间，微秒内即可发光（传统玻璃壳灯泡则有 0.3s 延迟），作为后车灯可防止追尾。

（8）成本高。以 LED 倒车灯为例，一个 LED 倒车灯将近 30 元，而一个玻璃壳灯泡价格仅为 3 元，相差 10 倍。

三、随动转向前照灯

随动转向前照灯即自动转向大灯，也可以叫作自动头灯。随动转向前照灯系统简称 AFS（adaptive front-lighting system），全称汽车自适应前大灯系统或智能前照灯系统，如图 6-2-7 所示，能够根据汽车转向盘角度、车辆偏转率和行驶速度，不断对灯进行动态调节，适应当前的转向角，保持灯光方向与汽车的当前行驶方向一致，以确保对前方道路提供最佳照明，并为驾驶员提供最佳可见度，从而显著增强了黑暗中驾驶的安全性。在路面照明差或多弯道的路况条件下，可扩大驾驶员的视野，而且可提前提醒对方来车。

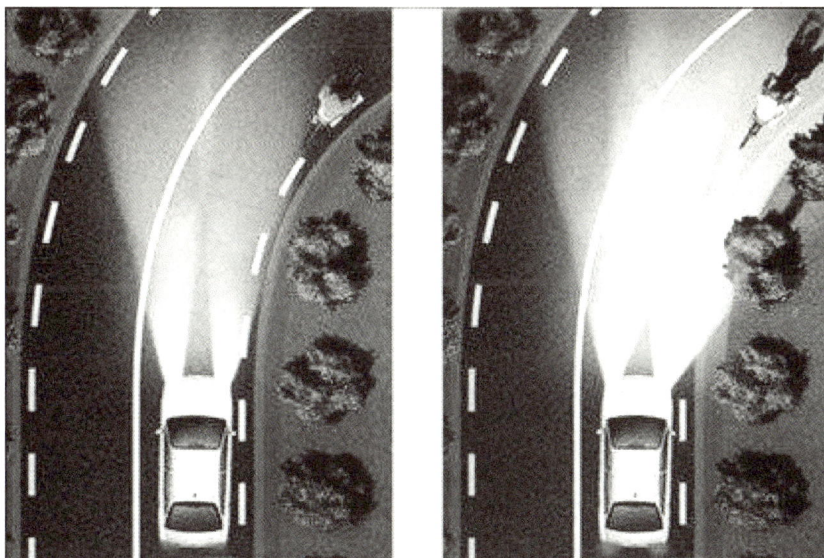

图 6-2-7　有无 AFS 的转向的前照灯区别

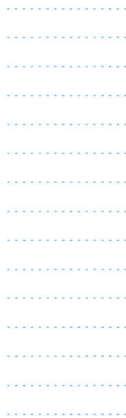

任务 3   刮水系统的维护与保养

任务目标

1. 掌握汽车刮水器的工作原理；
2. 能进行汽车刮水系统的维护和保养。

导航案例

就像开车一样，我们要实现人生目标，到达理想的目的地，不仅要在正确的道路上行驶，在遇到"风雨"的时候还要学会利用"刮水器"及时去除眼前的"污泥浊水"，这样我们才能时刻清晰的看到我们要走的路，不会误入歧途，发生事故，最终实现我们的人生目标。

相关知识

一、刮水器的作用

刮水器又称雨刷，是用来刮除附着于车辆风窗玻璃上的雨点及灰尘的设备，用以改善驾驶员的能见度，增加行车安全性。因为法律法规要求，几乎所有地方的汽车都带有刮水器，掀背车等车辆的后车窗也装有刮水器。刮水器有真空式、气动式和电动式三种。

目前，应用于汽车上的刮水器电动机基本上都是永磁式直流电动机。其定子磁场是由锶钙铁氧体（或其他永磁材料）形成的一组永久磁场。它具有结构简单、比功率大、耗电少、机械特性较硬等优点。

二、电动刮水器的组成

电动刮水器工作原理是电动机的旋转经减速和联动机构的作用变成刮水臂的摆动，如图6-3-1 所示，主要由以下几部分组成。

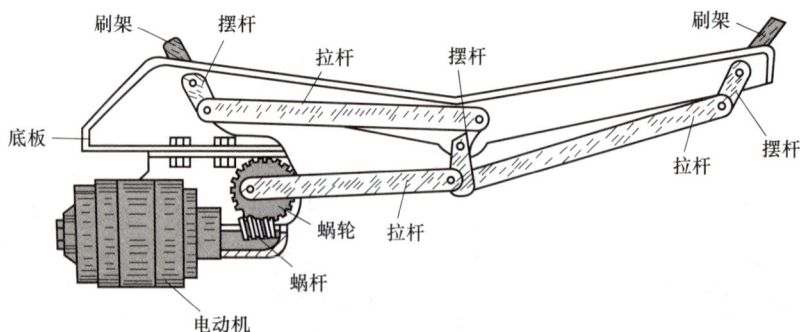

图 6-3-1 刮水器结构

1. 刮水片

最终完成刮水作用的是橡胶片，即刮水片。刮水片靠刷架支撑，铰接在弹性刮水臂上，弹性刮水臂使刮水片紧贴在风窗玻璃上。当使用刮水器时，刮水器电动机会通过联动杆件带动刮水臂左右摆动，刮水片就会在风窗玻璃上清扫雨水及杂物。

2. 电动机

刮水器的动力源为直流变速电动机，内有快慢两个线圈，电动机输出经蜗轮蜗杆减速机减速，并改变输出方向。

3. 联动机构

联动机构把电动机的旋转运动传递给刮水臂并转化为摆动，并能够控制刮水片的摆动范围。

4. 刮水控制开关

刮水控制开关安装在组合开关右侧的操纵杆上，用于控制刮水器的动作。

三、喷水器的作用和结构

喷水器的主要作用就是除去刮水器无法刮去的灰尘或油污。

喷水器主要由清洗液（玻璃水）储存罐、喷水器电动机、喷水器管、喷水器喷嘴和清洗液等组成，如图 6-3-2 所示。

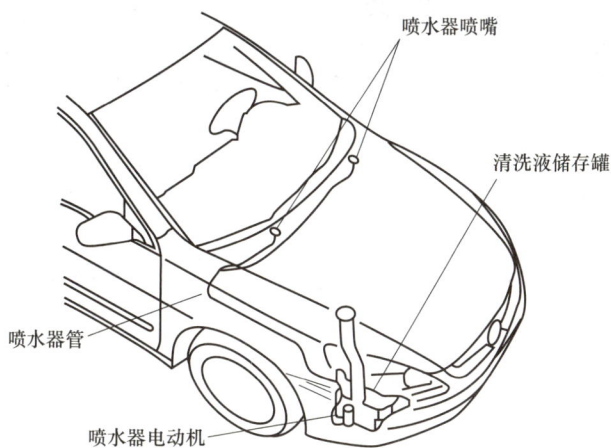

喷水器喷嘴

清洗液储存罐

喷水器管

喷水器电动机

图 6-3-2　喷水器的组成

任务实施

一、刮水器和喷水器的维护与保养

1. 刮水器电动机检测

在对刮水器进行维护和保养时，应首先检查刮水器运行是否正常。将刮水器设置到不同的刮水速度，查看在各种不同速度下刮水器运行是否正常。如果不正常，要检查刮水器电动机。

2. 清洗液的液位检查

目视检查清洗液的液位，应在规定范围内，如果缺少应添加，如图 6-3-3 所示。

3. 检查喷水器喷嘴堵塞情况

在保证清洗液足够的情况下，拨动喷水器喷射开关，观察有无清洗液喷出，检查喷嘴是否堵塞，如图 6-3-4 所示。

4. 检查喷水器的喷洒压力

拨动喷水器喷射开关，观察所喷洒出的清洗液的高度，高度位于风窗玻璃高度的 2/3 处为合格。

添加玻璃水

5. 检查清洗液喷射区域

如果喷水器系统运转正常，由喷水器喷出的清洗液应准确喷射在规定区域内，使刮水器刮水片能顺利刮除。如果维护中发现清洗液喷射区域与规定范围有较大误差，应及时调节喷嘴喷射角度，如图 6-3-5 所示。

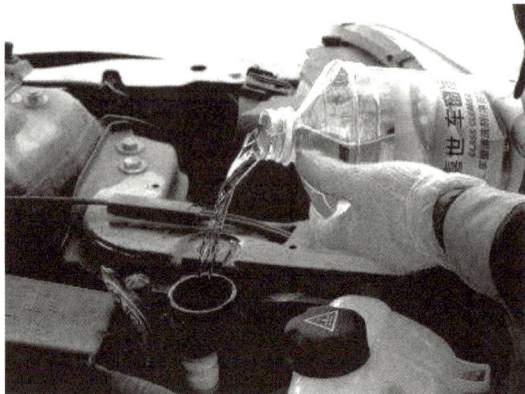

图 6-3-3　清洗液添加

图 6-3-4　检查喷嘴堵塞情况

刮水片更换

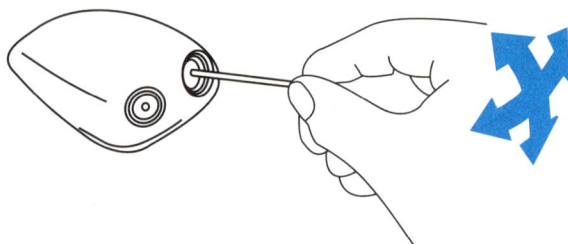

图 6-3-5　喷水器喷头喷射位置调整

6. 喷水器管检查

维护时如果发现喷水器管破裂或阻塞，应更换新的软管。

7. 刮水器刮水片更换

刮水器刮水片一般采用橡胶制成，使用过久后会产生变形或破损，在维护和保养中如果发现刮水片变形或破损，应给予更换，如图 6-3-6 所示。

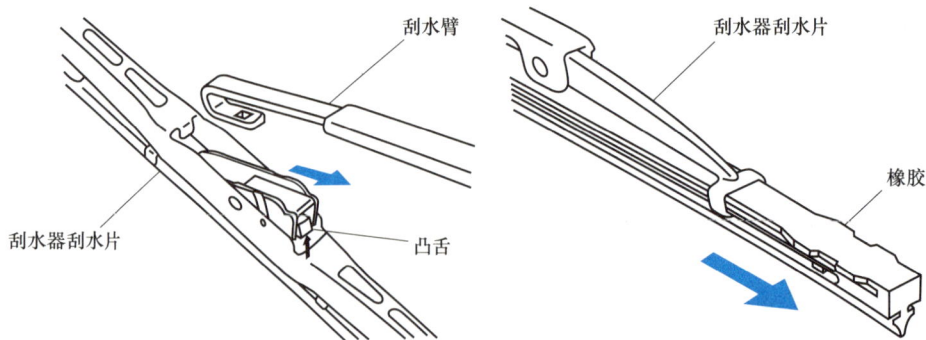

刮水臂　刮水器刮水片　刮水器刮水片　凸舌　橡胶

图 6-3-6　拆卸刮水器刮水片过程

8. 刮水器电动机保养

刮水器电动机多是永磁交流电动机，电动机磁极多采用陶瓷材料，因此拆卸时应防止电动机从高处跌落，以免损坏。刮水器电动机多为封闭式，不可随意拆卸，只有在必要时方可进行拆解保养、清洗内部、在含油轴承毛毡上加注润滑油、更换或补充减速器内润滑脂。拆解保养后，重新装配电动机时应注意不要让金属屑吸入机壳内。各部分的配合也不得过紧，以免转动阻力过大而烧坏电动机。若接通开关时刮水器嗡嗡作响而不转动，说明转动部分有锈死或卡住，应立即切断开关，以防烧毁电动机。

二、刮水器的使用

（1）刮水器是用来刮雨水的，不是用来刮"泥"的。正确使用刮水器，不仅能够延长刮水器的使用寿命，还能有效地保持良好的视线，更有利于安全行车。

（2）当风窗玻璃干燥或有积雪、结冰、泥浆块、干硬鸟粪等障碍物时，不要使用刮水器，否则会损坏刮水片、刮水电动机和玻璃。

（3）冬季寒冷天气使用刮水器前，应先检查刮水片是否已冻结在车窗上，如已冻结应先开启风窗加热功能，确保前后风窗玻璃及刮水片间的冰融化后方可正常使用。

（4）如果在使用风窗玻璃刮水器后风窗玻璃仍不干净或工作时刮水片振动，这可能是在风窗玻璃上或刮水片上有蜡或其他物质，可用清洗液或温和的清洗剂清洗风窗玻璃的外表面。如果用水清洗时不再形成水珠，则说明风窗玻璃已经干净了。用在清洗液或温和清洗剂中打湿的布擦拭刮水片来干净，然后用水冲洗刮水片。如果在清洗刮水片和使用刮水器后，风窗玻璃仍不干净，应更换刮水片。

（5）刮水器最好使用第二挡，连续来回刮。小雨时使用间歇的模式来刮，这样不太好。在路上，不仅要防天上的雨，还要防前车溅起的泥水，间歇模式很容易把风窗玻璃上的泥水刮成泥渍的花纹，严重影响视线。

📖 知识拓展

一、夏天能不能用水或水与洗洁精等勾兑代替玻璃水

从清洁效果来说，玻璃水的组成除水之外，还有有机分解成分，能分解清洁玻璃上沾的油渍污渍。而单纯的水不能溶解这些成分，所以洗不干净。加点洗洁精或洗衣粉、酒精能溶解油渍，短时间能看到清洁效果，但长此以往，玻璃会慢慢地越刮越难刮清楚。从保养的角度来说，玻璃水是专门的清洁玻璃用液，对喷水管道、器械、金属、玻璃等没有腐蚀作用。而纯水或用户自己配制的清洁剂，含有各种杂质，或许在里面还有腐蚀性的物质，长时间使用可能产生各种问题，如腐蚀配件、沉淀杂质产生水垢、堵塞喷水管等。从费用上来说，一瓶玻璃水的价格也不贵。所以，不论是夏天还是其他季节，都不建议用水来替换玻璃水。若是在冬天，天一冷，水容易结冰，那问题就大了，不仅喷不出水，如发现不及时还可能直接造成损坏。

二、刮水器的种类及特点

从汽车诞生至今，汽车刮水器经历了三代：第一代为传统有骨刮水器；第二代为无骨刮水器；第三代为复合式（三节式）刮水器。如图 6-3-7 所示。

（1）有骨刮水器，主要靠铁骨架支撑刮水器结构，保持刮水器橡胶条贴合汽车玻璃刮水来实现清洁功能。

优点：发展多年、质量稳定、价格实惠。

缺点：①铁骨架多采用 SPCC（冷轧板）烤漆处理，使用时间久了，容易生锈，影响汽车美观；②外观与采用流线型外观的车型格格不入，不好看。

（2）无骨刮水器，取消外观难看的铁骨架，采用记忆碳钢弹片来维持刮水器橡胶条贴合玻璃来实现清洁功能。

优点：①外观优美，无骨刮水器多增加按空气动力学设计的加压片，使汽车在高速行驶时贴合度更好；②针对不同车型的玻璃弧度开发无骨弹片，刮水器贴合度理论上比有骨的好。

缺点：①由于采用记忆碳钢弹片，质量控制难度高，市场上无骨产品质量良莠不齐，特别是小工厂生产的无骨刮水器质量不稳定；②价格相对传统有骨产品高。

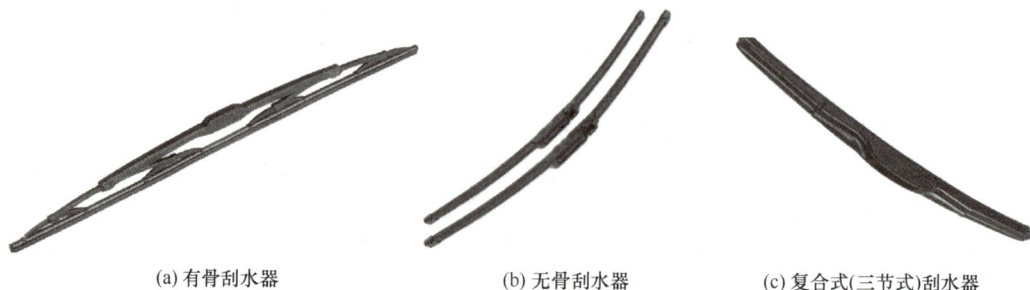

(a) 有骨刮水器　　(b) 无骨刮水器　　(c) 复合式(三节式)刮水器

图 6-3-7　刮水器的种类

（3）复合式（三节式）刮水器，刮水器内部保留了有骨刮水器骨架稳定的特点，同时运用记忆钢材料实现无骨的增加贴合度的设计，整合了传统有骨刮水器和无骨刮水器的优点。

优点：外观优美。

缺点：价格相对无骨产品要高很多。

任务 4　蓄电池的维护与保养

任务目标

1. 树立民族自信和开拓创新、科技报国的精神；
2. 了解蓄电池的结构及作用；
3. 掌握蓄电池的维护方法及步骤；
4. 熟悉蓄电池的充电方法。

导航案例

电池产业起源于欧美，在日本和韩国发展壮大，中国虽起步较晚，但发展迅猛，尤其是车载动力电池现已走在世界前列。截至 2023 年 7 月，全球动力电池装车量前十名企业中中国企业占据六席，其中宁德时代市场占比达 36.3%，并在产能、技术、成本、客户资源等方面具有明显优势，成为动力电池行业全球龙头企业。

相关知识

汽车蓄电池也叫电瓶，蓄电池是电池的一种，它的工作原理就是把化学能转化为电能。通常使用的是铅酸蓄电池，即一种主要由铅及其氧化物制成，电解液是硫酸溶液的蓄电池。

铅酸蓄电池的构造如图 6-4-1 所示，主要由正（负）极板、隔板、电解液、池槽、顶盖、端子等组成。

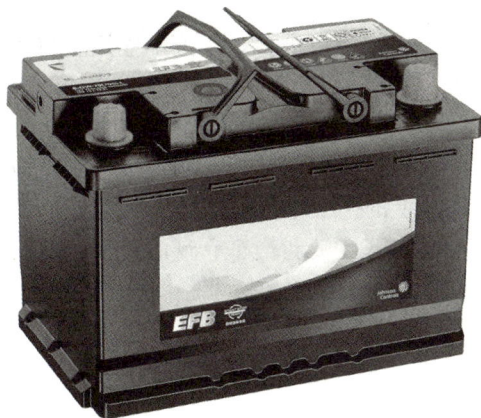

图 6-4-1　汽车蓄电池及构造

汽车蓄电池搭电　　蓄电池性能检测

一、汽车用蓄电池分类

蓄电池主要分为普通蓄电池、干荷蓄电池和免维护蓄电池三类。其中，大家比较熟悉的在乘用车上使用的蓄电池基本就是普通蓄电池与免维护蓄电池这两类。目前市场上销售的大部分车型采用了免维护蓄电池。

1. 普通蓄电池

普通蓄电池又称铅酸蓄电池，它的电极是由铅和铅的氧化物构成，电解液是硫酸的水溶液。主要优点是电压稳定、价格便宜；缺点是比能低（即每千克蓄电池存储的电能）、使用寿命短和日常维护频繁。老式普通蓄电池一般寿命为 2 年，而且需定期检查电解液的高度并添加蒸馏水。但随着科技的发展，目前普通蓄电池的寿命变得更长，而且维护也更简单。

2. 免维护蓄电池

免维护蓄电池最大的特点就是"免维护"。和普通蓄电池相比，它的电解液消耗量非常小，在使用寿命期内基本不需要补充蒸馏水。它还具有耐振、耐高温、体积小、自放电小的特点。相对的，它的售价也比普通蓄电池高。至于使用寿命，正常情况下，建议免维护蓄电池更换周期为 3 年，与普通蓄电池相同。

二、蓄电池的作用

（1）在发动机启动时，给启动机提供大电流，同时向点火系统、燃油喷射系统及发动机等用电设备供电。

（2）在发动机不发电时，由蓄电池向用电设备供电。

（3）当取下汽车钥匙时，由蓄电池向时钟、发动机及车身 ECU 存储器、电子声像系统及防盗报警系统等供电。

三、蓄电池的正确使用

（1）蓄电池的蓄电量可以在仪表板上反映出来。当电流表指针显示蓄电量不足时，要及时充电。有时在路途中发现电量不够了，发动机又熄火启动不了，作为临时措施，可以向其他车辆求助，用其他车辆上的蓄电池来发动车辆，将两个蓄电池的负极和负极相连，正极和正极相连。

（2）在亏电解液时应补充蒸馏水或专用补液，切忌用饮用纯净水代替，因为纯净水中含有多种微量元素，对蓄电池会造成不良影响。

（3）加液时不要让其他物质掉进蓄电池内，如有物质掉进去，千万不能用金属去钩，应用干木棒夹出杂质。如用铁丝或铜丝去钩，金属会在硫酸的腐蚀下进入蓄电池形成自放电，损坏蓄电池。

（4）蓄电池长久不用，它会慢慢自行放电，直至报废。因此，每隔一段时间就应启动一次汽车，给蓄电池充电。另一个办法就是将蓄电池上的两个电极拔下来，需注意的是从电极柱上拔下正、负两根电极线，要先拔下负极线，或卸下负极和汽车底盘的连接，然后再拔去带有正极标志（＋）的另一端。

（5）蓄电池有一定的使用寿命，到一定时期就要更换。在更换时同样遵循上述次序，但是在把电极线接上去时，次序恰恰相反，先接正极，然后再接负极。

📚 任务实施

一、蓄电池的拆卸步骤

（1）确认蓄电池安装部位，大部分车型安装在发动机舱或行李舱，也有个别车型安装在驾驶室，在相应位置做好车身防护措施。

（2）拆卸蓄电池防护罩等外部保护装置，用万用表测量两电极柱之间的电压，或通过观察孔查看蓄电池状态，并向客户解释这些情况。

（3）如车辆带有防盗系统（含音响防盗），可以先接上外接电源，或并联一块电量充足的蓄电池。注意：先连接正极，再连接负极，外接电源的正极可直接连在蓄电池正极接线柱上，但负极不要直接连在蓄电池负极接线柱上，而应该连接到车身搭铁处。

（4）关闭故障车辆的点火开关（部分车型需要放置在 ON 挡，例如 2005 年以前生产的沃尔沃 S80 等，应以维修手册为准），先断开蓄电池的负极连接线，再断开正极连接线。如果蓄电池带有通气管，要先将其取下。

（5）拆除蓄电池的固定装置，取出蓄电池。如果车辆连接了外接电源，注意不要令正极接线与车身接触，可用棉布等进行隔离。

（6）如果旧蓄电池有漏液腐蚀现象，还需要清洁蓄电池连接线。

二、蓄电池的安装步骤

（1）安装新的蓄电池前，如果蓄电池品牌型号不一致，要对比新旧蓄电池的外形尺寸和接线柱位置，还要仔细核对蓄电池的容量和冷启动电流参数。特别是在北方冬季，如果冷启动电流不满足要求，可能造成车辆启动困难。

（2）如条件允许，应使用蓄电池检测仪进行测试，有些蓄电池在久置之后，虽然正负极之间的电压高于 12V，但实际上容量并不充足，也就是所谓的"虚电"，这种蓄电池需要进行充电。需要注意的是，一定要在环境温度高于 0℃时进行测量，高于 5℃时进行充电。

（3）将新的蓄电池放置到安装位置，并进行固定。对于带有通气管的蓄电池，不要忘记从旧蓄电池上取下通气管接头，安装到新的蓄电池上。对于铅酸蓄电池，要注意在安装过程中蓄电池的倾斜角度不要超过 30°。

（4）连接蓄电池接线时，要先连接正极，再连接负极。安装完成后，可在蓄电池接线柱上喷涂防锈保护剂或无酸酯进行保护。

（5）检查确认紧固可靠后，即可拆除外接电源。启动发动机，检查发动机电压，可在发动机输出端测量，也可在蓄电池接线柱上测量，如有专用诊断设备，还可以读取数据流中的电压数据。另外，建议在发动机怠速和 2000r/min 时分别进行测量。

（6）对于由于放电故障造成更换蓄电池的车辆，还应检查车辆的休眠电流。传统的方法是将万用表置于电流挡，然后串联到蓄电池负极线路中，闭锁所有车门锁，关闭点火开关并激活防盗系统，静置一段时间，直至电流稳定。

（7）对于配备有电源管理系统的车辆，在负极线路中安装有传感器，这样的车辆只能使用钳式电流表一类的设备进行电流测试。一般来说，车辆的休眠电流应小于 50mA（以车型维修手册为准，例如部分宝马车型只要求小于 80mA）。

（8）在更换蓄电池后，还应使用诊断仪清除系统中记录的相关故障码。对于配备电源管理系统的车辆，如奔驰、宝马及奥迪等品牌的车辆，还需要在电源管理系统中输入新蓄电池的型号，并进行系统复位。

（9）确认电气系统检查无误后，安装好蓄电池保护装置，取下车身保护设施，关闭发动机罩或行李舱盖，将车辆交还客户。

三、蓄电池的检查

1. 蓄电池外观的检查

（1）经常保持蓄电池外部清洁，清洁蓄电池外表的灰尘及泥水，疏通加液孔盖上的通气小孔，擦去电池上的电解液，清除蓄电池电极柱和导线插头的氧化物，并涂以保护剂（如凡士林）。

（2）紧固蓄电池安装架，紧固电极柱与导线的连接并涂上保护剂。

（3）检查蓄电池盖是否有裂纹或泄漏。

（4）检查蓄电池通风孔是否损坏或堵塞。

（5）检查蓄电池端子导线是否松动。

2. 检查蓄电池电解液液面高度

（1）玻璃管测量法。蓄电池每个单格电池的电解液液面高度应高出极板 10～15mm。检测时，使用内径为 3～5mm 的玻璃管，一端竖直插入蓄电池加液孔内，如图 6-4-2 所示，且与极板防护片相抵，另一端用手指堵住，利用其真空度，当把玻璃管提起时，就把电解液吸入管内，电解液高度即为电解液高出极板的数值。

（2）观察液面高度指示线法。如图 6-4-3 所示，正常液面高度应介于两线之间，液面过低时，应加入蒸馏水补充，以恢复正确的液面高度。除非确知电解液溅出，否则不许添加硫酸溶液。

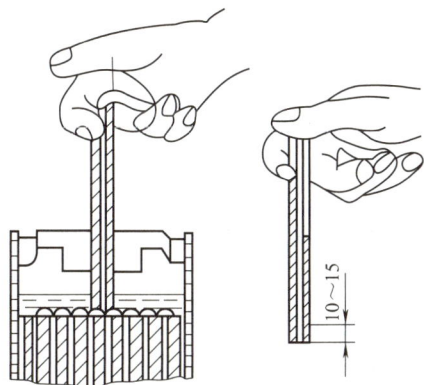

图 6-4-2　玻璃管检查法

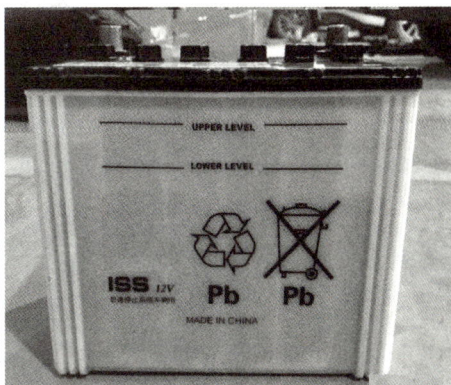

图 6-4-3　高度指示线

3. 检查蓄电池电解液密度

电解液密度的大小是判断蓄电池容量的重要标志。测量蓄电池电解液密度时，蓄电池应处于稳定状态。蓄电池充放电或加注蒸馏水后，应静置半小时再进行测量。

蓄电池充电状态与电解液密度的关系如表 6-4-1 所示。

表 6-4-1　蓄电池充电状态与电解液密度的关系

充电状态/%	100	75	50	25	0
电解液密度/(g/cm³)	1.27	1.23	1.19	1.15	1.11

用吸式密度计测量电解液密度，其测量方法如图 6-4-4 所示。

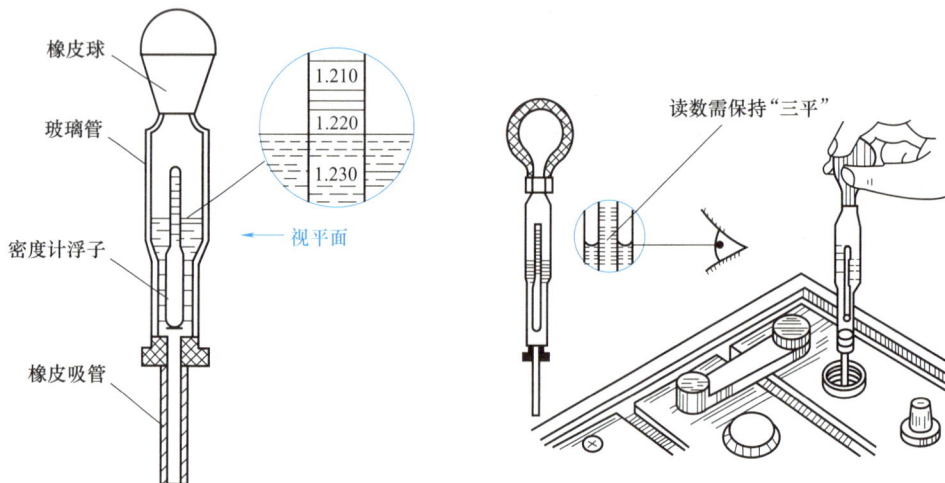

图 6-4-4　密度计及测量密度方法

通过对各个单格电池电解液密度的测量，可以确定蓄电池是否失效。如果单格电池之间密度相差 0.05g/cm³，则说明该电池已失效。

4. 测量放电电压

用高率放电计测量放电电压，如图 6-4-5 所示。测量时应将两叉尖紧压在单格电池的正、负极柱上，历时 5s，观察大负荷放电情况下蓄电池所能保持的端电压。一般技术状况良好的蓄电池，用高率放电计测量时，单格蓄电池电压应在 1.5V 以上，并在 5s 内保持稳定。如果 5s 内电压迅速下降，或某一单格电池的电压比其他单格电池低 0.1V 以上，表示该单格电池有故障，应进行修理。

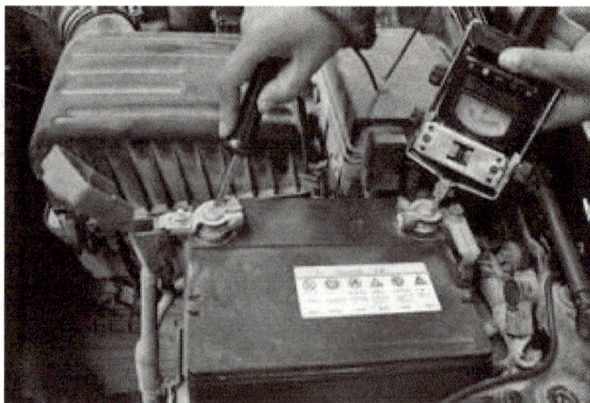

图 6-4-5　测量放电电压

不同品牌的放电计，负荷电阻值不同，放电电流和电压表读数也就不同，使用时应参照原厂说明书的规定。

四、三种最常见的伤害蓄电池的用车习惯

1. 熄火状态下长时间使用车内电气设备

熄火状态下不关闭车内电气设备是车主在日常用车中经常会遇到的，也是比较容易忽略的问题，如图 6-4-6 所示。例如为了省油，不少驾驶员都会选择关掉发动机，然后坐在车内用音响听广播或看 DVD 等，这样做是省油了，但却会伤害蓄电池。正确的做法是在熄火前关闭空调，熄火后连续听广播时间不超过 30min。同时，建议大家不要在熄火状态下使用车载 DVD 等设备。

图 6-4-6　熄火状态下不关闭车内电气设备

2. 熄火状态下使用外接电源设备

外接电源设备如车用吸尘机、便携式充气泵等，切记不要在车辆熄火状态下使用。由于这些设备的功率比较大，在熄火状态下长时间使用很容易耗光蓄电池内的存电，从而影响车辆的正常启动。此外，类似这样的"快速耗电"行为，对蓄电池本身也会造成不小的伤害。

3. 停车后忘记关灯

停车后忘记关灯分为两类：第一类是夜间停车时忘记关闭车辆的前照灯，这样做将直接导致第二天蓄电池耗光电量，车子发动不了；第二类则比较容易发生在夜间停车等人的时候，为了省油，绝大部分车主会选择熄火，但此时千万不要忘记把前照灯调整到"示宽灯"模式，这样做不但可以保护蓄电池，而且能起到警示所用，车内正常照明也不受影响。如图 6-4-7 所示。

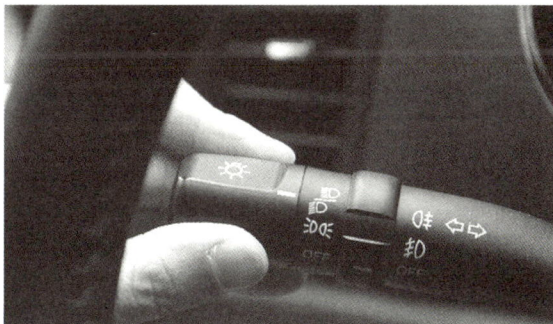

图 6-4-7　停车后关闭车灯

思考与练习

1. 简述汽车空调系统的保养步骤。
2. 简述汽车前照灯的更换方法。
3. 简述汽车前照灯光束的调整方法。
4. 简述汽车刮水器和喷水器的维护方法。
5. 简述汽车蓄电池的保养方法。
6. 如何看待当今一些车主为了追求驾驶速度和个性对车辆进行非法改装的现象？

项目七
汽车车身的清洗与美容

📖 知识脉络图

汽车车身的清洗与美容
- ❶常用的清洗设备
- ❷常用的清洁工具
- ❸常用的清洗材料

任务　汽车清洗与美容认知

任务目标

1. 培养整洁、严谨的习惯和热情、自信、积极向上的精神面貌；
2. 掌握汽车清洗的基本方法；
3. 掌握汽车清洗设备的使用方法；
4. 掌握汽车清洗的流程和作业方法。

汽车打蜡

导航案例

　　车辆在使用过程中内部和外部保持清洁不仅可以使汽车光洁亮丽、光彩如新，还可以防止车漆划伤、防腐蚀，增加漆面使用寿命，延长内饰的使用期，保持车内空气清新、环境舒适，有助于避免细菌对人体的伤害。平时生活、工作中也要注意个人卫生，保持良好的仪容、仪表，仪表整洁、端庄、大方，既体现了一个人的精神风貌，也是自尊自爱的表现，仪表美还体现了一种认真严谨的作风，一份社会责任感和一种热情、自信、向上的精神面貌。

抛光

📖 相关知识

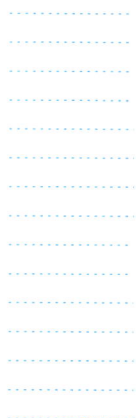

一、常用的清洗设备

　　常用的清洗设备主要有冷热水高压清洗机、泡沫清洗机、空气压缩机、水枪、真空吸尘机、桑拿机、高效多功能洗衣机等。

　　1. 冷热水高压清洗机

　　冷热水高压清洗机主要用于清洗车身外表面、发动机表面及底盘等部位的灰尘油污，是

玻璃镀膜

现代汽车美容的必备设备之一。冷热水高压清洗机如图 7-1-1 所示。

冷热水高压清洗机一般由水泵、加热装置和传动机构等组成。配套的部件主要有进水软管和出水软管、各种规格的喷枪、刷洗用的毛刷等。这类清洗机具有结构紧凑、清洗效率高、有利于环境保护、清洗质量高和清洗范围广等特点。它可使用自来水作为水源，采用柱塞式水泵获取高压水流。高压水流的压力和流量可以根据清洗的要求进行调节。热水的温度可以调节到 $80\sim100℃$。

外护垫

2. 泡沫清洗机

泡沫清洗机如图 7-1-2 所示。利用压缩空气在设备内部产生一定的压力，通过设备配置的系统，将设备内调配好的清洗液以泡沫状喷射到需要清洗的汽车车身表面，通过化学反应起到去尘和去污的作用。

图 7-1-1　冷热水高压清洗机

图 7-1-2　泡沫清洗机

3. 空气压缩机

空气压缩机是气源装置中的主体，它是将原动机（通常是电动机）的机械能转换成气体压力能的装置，是压缩空气的气压发生装置。其常见性能指标主要有空气压力、压缩空气量和额定功率。空气压缩机在汽车美容护理方面应用范围很广，主要用于泡沫清洗机、各种气动工具、车身油漆喷涂、发动机和变速器免拆清洗以及轮胎充气等。空气压缩机如图 7-1-3 所示。

4. 水枪

水枪是与高压清洗机配套使用的重要清洗设备。其种类很多，有的带快速接头，可做快速切换；有的带长短接杆，使用时更为方便，如图 7-1-4 所示。

5. 真空吸尘机

车内经常有大量的灰尘积聚，特别是座椅上和一些角落的灰尘很难清除。真空吸尘机一般采用 360°旋转吸口和多级过滤，可简单地进行过滤层更换，能十分方便地伸进各个角落，快速地吸走灰尘。为方便在不同空间中进行工作，常见的接头有正方形、圆形、长方形，如图 7-1-5 所示。

图 7-1-3　空气压缩机

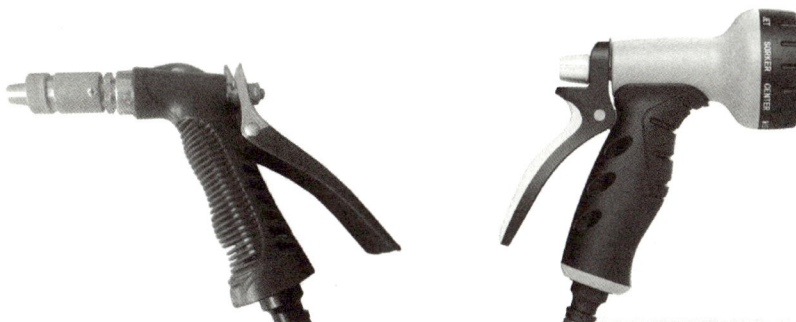

图 7-1-4　水枪

6．桑拿机

车内饰和地毯等纤维绒布织品容易积聚污垢，使细菌繁殖，而吸尘机只能除尘，无法清除细菌。高效电热蒸汽桑拿机能在很短的时间内产生大量的高温蒸汽，压力可达 0.4MPa，温度可达 120℃，蒸汽喷射在需要清洁的内饰表面上，起到快速灭菌作用，如图 7-1-6 所示。

图 7-1-5　真空吸尘机

图 7-1-6　桑拿机

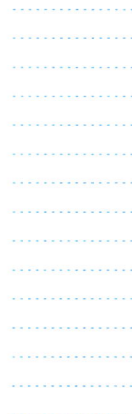

7. 高效多功能洗衣机

汽车上的座椅套、头枕套等织物容易弄脏，每隔一段时间都要进行清洗。为了节省车主的时间，汽车美容店应该创造条件，做好全方位的服务工作，在美容的同时，做好织物的清洗。汽车美容店的洗衣机必须是集清洗、脱水、烘干和免烫等功能于一体的高效多功能洗衣机，如图 7-1-7 所示。

图 7-1-7　高效多功能洗衣机

二、常用的清洁工具

在进行汽车清洗作业时，由于汽车表面各部位的材料质地、形状的不同，宜选用合适的清洁工具。常用的清洁工具包括外用湿性海绵、毛巾、大浴巾、麂皮、长毛板刷等。

1. 外用湿性海绵

汽车清洁外用湿性海绵应该具备较好的藏土藏污的能力，能使沙粒或尘土很容易藏于海绵的气孔之内，避免在清洁车身时，使沙粒刮伤漆膜表面。外用湿性海绵如图 7-1-8 所示。

图 7-1-8　外用湿性海绵

图 7-1-9　毛巾

2. 毛巾和浴巾

毛巾和浴巾是洗车中的易耗品，主要用于擦拭车身。为保证清洁效果，在擦拭过程中不应有细小纤维的脱落，对此普通毛巾和浴巾难以满足要求，一般在洗车中所用的毛巾和浴巾都是无纺布制品。毛巾如图 7-1-9 所示。

3. 麂皮

麂皮如图 7-1-10 所示，质地相当柔软，对于玻璃或是其他硬度不高的物品相当有保护性，具有良好的吸水性能，尤其是对车身表面及玻璃水膜的清洁效果极佳。在洗车作业中，一般先用毛巾或浴巾吸走车表面的水，然后用麂皮进一步擦干，以利于延长麂皮的使用寿命。另外，在选用麂皮时，尽可能选择皮质韧性好、耐磨性好、较厚的麂皮。

4. 长毛板刷

长毛板刷主要用于轮胎、挡泥板等处附着的泥土污垢的清除。由于上述部位泥土附着较厚，一般不易冲洗干净，所以要用长毛板刷进行有针对性的刷洗。长毛板刷如图 7-1-11 所示。长毛板刷以猪鬃毛板刷最佳，猪鬃毛板刷不但具有较好的韧性和耐磨性，还可以减轻刷洗时对橡胶、塑料件产生的磨损。

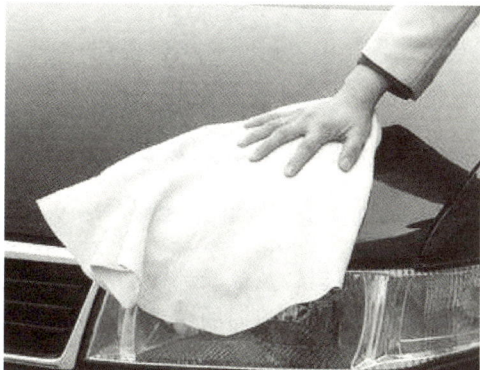

图 7-1-10　麂皮

图 7-1-11　长毛板刷

三、常用的清洗材料

汽车清洗剂按去污垢机理，可将其划分为以下几类。

1. 多功能清洗剂

此类清洗剂主要用于清洗汽车表面灰尘、油污等，且在清洗的同时进行漆面护理。车身清洗剂有高泡沫、低泡沫之分，又有脱蜡与不脱蜡之别。目前市场上的清洗剂很多，功能、作用也不尽一致，大致分为以下几种。

（1）脱蜡洗车液（又称开蜡水）。脱蜡洗车液是一种目前国内外汽车美容行业中广泛采用的有机清洗剂，图 7-1-12 所示是新车开蜡和重新打蜡前洗车的首选洗车液。它主要用来去除车身表面的石蜡、油脂、硅酮抛光剂、污垢、橡胶加工助剂以及手印等。采用脱蜡洗车液后，汽车必须重新打蜡，否则车漆会加速老化。

（2）不脱蜡洗车液。不脱蜡洗车液一般由多种表面活性剂配置而成，具有很强的浸润和分散能力。它能够有效地去除车身表面的灰尘、油污，但又不会洗掉汽车表面原有的车蜡，防止交通膜的形成，保护车身不受各类有害物质的侵蚀，保持漆面原有光泽，如图 7-1-13 所示。

（3）增光洗车液。增光洗车液是一种不脱蜡洗车液，但性能更优于普通的不脱蜡洗车液，它是一种集清洗、上蜡增光于一身的超浓缩洗车液。使用后能在车漆表面形成一层高透明的蜡质保护膜，令漆面光洁亮丽，给人一种焕然一新的感觉。

2. 汽车内饰清洗剂

汽车内饰清洗剂（图 7-1-14）是针对内饰部分的产品，这些产品一般为中性或弱酸性，且不会有残留的异味和有害挥发性气体，使用后，残液能自动挥发，安全环保，不危害人体。

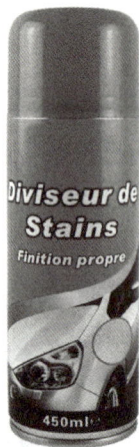

图 7-1-12　脱蜡洗车液

图 7-1-13　不脱蜡洗车液

选购汽车内饰清洗剂的时候，一定要注意，很多用于清洁塑料及橡胶部件的产品，可能对织物材质及玻璃有腐蚀作用，所以针对不同的车内部件，应选购不同的清洁产品。

3. 去油剂

去油剂又叫油脂清洗剂（图 7-1-15），它的突出特点是去油污功能，专门清洗油污较重的部位，主要用于发动机、轮毂等油污较重部位的清洗。目前市场上的油脂清洗剂大致有三类。

（1）水质去油剂。该类产品具有安全、无害、成本适中等优点，但去油污能力有限。

（2）石化溶剂型去油剂。该产品具有去油污能力强、成本低等优点，但易燃、有害。

（3）天然溶剂型去油剂。该产品不仅去油污能力强，且无害，但成本较高。

图 7-1-14　内饰清洗剂

图 7-1-15　去油剂

4. 溶解清洗剂

溶解清洗剂简称"溶剂"，是一种溶解功能很强的清洗剂，能清除车身上的焦油、沥青、鸟粪、树胶、漆点等水不溶性污垢。例如开蜡水，就是溶解清洗剂。车身表面的蜡有两种：一种是油脂蜡；另一种是树脂蜡。两种蜡的性质不同，脱蜡时不要选择不同性质的脱蜡清洗剂。

（1）油脂开蜡水。最好的油脂开蜡水是生物降解型的，它对环境无污染，主要原料是从橙皮中提取的，不用稀释，直接使用。

（2）树脂开蜡水。树脂开蜡水含有一种树脂聚合物溶解元素，所以它能溶解树脂蜡。这种产品需要稀释使用，而且最好用热水稀释，因为其中的表面活性剂在加热的情况下效果最佳。此产品无腐蚀，比较安全。

任务实施

一、汽车外部的清洗

规范的车身清洗大体上分高压水冲洗、上液、擦拭、清除顽迹、冲净和擦干等步骤。

1. 高压水冲洗

在清洗前，车身表面温度要冷却到60℃以下，周围环境温度保持在0～40℃。水枪离车身漆面15cm以上。冲洗的顺序是从车顶到两边。冲洗车前的栅网部位时，应该使用雾状水流，不能用水柱对着水箱或冷凝器的散热片冲刷，挡泥板处安装塑胶拱罩的，应拆下清洗，并彻底清洗挡泥板、翼子板内侧。

首先是用高压水枪清洗，用高压水枪从上到下将沾染在车身表面的泥沙冲掉，接着冲洗车身后部，最后洗车下部。这一步骤要注意全面冲洗底盘，彻底地清洁边缘部分、弯曲部位、挡泥板等部位，特别是应将车轮以及制动盘部位、翼子板部位以及车前栅网部位、门内边框和车裙等各处泥沙、污物彻底冲洗干净，如图7-1-16所示。

图 7-1-16　汽车冲洗

2. 上液

将清洗剂泼洒在车身上，如图7-1-17所示。上液方法有两种：一是使用多功能高压泡沫清洗机，喷洒时要均匀，要上下有规律地抖动喷头；二是手工上液。

3. 擦拭、清除顽迹

用洗车海绵蘸上清洗剂擦拭一遍车身，如果沾染物不容易清除，可反复擦拭。注意擦拭车身上下的海绵要分开使用，以免车身下部的砂粒刮伤车身漆面。接着用高压水冲洗干净，特别是要将车接缝处、拐角处的泡沫等残留物冲洗干净。另外要清除残留在车身的顽迹，可以用全能除垢水配合无尘棉布进行仔细擦洗，接着拧干蘸有清洗剂的无尘棉布沿着与汽车行驶相垂直的方向擦干车身漆面上的清洗剂。车身擦拭如图7-1-18所示。

图 7-1-17　车身上液

图 7-1-18　车身擦拭

4. 冲净和擦干

用充足的清水将洗车液完全冲洗干净，并及时用麂皮将水分擦干，擦干要达到全车无水迹，玻璃无污迹，如图 7-1-19、图 7-1-20 所示。

图 7-1-19　冲洗清洗剂

图 7-1-20　擦干车身

二、汽车内部的清洁

1. 清洁顶棚

遮盖好电子设备后，就可以正式开始清洁内饰了。首先要清洁的是车内顶棚，先把多功能泡沫清洗剂摇晃 1min，然后均匀地喷洒在顶棚的一小部分上。需要注意的是，一次喷洒的面积不要太大，大概喷洒在座位上方即可，如果一次喷洒得太多，泡沫不及时擦洗掉会变干，变干后就不容易擦洗了。因为顶棚一般采用的是织物材料，是不可以用毛刷刷洗的，所以在均匀喷洒完泡沫后，等待 1min 左右，待泡沫充分浸透车厢顶棚，再用被水浸湿的干净毛巾擦掉泡沫，如图 7-1-21 所示。

2. 清洁中控台

清洁完顶棚后，下面就开始清洁中控台了。在喷洒泡沫时也不要一次喷洒太多，然后用软毛刷刷洗被喷洒的部分。这里需要注意的是，如果中控台有皮制的或钢琴漆的内饰，用软毛刷刷洗时就不要太用力，以免划伤内饰，如图 7-1-22 所示。在清洁空调出口时，要注意不要直接把泡沫喷洒在空调出口上。因为如果直接喷洒，被喷进出风口内的泡沫不容易清

清洁顶棚时要注意，喷洒多功能泡沫清洁剂时，不要一次喷洒太大的面积。

喷洒完泡沫后，等待1min左右，然后用被水浸湿的干净毛巾擦掉泡沫。

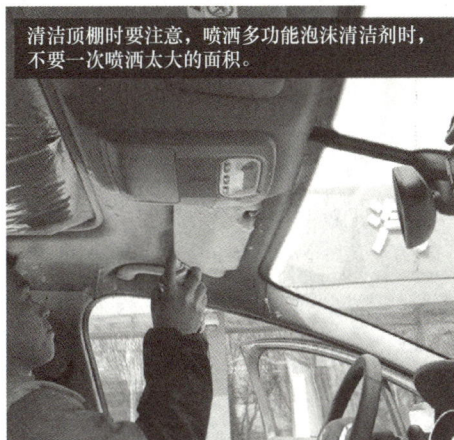

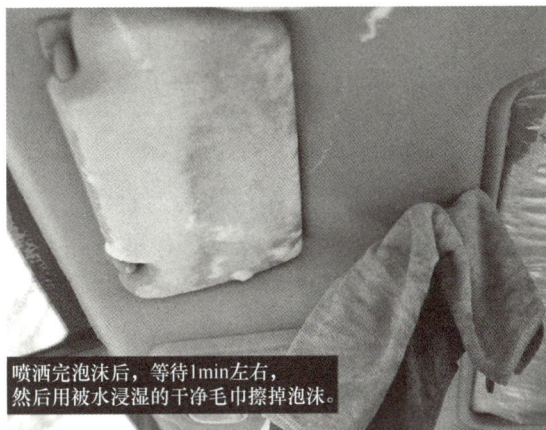

图 7-1-21　清洁顶棚

洁。可以先把泡沫喷在软毛刷上，然后再对出风口进行刷洗，刷洗结束后，再用毛巾擦拭干净，如图 7-1-23 所示。

图 7-1-22　清洁中控台

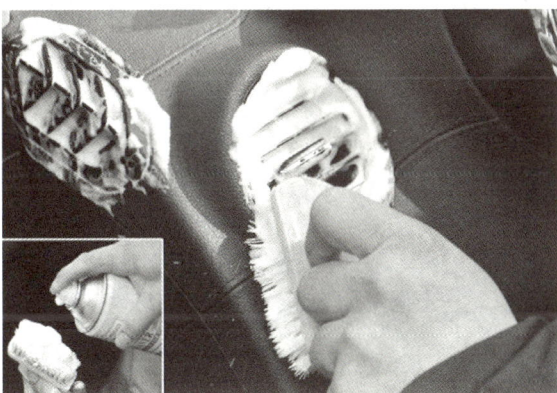

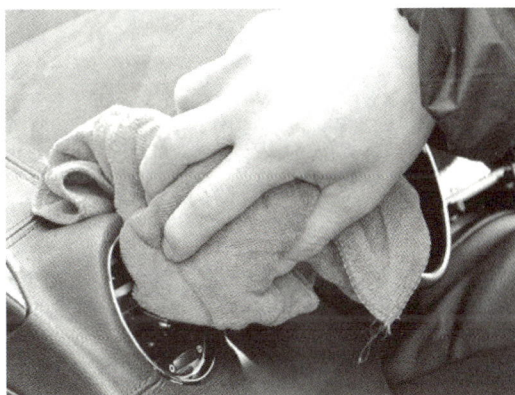

图 7-1-23　清洁空调出风口

3. 清洁座椅

清洁座椅时需要特别注意座椅的材质。如果是绒布座椅，不可以用刷子刷洗，只要把泡沫喷在绒布上等待 1min，然后用湿毛巾擦拭干净就可以了。如果是真皮座椅，建议使用真皮清洁上光剂，它能够同时对真皮座椅进行清洁和上光，如图 7-1-24 所示。如果没有真皮清洁上光剂，也可以用多功能泡沫代替，但要注意用软毛刷刷洗真皮时不要太用力，以免损伤真皮，如图 7-1-25 所示。如果用泡沫清洁真皮座椅，清洁结束后需要用表板蜡对真皮上光，如图 7-1-26 所示，这样做是为了保护真皮不会干裂。操作方法也非常简单，只需要把表板蜡喷在无纺布上，然后直接涂抹在真皮座椅上就可以了，但要注意保持均匀涂抹。

4. 清洁车门

清洁车门时需要注意车门内饰的材料。一般车门的内饰材料比较复杂，有绒布＋塑料的、真皮＋塑料的，也有真皮全部包裹的，所以清洁的方法也需要具体问题具体分析。

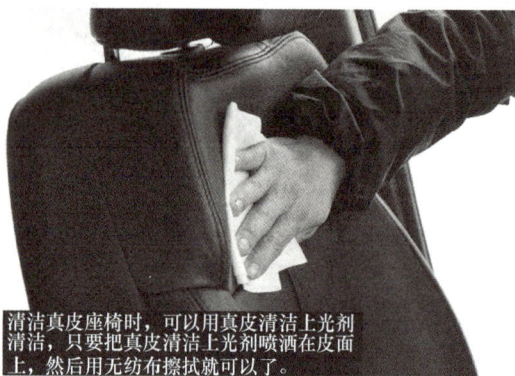

图 7-1-24 擦拭座椅

清洁真皮座椅时，可以用真皮清洁上光剂清洁，只要把真皮清洁上光剂喷洒在皮面上，然后用无纺布擦拭就可以了。

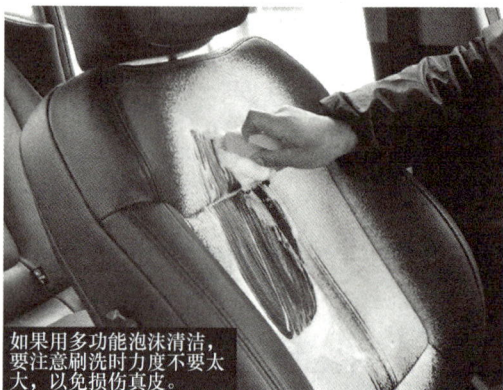

图 7-1-25 软毛刷刷洗座椅

如果用多功能泡沫清洁，要注意刷洗时力度不要太大，以免损伤真皮。

清洁绒布部分时，不可以用刷子刷洗，只需要喷上泡沫，然后等待 1min 再擦拭干净即可；如果是真皮部分，可以用真皮清洁上光剂擦拭，也可以用泡沫清洗；塑料部分可以直接用泡沫喷洒，然后用刷子刷洗，最后再用湿毛巾擦干净就可以了。清洁车门最需要注意的就是车门上的一些电控开关，在清洁前一定要用胶布遮挡好，喷洒泡沫或清洁剂时需要特别注意，不要直接喷洒在电控开关上，避免发生电路短路，如图 7-1-27 所示。

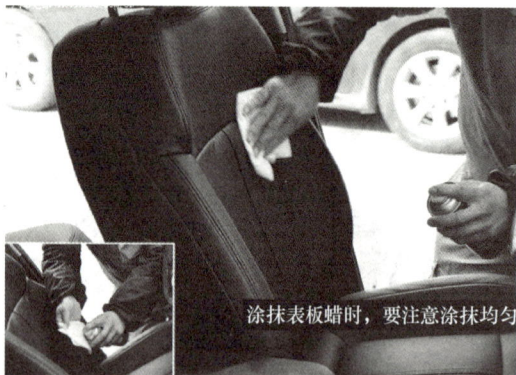

图 7-1-26 座椅上光

涂抹表板蜡时，要注意涂抹均匀。

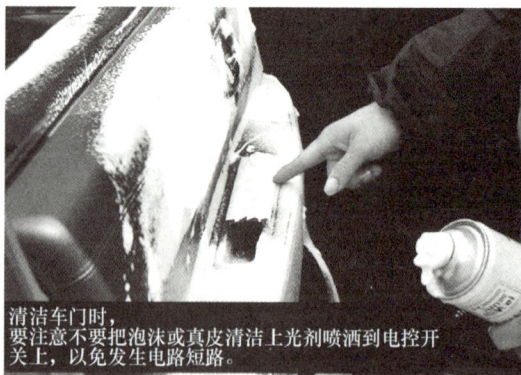

图 7-1-27 清洁车门

清洁车门时，要注意不要把泡沫或真皮清洁上光剂喷洒到电控开关上，以免发生电路短路。

5. 清洁地板

地板是最不好清洁的部分，因为地板要比其他部分脏很多，而且缝隙、死角也比其他部分多，如果没有专业的清洁工具，则很难清洗干净，如图 7-1-28、图 7-1-29 所示。

三、汽车清洗注意事项

（1）清洗汽车外表面最好在室内或背阴处清洗，不允许在阳光直射下清洗，因为阳光下，干涸在车身的水滴会留下斑点，影响美观。也不允许在严寒中清洗，这样既清洗不净，又会导致水滴在车身表面结冰，造成外壳涂层裂纹。

（2）清洗前应当将全部车门、车窗、发动机罩、行李舱盖、通风孔、空气入口严密关闭，封严发动机电气系统，以防清洗时进水，造成短路、蹿电和锈蚀等。清洗货车时，如载货怕潮湿，应加以防护或不清洗上部。

（3）在没有干燥设备的场地清洗时，最好将汽车停在带有小坡度的空地或路边，以便清洗后清洗剂和水能自己流尽，防止积水污染或腐蚀。

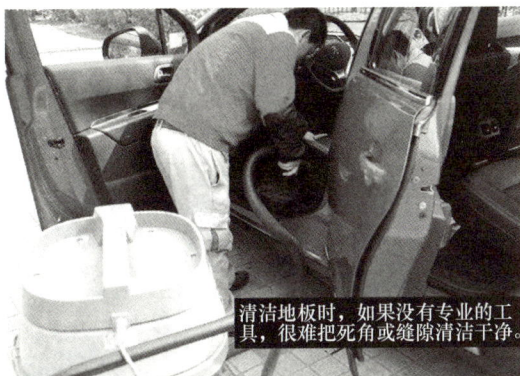

清洁地板时，如果没有专业的工具，很难把死角或缝隙清洁干净。

图 7-1-28　专业工具清洁

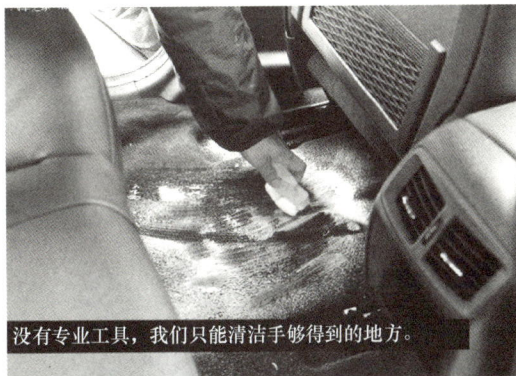

没有专业工具，我们只能清洁手够得到的地方。

图 7-1-29　毛刷清洁地板

（4）清洗汽车轮毂内侧时，要防止进水，否则会造成制动失灵。如发现进水，可低速运行，反复踩制动踏板，造成摩擦，产生热量，使其自行干燥。

（5）人工清洗时，要用软管。水的压力要适宜，水压力过高，会造成车外表污物硬粒划伤漆面。

（6）在清洗过程中，如车内外装饰件不慎被沾溅上污物，应在污物未干时尽快清洗。如已干，要用清水或清洗剂冲洗，用软化刷慢慢刷洗，不允许用硬质工具刮除。

（7）不允许用碱、煤油、汽油、矿物油及酸等溶剂直接清洁汽车外表面。橡胶件可用工业甘油擦去未洗净的灰色沉淀物。

（8）镀铬件清洗后，如有锈迹，可将白垩粉或牙粉撒在法兰绒上，沾上氨水或松节油擦拭，擦完再涂上防锈透明漆。

知识拓展

一、蒸汽洗车

蒸汽洗车如图 7-1-30 所示。高压蒸汽既可消毒，又可除污，有独特的热降解功能，能迅速化解泥沙和污渍的黏性，让其脱离汽车表面，从而达到清洗的目的。当对车体表面喷射时，低温蒸汽压力冲击波等于行车时的 90～100km/h 速度，使粘在车漆表面的污染物一扫而光，再加上中性蒸汽清洗蜡水会在车漆表面迅速凝固，形成蜡膜，然后再进行抹擦，所以对车漆没有伤害。

图 7-1-30　蒸汽洗车

蒸汽洗车具有以下特点：

（1）采用低温蒸汽，对车漆无伤害。

（2）耗水量低，较之传统洗车节省90％水量。

（3）符合国家节能环保政策。

（4）低温蒸汽解决了北方冬季洗车易结冰的问题。

（5）低温蒸汽更柔和，避免高压水冲击沙粒对漆面的损害。

二、全自动洗车机

全自动洗车机是一种通过计算机设置相关程序来实现自动进行清洗、打蜡、风干清洗轮辋等工作的机器，主要分为接触式和非接触式，如图7-1-31、图7-1-32所示。

图 7-1-31　接触式全自动洗车机

图 7-1-32　非接触式全自动洗车机

全自动洗车机洗车与人工洗车相比具有以下特点：

（1）从最基本的清洗效果上看，人工洗车洗得显然相对干净、彻底；全自动洗车机的洗车效果不如人工完美，容易留下一些死角、缝隙清洗不到，需要人工再辅助清洗，它的清洗效果取决于计算机程序设计的合理性，而且清洗不到车厢内部。

（2）从工作效率看，人工洗车耗费时间较长，全自动洗车机洗车所需时间短，2～5min洗一辆车，工作效率高，用水量少，客户无需等待太久，有的全自动洗车机还做到了车主无需下车，随洗随走。

（3）从车辆安全性来看，人工洗车受到各种人为因素影响，容易对车辆外观及内饰造成损伤，而全自动洗车机清洗车辆过程则更为安全可靠。

思考与练习

1. 简述在平时的工作生活中如何保持整洁、大方的仪表、仪容和积极向上的精神面貌。

2. 简述汽车外部清洗的步骤。

3. 简述汽车内部清洁的步骤。

4. 简述汽车清洗注意事项。

附　录

附录1　汽车仪表指示灯图解

类型	图例	说明
ABS 指示灯		该指示灯用来显示 ABS 工作状况。当打开钥匙门，车辆自检时，ABS 灯会点亮数秒，随后熄灭。如果未闪亮或启动后仍不熄灭，表明 ABS 出现故障
EPC 指示灯		常见于大众品牌车型中。打开钥匙门，车辆开始自检时，EPC 灯会点亮数秒，随后熄灭。如车辆启动后仍不熄灭，说明车辆机械与电子系统出现故障
O/D 挡指示灯		该指示灯用来显示自动挡的 O/D 挡（Over-Drive，超速挡）的工作状态，当 O/D 挡指示灯闪亮，说明 O/D 挡已锁止，此时加速能力获得提升，但会增加油耗
安全带指示灯		该指示灯用来显示安全带是否处于锁止状态，当该灯点亮时，说明安全带没有及时扣紧。有些车型会有相应的提示音。当安全带被及时扣紧后，该指示灯自动熄灭
蓄电池指示灯		该指示灯用来显示蓄电池使用状态。打开钥匙门，车辆开始自检时，该指示灯点亮，启动后自动熄灭。如果启动后蓄电池指示灯常亮，说明该蓄电池出现了使用问题，需要更换
机油指示灯		该指示灯用来显示发动机内机油的压力状况。打开钥匙门，车辆开始自检时，指示灯点亮，启动后熄灭。该指示灯常亮，说明该车发动机机油压力低于规定标准，需要维修
油量指示灯		该指示灯用来显示车辆内储油量的多少，当钥匙门打开，车辆进行自检时，油量指示灯会短时间点亮，随后熄灭。如启动后该指示灯点亮，则说明车内油量已不足

类型	图例	说明
车门指示灯		该指示灯用来显示车辆各车门状况,任意车门未关上,或未关好,相应位置的指示灯会点亮,提示车主未关好车门,当车门关闭或关好时,相应位置的车门指示灯熄灭
气囊指示灯		该指示灯用来显示安全气囊的工作状态,当打开钥匙门,车辆开始自检时,该指示灯自动点亮数秒后熄灭。如果常亮,则安全气囊出现故障
制动盘指示灯		该指示灯用来显示车辆制动盘磨损的状况。一般来说,该指示灯为熄灭状态,当制动盘出现故障或磨损过度时,该灯点亮,修复后熄灭
驻车制动器指示灯		该指示灯用来显示车辆驻车制动器的状态,平时为熄灭状态。当驻车制动器被拉起后,该指示灯自动点亮。驻车制动器被放下时,该指示灯自动熄灭。有的车型在行驶中未放下驻车制动器会伴随有警告音
水温指示灯		该指示灯用来显示发动机内冷却液的温度,当打开钥匙门,车辆自检时,点亮数秒后熄灭。水温指示灯常亮,说明冷却液温度超过规定值,需立刻暂停行驶。水温正常后熄灭
发动机指示灯		该指示灯用来显示车辆发动机的工作状况,当打开钥匙门,车辆自检时,该指示灯点亮后自动熄灭。如常亮,则说明车辆的发动机出现了机械故障,需要维修
转向灯指示灯		该指示灯用来显示车辆转向灯所在的位置,通常为熄灭状态。当车主点亮转向灯时,相应方向的转向指示灯会同时点亮;转向灯熄灭后,该指示灯自动熄灭
远光指示灯		该指示灯用来显示车辆远光灯的状态。通常情况下该指示灯为熄灭状态。当车主点亮远光灯时,该指示灯会同时点亮,以提示车主车辆的远光灯处于开启状态
玻璃水指示灯		该指示灯用来显示车辆所装玻璃水的多少,平时为熄灭状态。该指示灯点亮时,说明车辆所装载玻璃水已不足,需添加。添加玻璃水后,指示灯熄灭

续表

类型	图例	说明
雾灯指示灯		该指示灯用来显示前后雾灯的工作状况。当前后雾灯点亮时,该指示灯相应的标志就会点亮。关闭雾灯后,相应的指示灯熄灭
示宽指示灯		该指示灯用来显示车辆示宽灯的工作状态,平时为熄灭状态。当打开示宽灯时,该指示灯随即点亮。当关闭示宽灯或关闭示宽灯而打开前照灯时,该指示灯自动熄灭
内循环指示灯		该指示灯用来显示车辆空调系统的工作状态,平时为熄灭状态。当点亮内循环按钮,车辆关闭外循环,空调系统进入内循环状态时,该指示灯自动点亮。内循环关闭时,该指示灯熄灭
VSC 指示灯		该指示灯用来显示车辆 VSC(电子车身稳定系统)的工作状态,多出现在日系车上。当该指示灯点亮时,说明 VSC 系统已被关闭

附录 2　汽车车内功能按键图解

类型	图例	说明
油箱开启键		该按键用来遥控开启加油口盖。装有该按键的车辆,车主可以在车内打开加油口盖。在车外手动关闭加油口盖
EPS 开关键		该按键用来打开或关闭车辆的 EPS 系统。车辆的 EPS(电子辅助转向)系统默认为工作状态,为了获得更直接的驾驶感受,车主可以按下该按键关闭 EPS 系统
倒车雷达键		该按键用来根据车主需要打开或关闭车上的倒车雷达系统。车主可以按下该按键手动控制倒车雷达的工作,即在倒车时手动关闭倒车雷达,或是手动开启倒车雷达

续表

类型	图例	说明
中控锁键		该按键用于车辆中控门锁的控制。车主可以通过按下该按键,同时打开或关闭各车门的门锁,也可以单独关闭某一个开启的车门,有效保证了车内人员的安全
前照灯清洗键		该按键用来控制前照灯的自动清洗功能。在装有前照灯清洗键的车辆上,车主可以通过按下这个按键开启前照灯清洗装置,对车辆的前照灯进行喷水清洗
后遮阳帘键	SHADE	该按键用来控制车内电动后遮阳帘的打开与关闭。在装有电动后遮阳帘的车内,车主可以通过按下这个按键打开或开启后窗的电动遮阳帘,用来遮挡阳光

附录 3　双人快保项目操作清单

序号	A 技师 检查项目及标准	YES	NO	序号	B 技师 检查项目及标准	YES	NO
1	发动机内部养护	☐	☐	1	更换机油机滤	☐	☐
2	汽油管路清洗	☐	☐	2	清洁节气门	☐	☐
3	更换空气滤芯	☐	☐	3	添加机油	☐	☐
4	更换空调滤芯	☐	☐	4	四轮换位	☐	☐
5	更换汽油滤芯	☐	☐	5	更换转向助力油液	☐	☐
6	更换制动液	☐	☐	6	检查四轮轮胎胎压	☐	☐
7	灯光检查	☐	☐	7	检查备胎胎压	☐	☐
8	检查空调制冷	☐	☐	8	检查加油口盖	☐	☐
9	检查仪表	☐	☐	9	检查左前门各功能	☐	☐
10	检查天窗及内饰	☐	☐	10	检查左后门各功能	☐	☐
11	检查娱乐系统	☐	☐	11	检查右后门各功能	☐	☐
12	检查驻车制动器及附件	☐	☐	12	检查右前门各功能	☐	☐
13	检查中控开关	☐	☐	13	检查防冻液	☐	☐
14	检查座椅及安全带	☐	☐	14	检查发动机外表	☐	☐

续表

序号	A 技师 检查项目及标准	YES	NO	序号	B 技师 检查项目及标准	YES	NO
15	检查蓄电池静态电压	☐	☐	15	检查油路、管路、电气线路	☐	☐
16	检查制动液	☐	☐	16	检查橡胶件	☐	☐
17	检查制动管路	☐	☐	17	检查排气歧管	☐	☐
18	检查悬挂系统	☐	☐	18	检查变速器、发动机是否泄漏	☐	☐
19	检查传动系统	☐	☐	19	检查轮胎花纹磨损（极限 1.6mm）	☐	☐
20	检查制动片使用极限（前 2mm，后 1.5mm）	☐	☐	20	检查转向系统	☐	☐
21	紧固后桥螺栓转矩（180N·m）	☐	☐	21	紧固前纵梁螺栓转矩（150N·m，旋 90°）	☐	☐
22	紧固后托臂螺栓转矩（120N·m）	☐	☐	22	紧固下托臂螺栓转矩（140N·m，旋 45°）	☐	☐
23	紧固后悬架拉杆螺栓转矩（130N·m）	☐	☐	23	更换机油滤芯预紧力（20N·m）	☐	☐
24	紧固后平衡杆固定螺栓转矩（48N·m）	☐	☐	24	油底壳放油螺栓预紧力（25N·m）	☐	☐

附录 4　汽车经销商新车入库 PDI 检查

经销商名称		编号	
车型		钥匙号码	
车架号		车身颜色	
发动机号码			

项次		检查内容说明	状况		维修确认及签字
			OK	NO	
一、车辆外观/漆面检查（环车检查有无碰、刮伤，变形及不符合要求处）					
1		前保险杠/左右叶子板/发动机罩/车顶/车门/左右后轮板/行李舱盖/后保险杠			
2		前后风窗玻璃/车门玻璃/其他玻璃			
3		标志/电镀饰条/车门把手/外照后视镜			
4		头灯/侧灯/雾灯/尾灯/第三制动灯			
二、车辆室内检查					
1		遥控器功能/钥匙对车门开锁上锁功能			
2		转向盘/仪表盘/手套箱/顶棚/遮阳板及化妆镜含灯外观及功能			
3		排挡杆/制动器拉杆/烟灰缸/中间置物箱外观及功能			
4		天窗总成外观及功能			
5		室内灯/仪表各指示灯及危险警告灯功能			
6		喇叭/刮水器及喷水/头灯、转向灯、侧灯、雾灯、尾灯及制动灯功能			

续表

项次		检查内容说明	状况		维修确认及签字
			OK	NO	
二、车辆室内检查					
7		空调/音响功能及后风窗玻璃除雾功能			
8		电控及手摇车门玻璃升降及上开锁功能/外后视镜调整功能			
9		座椅调整及加热功能/座椅折叠/安全带外观功能			
10		地毯及脚踏垫/车门饰板及胶条/前、中、后柱饰板外观及安装定位			
11		手摇玻璃升降/儿童锁功能			
12		车门内外把手开启功能/发动机罩及行李舱盖、加油口盖开启功能			
三、行李舱检查					
1		行李舱锁上锁及开锁功能			
2		行李舱照明灯功能			
3		备胎外观及胎压/工具(车毂盖外观)			
4		行李舱垫/饰板外观			
5		加油口盖功能			
四、发动机舱检查					
1		液位检查:发动机/变速器/制动油壶/转向助力泵/副水箱/刮水器喷水壶			
2		蓄电池状态、电压值			
3		各油管/水管束夹状况,有无泄漏等			
五、底盘检查					
1		发动机及变速器下方有无漏油及漏水痕迹			
2		各水管/油管有无渗漏痕迹			
3		传动轴/转向系统有无漏油痕迹			
4		制动系统有无漏油痕迹			
5		悬挂系统有无漏油痕迹			
6		前桥等底盘上各螺栓转矩状况			
7		底盘有无碰、刮伤			
8		轮胎外观胎压及固定螺栓转矩			
其他问题记录:					
检察员:		库存管理员:			
日期:		日期:			

附录 5　新车交车 PDI 检查

车型				钥匙号码	
车架号		发动机号码		车身颜色	

项次	检查内容说明	状况 OK	状况 NO	维修确认及签字
一、车辆外观/漆面检查(环车检查有无碰、刮伤,变形及不符合要求处)				
1	前保险杠/发动机罩/右前叶子板/车顶/车门/左右后轮板/行李舱盖/后保险杠			
2	前后风窗玻璃/车门玻璃/其他玻璃			
3	标志/电镀饰条/车门把手/外照后视镜			
4	头灯/侧灯/雾灯/尾灯/第三制动灯			
5	安装刮水片及轮毂盖			
二、车辆室内检查				
1	遥控器功能/钥匙对车门开锁上锁功能			
2	天窗功能及电动座椅功能			
3	室内灯/仪表各指示灯及危险警告灯功能			
4	喇叭/刮水器及喷水/头灯、转向灯、侧灯、雾灯、尾灯及制动灯功能			
5	空调/音响功能及后风窗玻璃除雾功能			
6	电控及手摇车门玻璃升降及上开锁功能/外后视镜调整功能/儿童锁功能			
7	车门内外把手开启功能/发动机罩及行李舱盖、加油口盖开启功能			
三、发动机舱检查				
1	液位检查:发动机/变速器/制动油壶/转向助力泵/副水箱/刮水器喷水壶			
2	蓄电池状态、电压值			
3	各油管/水管束夹状况,有无泄漏等			
四、行李舱检查				
1	行李舱锁上锁及开锁功能			
2	行李舱照明灯功能			
五、底盘检查				
1	发动机及变速器下方有无漏油及漏水痕迹			
2	各水管/油管有无渗漏痕迹			
3	传动轴/转向系统有无漏油痕迹			
4	制动系统有无漏油痕迹			
5	悬挂系统有无漏油痕迹			
6	调整轮胎胎压到规格内(新车出厂时胎压均高于规格上线,交车时务必调整)			
六、特殊要求				
1	内装及附加配备			
2	随车手册/点烟器放置定位			

注:

(1)PDI检察员必须按照本表逐项落实检查,发现问题必须立即排除

(2)提车人员必须完成新车的确认并在本表签名后,才能将新车取走

PDI 检察员:　　　　　　　　　　　　　提车人:

日期:　　　　　　　　　　　　　　　　日期:

附录 6　维修企业车辆保养接车单

接车时间:_年_月_日_时_分　交车时间_月_日_时_分

顾客姓名		车牌号		车型		车辆颜色	
顾客电话		行驶里程		VIN 号			
保险日期		驾驶证日期			行驶证日期		

维修项目							
＿＿＿km 常规保养□		一般维修□		事故车□	洗车□		其他□
维修项目	配件	工时	合计	维修项目	配件	工时	合计
1				5			
2				6			
3				7			
4				合计：			
故障描述				技师诊断结果			

常规保养项目				环车检查(有损坏处画○)	油量检查
机油		全车皮带			
变速器油		进气燃油			
转向油		润滑清洗			
防冻液		三元催化			
制动器油		轮胎检测			
火花塞		轮毂轴承			旧件
蓄电池		传动轴			带走□
刮水器		减振器			不带走□
刮水片		制动器片			洗车
全车灯光		制动器油管			是□
空调		球头悬挂			否□
音响		转向机			
座椅调节		门锁机构			
安全带		升降玻璃、天窗		计算机读取故障码	
接车人签字		技师签字		顾客签字	

附录 7　广汽丰田凯美瑞车型官方保养周期

里程/km	机油机滤	空气滤清器	汽油滤清器	空调滤清器	制动器油	变速器油	转向助力油	火花塞
5000	○	○	○	○	○	○	○	○
10000	●	○	○	○	○	○	○	○
20000	●	○	○	●	○	○	○	○
30000	●	○	○	○	○	○	○	○
40000	●	●	○	●	○	○	○	○
50000	●	○	○	○	○	○	○	○
60000	●	●	○	●	○	○	○	○
70000	●	○	○	○	○	○	○	○
80000	●	●	●	●	●	○	○	○

整车质保期为 3 年或 10 万公里

混合动力车型的电池质保期为 5 年或 20 万公里

凯美瑞汽油版车型与混合动力车型保养计划和周期一致

●表示需要更换；○表示检查/清洁

附录 8　一汽-大众迈腾车型厂家保养项目

里程/km	机油机滤	汽油滤芯	空调滤芯	空气滤芯	制动器油	汽油添加剂	变速器油	转向助力油	火花塞
5000	●	○	○	○		●	○		○
10000	●	○	○	○		●	○		○
20000	●	○	○	●	每24个月更换一次	●	○		●
30000	●	○	●	○		●	○		○
40000	●	○	○	●		●	○	—	●
50000	●	○	○	○		●	○		○
60000	●	●	●	●		●	●		●

质保期为 2 年或 6 万公里

●表示需要更换；○表示建议更换；—表示无需更换

附录 9　翼虎 1.6T/2.0T 车型官方保养周期

里程/km	机油机滤	空气滤芯	汽油滤芯	空调滤芯	制动液	变速器油	火花塞
5000	●	—	—	—	—	—	—
15000	●	—	●	—	—	—	—
25000	●	●	—	—	—	—	—
35000	●	—	●	—	●	—	●
45000	●	—	—	—	—	—	—
55000	●	●	●	—	—	●	—
65000	●	—	—	—	—	—	—
整车质保期为 3 年或 10 万公里(以先到者为准)							
●表示需要更换;—表示无需更换							

附录 10　奔驰 GLK 级车型厂家保养项目

里程/km	机油机滤	空气滤清器	汽油滤清器	空调滤清器	转向助力油	变速器油	制动器油	火花塞
10000	●	—	每 5 年或 15 万公里更换一次	—	电子助力,无需更换转向助力油	—	每 2 年(不限公里数)更换一次	—
20000	●	●		●		—		●
30000	●	—		—		—		—
40000	●	●		●		—		●
50000	●	—		—		—		—
60000	●	●		●		●		●
三包有效期为 2 年或 5 万公里/整车质保期为 3 年,不限公里数								
正时链条无需更换								
●表示需要更换;—表示无需更换								

附录 11　特斯拉 MOEDL Y 车型保养周期

里程/km	常规检查	空调滤芯	变速器油	制动器油	蓄电池冷却液
20000	●	●	●		
40000	●	●		●	
60000	●	●			
蓄电池冷却液每 8 万公里更换					
变速器油首次 2 万公里更换,之后每 10 万公里更换					
每隔 8~10 年或 32 万公里更换一次动力电池					
●表示更换					

附录 12　《机动车维修管理规定》

（2005 年 6 月 24 日交通部发布 根据 2015 年 8 月 8 日《交通运输部关于修改〈机动车维修管理规定〉的决定》第一次修正 根据 2016 年 4 月 19 日《交通运输部关于修改〈机动车维修管理规定〉的决定》第二次修正 根据 2019 年 6 月 21 日《交通运输部关于修改〈机动车维修管理规定〉的决定》第三次修正 根据 2021 年 8 月 11 日《交通运输部关于修改〈机动车维修管理规定〉的决定》第四次修正 根据 2023 年 11 月 10 日《交通运输部关于修改〈机动车维修管理规定〉的决定》第五次修正）

第一章　总　　则

第一条　为规范机动车维修经营活动，维护机动车维修市场秩序，保护机动车维修各方当事人的合法权益，保障机动车运行安全，保护环境，节约能源，促进机动车维修业的健康发展，根据《中华人民共和国道路运输条例》及有关法律、行政法规的规定，制定本规定。

第二条　从事机动车维修经营的，应当遵守本规定。

本规定所称机动车维修经营，是指以维持或者恢复机动车技术状况和正常功能，延长机动车使用寿命为作业任务所进行的维护、修理以及维修救援等相关经营活动。

第三条　机动车维修经营者应当依法经营，诚实信用，公平竞争，优质服务，落实安全生产主体责任和维修质量主体责任。

第四条　机动车维修管理，应当公平、公正、公开和便民。

第五条　任何单位和个人不得封锁或者垄断机动车维修市场。

托修方有权自主选择维修经营者进行维修。除汽车生产厂家履行缺陷汽车产品召回、汽车质量"三包"责任外，任何单位和个人不得强制或者变相强制指定维修经营者。

鼓励机动车维修企业实行集约化、专业化、连锁经营，促进机动车维修业的合理分工和协调发展。

鼓励推广应用机动车维修环保、节能、不解体检测和故障诊断技术，推进行业信息化建设和救援、维修服务网络化建设，提高机动车维修行业整体素质，满足社会需要。

鼓励机动车维修企业优先选用具备机动车检测维修国家职业资格的人员，并加强技术培训，提升从业人员素质。

第六条　交通运输部主管全国机动车维修管理工作。

县级以上地方人民政府交通运输主管部门（以下简称交通运输主管部门）负责本行政区域的机动车维修管理工作。

第二章　经营备案

第七条　从事机动车维修经营业务的，应当在依法向市场监督管理机构办理有关登记手续后，向所在地县级交通运输主管部门进行备案。

交通运输主管部门应当按照《中华人民共和国道路运输条例》和本规定实施机动车维修经营备案。交通运输主管部门不得向机动车维修经营者收取备案相关费用。

第八条　机动车维修经营依据维修车型种类、服务能力和经营项目实行分类备案。

机动车维修经营业务根据维修对象分为汽车维修经营业务、危险货物运输车辆维修经营业务、摩托车维修经营业务和其他机动车维修经营业务四类。

汽车维修经营业务、其他机动车维修经营业务根据经营项目和服务能力分为一类维修经营业务、二类维修经营业务和三类维修经营业务。

摩托车维修经营业务根据经营项目和服务能力分为一类维修经营业务和二类维修经营业务。

第九条　一类、二类汽车维修经营业务或者其他机动车维修经营业务，可以从事相应车型的整车修理、总成修理、整车维护、小修、维修救援、专项修理和维修竣工检验工作；三类汽车维修经营业务（含汽车综合小修）、三类其他机动车维修经营业务，可以分别从事汽车综合小修或者发动机维修、车身维修、电气系统维修、自动变速器维修、轮胎动平衡及修补、四轮定位检测调整、汽车润滑与养护、喷油泵和喷油器维修、曲轴修磨、气缸镗磨、散热器维修、空调维修、汽车美容装潢、汽车玻璃安装及修复等汽车专项维修工作。具体有关经营项目按照《汽车维修业开业条件》（GB/T 16739）相关条款的规定执行。

第十条　一类摩托车维修经营业务，可以从事摩托车整车修理、总成修理、整车维护、小修、专项修理和竣工检验工作；二类摩托车维修经营业务，可以从事摩托车维护、小修和专项修理工作。

第十一条　危险货物运输车辆维修经营业务，除可以从事危险货物运输车辆维修经营业务外，还可以从事一类汽车维修经营业务。

第十二条　从事汽车维修经营业务或者其他机动车维修经营业务的，应当符合下列条件：

（一）有与其经营业务相适应的维修车辆停车场和生产厂房。租用的场地应当有书面的租赁合同，且租赁期限不得少于1年。停车场和生产厂房面积按照国家标准《汽车维修业开业条件》（GB/T 16739）相关条款的规定执行。

（二）有与其经营业务相适应的设备、设施。所配备的计量设备应当符合国家有关技术标准要求，并经法定检定机构检定合格。从事汽车维修经营业务的设备、设施的具体要求按照国家标准《汽车维修业开业条件》（GB/T 16739）相关条款的规定执行；从事其他机动车维修经营业务的设备、设施的具体要求，参照国家标准《汽车维修业开业条件》（GB/T 16739）执行，但所配备设施、设备应与其维修车型相适应。

（三）有必要的技术人员：

1. 从事一类和二类维修业务的应当各配备至少1名技术负责人员、质量检验人员、业务接待人员以及从事机修、电器、钣金、涂漆的维修技术人员。技术负责人员应当熟悉汽车或者其他机动车维修业务，并掌握汽车或者其他机动车维修及相关政策法规和技术规范；质量检验人员应当熟悉各类汽车或者其他机动车维修检测作业规范，掌握汽车或者其他机动车维修故障诊断和质量检验的相关技术，熟悉汽车或者其他机动车维修服务收费标准及相关政策法规和技术规范，并持有与承修车型种类相适应的机动车驾驶证；从事机修、电器、钣金、涂漆的维修技术人员应当熟悉所从事工种的维修技术和操作规范，并了解汽车或者其他机动车维修及相关政策法规。各类技术人员的配备要求按照《汽车维修业开业条件》（GB/T 16739）相关条款的规定执行。

2. 从事三类维修业务的，按照其经营项目分别配备相应的机修、电器、钣金、涂漆的维修技术人员；从事汽车综合小修、发动机维修、车身维修、电气系统维修、自动变速器维修的，还应当配备技术负责人员和质量检验人员。各类技术人员的配备要求按照国家标准《汽车维修业开业条件》（GB/T 16739）相关条款的规定执行。

（四）有健全的维修管理制度。包括质量管理制度、安全生产管理制度、车辆维修档案管理制度、人员培训制度、设备管理制度及配件管理制度。具体要求按照国家标准《汽车维修业开业条件》（GB/T 16739）相关条款的规定执行。

（五）有必要的环境保护措施。具体要求按照国家标准《汽车维修业开业条件》（GB/T 16739）相关条款的规定执行。

第十三条　从事危险货物运输车辆维修的汽车维修经营者，除具备汽车维修经营一类维修经营业务的条件外，还应当具备下列条件：

（一）有与其作业内容相适应的专用维修车间和设备、设施，并设置明显的指示性标志；

（二）有完善的突发事件应急预案，应急预案包括报告程序、应急指挥以及处置措施等内容；

（三）有相应的安全管理人员；

（四）有齐全的安全操作规程。

本规定所称危险货物运输车辆维修，是指对运输易燃、易爆、腐蚀、放射性、剧毒等性质货物的机动车维修，不包含对危险货物运输车辆罐体的维修。

第十四条　从事摩托车维修经营的，应当符合下列条件：

（一）有与其经营业务相适应的摩托车维修停车场和生产厂房。租用的场地应有书面的租赁合同，且租赁期限不得少于1年。停车场和生产厂房的面积按照国家标准《摩托车维修业开业条件》（GB/T 18189）相关条款的规定执行。

（二）有与其经营业务相适应的设备、设施。所配备的计量设备应符合国家有关技术标准要求，并经法定检定机构检定合格。具体要求按照国家标准《摩托车维修业开业条件》（GB/T 18189）相关条款的规定执行。

（三）有必要的技术人员：

1. 从事一类维修业务的应当至少有1名质量检验人员。质量检验人员应当熟悉各类摩托车维修检测作业规范，掌握摩托车维修故障诊断和质量检验的相关技术，熟悉摩托车维修服务收费标准及相关政策法规和技术规范。

2. 按照其经营业务分别配备相应的机修、电器、钣金、涂漆的维修技术人员。机修、电器、钣金、涂漆的维修技术人员应当熟悉所从事工种的维修技术和操作规范，并了解摩托车维修及相关政策法规。

（四）有健全的维修管理制度。包括质量管理制度、安全生产管理制度、摩托车维修档案管理制度、人员培训制度、设备管理制度及配件管理制度。具体要求按照国家标准《摩托车维修业开业条件》（GB/T 18189）相关条款的规定执行。

（五）有必要的环境保护措施。具体要求按照国家标准《摩托车维修业开业条件》（GB/T 18189）相关条款的规定执行。

第十五条　从事机动车维修经营的，应当向所在地的县级交通运输主管部门进行备案，提交《机动车维修经营备案表》（见附件1），并附送符合本规定第十二条、第十三条、第十四条规定条件的下列材料，保证材料真实完整：

（一）维修经营者的营业执照复印件；

（二）经营场地（含生产厂房和业务接待室）、停车场面积材料、土地使用权及产权证明等相关材料；

（三）技术人员汇总表，以及各相关人员的学历、技术职称或职业资格证明等相关材料；

（四）维修设备设施汇总表，维修检测设备及计量设备检定合格证明等相关材料；

（五）维修管理制度等相关材料；

（六）环境保护措施等相关材料。

第十六条 从事机动车维修连锁经营服务的，其机动车维修连锁经营企业总部应先完成备案。

机动车维修连锁经营服务网点可由机动车维修连锁经营企业总部向连锁经营服务网点所在地县级交通运输主管部门进行备案，提交《机动车维修经营备案表》，附送下列材料，并对材料真实性承担相应的法律责任：

（一）连锁经营协议书副本；

（二）连锁经营的作业标准和管理手册；

（三）连锁经营服务网点符合机动车维修经营相应条件的承诺书。

连锁经营服务网点的备案经营项目应当在机动车维修连锁经营企业总部备案经营项目范围内。

第十七条 交通运输主管部门收到备案材料后，对材料齐全且符合备案要求的应当予以备案，并编号归档；对材料不全或者不符合备案要求的，应当场或者自收到备案材料之日起5日内一次性书面通知备案人需要补充的全部内容。

第十八条 机动车维修经营者名称、法定代表人、经营范围、经营地址等备案事项发生变化的，应当向原办理备案的交通运输主管部门办理备案变更。

机动车维修经营者需要终止经营的，应当在终止经营前30日告知原备案机构。

第十九条 交通运输主管部门应当向社会公布已备案的机动车维修经营者名单并及时更新，便于社会查询和监督。

第三章 维 修 经 营

第二十条 机动车维修经营者应当按照备案的经营范围开展维修服务。

第二十一条 机动车维修经营者应当将《机动车维修标志牌》（见附件2）悬挂在经营场所的醒目位置。

《机动车维修标志牌》由机动车维修经营者按照统一式样和要求自行制作。

第二十二条 机动车维修经营者不得擅自改装机动车，不得承修已报废的机动车，不得利用配件拼装机动车。

托修方要改变机动车车身颜色，更换发动机、车身和车架的，应当按照有关法律、法规的规定办理相关手续，机动车维修经营者在查看相关手续后方可承修。

第二十三条 机动车维修经营者应当加强对从业人员的安全教育和职业道德教育，确保安全生产。

机动车维修从业人员应当执行机动车维修安全生产操作规程，不得违章作业。

第二十四条 机动车维修产生的废弃物，应当按照国家的有关规定进行处理。

第二十五条 机动车维修经营者应当公布机动车维修工时定额和收费标准，合理收取费用。

机动车维修工时定额可按各省机动车维修协会等行业中介组织统一制定的标准执行，也可按机动车维修经营者报所在地交通运输主管部门备案后的标准执行，也可按机动车生产厂家公布的标准执行。当上述标准不一致时，优先适用机动车维修经营者备案的标准。

机动车维修经营者应当将其执行的机动车维修工时单价标准报所在地交通运输主管部门备案。

机动车生产、进口企业应当在新车型投放市场后六个月内，向社会公布其生产、进口机动车车型的维修技术信息和工时定额。具体要求按照国家有关部门关于汽车维修技术信息公开的规定执行。

第二十六条　机动车维修经营者应当使用规定的结算票据，并向托修方交付维修结算清单，作为托修方追责依据。维修结算清单中，工时费与材料费应当分项计算。维修结算清单应当符合交通运输部有关标准要求，维修结算清单内容应包括托修方信息、承修方信息、维修费用明细单等。

机动车维修经营者不出具规定的结算票据和结算清单的，托修方有权拒绝支付费用。

第二十七条　机动车维修经营者应当按照规定，向交通运输主管部门报送统计资料。

交通运输主管部门应当为机动车维修经营者保守商业秘密。

第二十八条　机动车维修连锁经营企业总部应当按照统一采购、统一配送、统一标识、统一经营方针、统一服务规范和价格的要求，建立连锁经营的作业标准和管理手册，加强对连锁经营服务网点经营行为的监管和约束，杜绝不规范的商业行为。

第四章　质量管理

第二十九条　机动车维修经营者应当按照国家、行业或者地方的维修标准规范和机动车生产、进口企业公开的维修技术信息进行维修。尚无标准或规范的，可参照机动车生产企业提供的维修手册、使用说明书和有关技术资料进行维修。

机动车维修经营者不得通过临时更换机动车污染控制装置、破坏机动车车载排放诊断系统等维修作业，使机动车通过排放检验。

第三十条　机动车维修经营者不得使用假冒伪劣配件维修机动车。

机动车维修配件实行追溯制度。机动车维修经营者应当记录配件采购、使用信息，查验产品合格证等相关证明，并按规定留存配件来源凭证。

托修方、维修经营者可以使用同质配件维修机动车。同质配件是指，产品质量等同或者高于装车零部件标准要求，且具有良好装车性能的配件。

机动车维修经营者对于换下的配件、总成，应当交托修方自行处理。

机动车维修经营者应当将原厂配件、同质配件和修复配件分别标识，明码标价，供用户选择。

第三十一条　机动车维修经营者对机动车进行二级维护、总成修理、整车修理的，应当实行维修前诊断检验、维修过程检验和竣工质量检验制度。

承担机动车维修竣工质量检验的机动车维修企业或机动车检验检测机构应当使用符合有关标准并在检定有效期内的设备，按照有关标准进行检测，如实提供检测结果证明，并对检测结果承担法律责任。

第三十二条　机动车维修竣工质量检验合格的，维修质量检验人员应当签发《机动车维修竣工出厂合格证》（见附件3）；未签发机动车维修竣工出厂合格证的机动车，不得交付使用，车主可以拒绝交费或接车。

第三十三条　机动车维修经营者应当建立机动车维修档案，并实行档案电子化管理。维修档案应当包括：维修合同（托修单）、维修项目、维修人员及维修结算清单等。对机动车进行二级维护、总成修理、整车修理的，维修档案还应当包括：质量检验单、质量检验人员、竣工出厂合格证（副本）等。

机动车维修经营者应当按照规定如实填报、及时上传承修机动车的维修电子数据记录至国家有关汽车维修电子健康档案系统。机动车生产厂家或者第三方开发、提供机动车维修服务管理系统的，应当向汽车维修电子健康档案系统开放相应数据接口。

机动车托修方有权查阅机动车维修档案。

第三十四条　交通运输主管部门应当加强机动车维修从业人员管理，建立健全从业人员信用档案，加强从业人员诚信监管。

机动车维修经营者应当加强从业人员从业行为管理，促进从业人员诚信、规范从业维修。

第三十五条　交通运输主管部门应当加强对机动车维修经营的质量监督和管理，采用定期检查、随机抽样检测检验的方法，对机动车维修经营者维修质量进行监督。

交通运输主管部门可以委托具有法定资格的机动车维修质量监督检验单位，对机动车维修质量进行监督检验。

第三十六条　机动车维修实行竣工出厂质量保证期制度。

汽车和危险货物运输车辆整车修理或总成修理质量保证期为车辆行驶 20000 公里或者 100 日；二级维护质量保证期为车辆行驶 5000 公里或者 30 日；一级维护、小修及专项修理质量保证期为车辆行驶 2000 公里或者 10 日。

摩托车整车修理或者总成修理质量保证期为摩托车行驶 7000 公里或者 80 日；维护、小修及专项修理质量保证期为摩托车行驶 800 公里或者 10 日。

其他机动车整车修理或者总成修理质量保证期为机动车行驶 6000 公里或者 60 日；维护、小修及专项修理质量保证期为机动车行驶 700 公里或者 7 日。

质量保证期中行驶里程和日期指标，以先达到者为准。

机动车维修质量保证期，从维修竣工出厂之日起计算。

第三十七条　在质量保证期和承诺的质量保证期内，因维修质量原因造成机动车无法正常使用，且承修方在 3 日内不能或者无法提供因非维修原因而造成机动车无法使用的相关证据的，机动车维修经营者应当及时无偿返修，不得故意拖延或者无理拒绝。

在质量保证期内，机动车因同一故障或维修项目经两次修理仍不能正常使用的，机动车维修经营者应当负责联系其他机动车维修经营者，并承担相应修理费用。

第三十八条　机动车维修经营者应当公示承诺的机动车维修质量保证期。所承诺的质量保证期不得低于第三十六条的规定。

第三十九条　交通运输主管部门应当受理机动车维修质量投诉，积极按照维修合同约定和相关规定调解维修质量纠纷。

第四十条　机动车维修质量纠纷双方当事人均有保护当事车辆原始状态的义务。必要时可拆检车辆有关部位，但双方当事人应同时在场，共同认可拆检情况。

第四十一条　对机动车维修质量的责任认定需要进行技术分析和鉴定，且承修方和托修方共同要求交通运输主管部门出面协调的，交通运输主管部门应当组织专家组或委托具有法定检测资格的检测机构作出技术分析和鉴定。鉴定费用由责任方承担。

第四十二条　对机动车维修经营者实行质量信誉考核制度。机动车维修质量信誉考核办法另行制定。

机动车维修质量信誉考核内容应当包括经营者基本情况、经营业绩（含奖励情况）、不良记录等。

第四十三条　交通运输主管部门应当采集机动车维修企业信用信息，并建立机动车维修企业信用档案，除涉及国家秘密、商业秘密外，应当依法公开，供公众查阅。机动车维修质量信誉考核结果、汽车维修电子健康档案系统维修电子数据记录上传情况及车主评价、投诉和处理情况是机动车维修信用档案的重要组成部分。

第四十四条　建立机动车维修经营者和从业人员黑名单制度，县级交通运输主管部门负责认定机动车维修经营者和从业人员黑名单，具体办法由交通运输部另行制定。

第五章　监督检查

第四十五条　交通运输主管部门应当加强对机动车维修经营活动的监督检查。

交通运输主管部门应当依法履行对维修经营者的监管职责，对维修经营者是否依法备案或者备案事项是否属实进行监督检查。

交通运输主管部门的工作人员应当严格按照职责权限和程序进行监督检查，不得滥用职权、徇私舞弊，不得乱收费、乱罚款。

第四十六条　交通运输主管部门应当积极运用信息化技术手段，科学、高效地开展机动车维修管理工作。

第四十七条　交通运输主管部门的执法人员在机动车维修经营场所实施监督检查时，应当有2名以上人员参加，并向当事人出示交通运输部监制的交通行政执法证件。

交通运输主管部门实施监督检查时，可以采取下列措施：

（一）询问当事人或者有关人员，并要求其提供有关资料；

（二）查询、复制与违法行为有关的维修台帐、票据、凭证、文件及其他资料，核对与违法行为有关的技术资料；

（三）在违法行为发现场所进行摄影、摄像取证；

（四）检查与违法行为有关的维修设备及相关机具的有关情况。

检查的情况和处理结果应当记录，并按照规定归档。当事人有权查阅监督检查记录。

第四十八条　从事机动车维修经营活动的单位和个人，应当自觉接受交通运输主管部门及其工作人员的检查，如实反映情况，提供有关资料。

第六章　法律责任

第四十九条　违反本规定，从事机动车维修经营业务，未按规定进行备案的，由交通运输主管部门责令改正；拒不改正的，处3000元以上1万元以下的罚款。

第五十条　违反本规定，从事机动车维修经营业务不符合国务院交通运输主管部门制定的机动车维修经营业务标准的，由交通运输主管部门责令改正；情节严重的，由交通运输主管部门责令停业整顿。

第五十一条　违反本规定，机动车维修经营者使用假冒伪劣配件维修机动车，承修已报废的机动车或者擅自改装机动车的，由交通运输主管部门责令改正；有违法所得的，没收违法所得，处违法所得2倍以上10倍以下的罚款；没有违法所得或者违法所得不足1万元的，处2万元以上5万元以下的罚款，没收假冒伪劣配件及报废车辆；情节严重的，由交通运输主管部门责令停业整顿；构成犯罪的，依法追究刑事责任。

第五十二条　违反本规定，机动车维修经营者签发虚假机动车维修竣工出厂合格证的，由交通运输主管部门责令改正；有违法所得的，没收违法所得，处违法所得2倍以上10倍以下的罚款；没有违法所得或者违法所得不足3000元的，处5000元以上2万元以下的罚款；情节严重的，由交通运输主管部门责令停业整顿；构成犯罪的，依法追究刑事责任。

第五十三条　违反本规定，有下列行为之一的，由交通运输主管部门责令其限期整改：

（一）机动车维修经营者未按照规定执行机动车维修质量保证期制度的；

（二）机动车维修经营者未按照有关技术规范进行维修作业的；

（三）伪造、转借、倒卖机动车维修竣工出厂合格证的；

（四）机动车维修经营者只收费不维修或者虚列维修作业项目的；

（五）机动车维修经营者未在经营场所醒目位置悬挂机动车维修标志牌的；

（六）机动车维修经营者未在经营场所公布收费项目、工时定额和工时单价的；

（七）机动车维修经营者超出公布的结算工时定额、结算工时单价向托修方收费的；

（八）机动车维修经营者未按规定建立机动车维修档案并实行档案电子化管理，或者未及时上传维修电子数据记录至国家有关汽车维修电子健康档案系统的。

第五十四条　违反本规定，交通运输主管部门的工作人员有下列情形之一的，依法给予行政处分；构成犯罪的，依法追究刑事责任：

（一）不按照规定实施备案和黑名单制度的；

（二）参与或者变相参与机动车维修经营业务的；

（三）发现违法行为不及时查处的；

（四）索取、收受他人财物或谋取其他利益的；

（五）其他违法违纪行为。

第七章　附　　则

第五十五条　本规定自 2005 年 8 月 1 日起施行。经商国家发展和改革委员会、原国家工商行政管理总局同意，1986 年 12 月 12 日原交通部、原国家经委、原国家工商行政管理局发布的《汽车维修行业管理暂行办法》同时废止，1991 年 4 月 10 日原交通部颁布的《汽车维修质量管理办法》同时废止。

附件：1. 机动车维修经营备案表

2. 机动车维修标志牌

3. 机动车维修竣工出厂合格证

参 考 文 献

[1] 吉武俊，谭跃刚. 汽车维护与保养 [M]. 北京：人民邮电出版社，2021.
[2] 曲昌辉，张西振. 汽车拆装与维护 [M]. 北京：机械工业出版社，2013.
[3] 吉武俊，胡勇. 汽车维护与保养 [M]. 北京：机械工业出版社，2011.
[4] 姜绍忠，阎文兵. 汽车维护与保养 [M]. 北京：机械工业出版社，2016.
[5] 蒋浩丰，文爱民. 汽车使用与维护 [M]. 北京：清华大学出版社，2014.
[6] 代世勋，崔政敏. 汽车使用与维护 [M]. 北京：北京邮电大学出版社，2015.
[7] 岳海斌. 汽车维护与保养 [M]. 上海：同济大学出版社，2013.
[8] 夏长明. 现代汽车维护与保养 [M]. 北京：机械工业出版社，2012.
[9] 杜瑞丰，李忠凯. 汽车底盘构造与维修 [M]. 北京：高等教育出版社，2009.
[10] 许平. 汽车维修企业管理基础 [M]. 2版. 北京：电子工业出版社，2012.
[11] 冯益增. 汽车发动机检修 [M]. 北京：北京理工大学出版社，2015.
[12] 夏雪松. 汽车维护与保养入门. [M]. 2版. 北京：化学工业出版社，2014.
[13] 王庆坚. 汽车维护与保养 [M]. 北京：国防工业出版社，2016.
[14] 谢永光. 汽车空调结构与维修 [M]. 北京：人民邮电出版社，2011.
[15] 杨小刚. 新能源汽车维护与保养 [M]. 北京：北京理工大学出版社，2020.